韩国国际交流财团(Korea Foundation)
2008—2009年度韩国学教育资料开发资助项目

韩国文化论

田景 黄亨奎 池福淑 白承镐

编著

中山大学出版社
·广州·

版权所有　翻印必究

图书在版编目（CIP）数据

韩国文化论/田景等编著．—广州：中山大学出版社，2010.5
ISBN 978-7-306-03657-5

Ⅰ．韩…　Ⅱ．田…　Ⅲ．中外关系—国际关系史—韩国—现代　Ⅳ．G131.26

中国版本图书馆 CIP 数据核字（2010）第 077858 号

出　版　人：祁　军
策划编辑：李海东
责任编辑：李海东
封面设计：曾　斌
责任校对：李海东
责任技编：黄少伟
出版发行：中山大学出版社
电　　话：编辑部 020-84111996，84111997，84113349，84110779
　　　　　发行部 020-84111998，84111981，84111160
地　　址：广州市新港西路 135 号
邮　　编：510275　传　真：020-84036565
网　　址：http://www.zsup.com.cn　E-mail：zdcbs@mail.sysu.edu.cn
印　刷　者：广州中大印刷有限公司
规　　格：787mm×960mm　1/16　18 印张　383 千字
版次印次：2010 年 5 月第 1 版　2010 年 5 月第 1 次印刷
印　　数：1～2000 册　定　价：36.00 元

如发现本书因印装质量影响阅读，请与出版社发行部联系调换

序

　　《韩国文化论》是韩国国际交流财团（Korea Foundation）2008—2009年度韩国学教育资料开发资助项目。

　　2005年5月温州大学成立"韩国学研究中心"，旨在组织和促进温州大学有关韩国学的研究，同国内外的大学、研究机构及学者进行学术交流，进而为增进中韩两国的文化交流、相互了解、友好合作做出贡献。

　　本中心首先展开的工作是为学生开设了"韩国文化论"课程（选修课），组成跨学科教学团队，进行跨院校教学。学生选课踊跃，教学效果颇佳。但在教学中发现，学生手头没有教材或参考书，只靠教师有限的信息难以准确地、系统地传达相关信息。本中心就此萌发了编写相关教材或参考书的念头，在韩国国际交流财团的资助下，认真组织实施，最终完成此稿。

　　"文化论"者无所不包。本书略有概论之嫌，但所设课程与教材方向一致，又"文化论"之包容性为日后在内容和讲法上纵横扩展留有了余地。在本书的编写过程中，为了避免过分纠缠于某一领域的研究成果，重视资料的客观性、准确性、直观性，编者把易于讲授也作为编写原则之一，难免有误，还请读者不吝赐教。

　　韩国国际交流财团，首尔大学名誉教授、大韩民国学术院李琦锡院士，高丽大学名誉教授、韩国著名的文化论学者朴英顺博士，温州大学的有关部门和领导对本书的编写给予了关心和支持，在此一并致谢。

　　本书的编写分担如下：
　　第一、三、四、六章，田景（温州大学商学院教授、项目主持人）编写；
　　第五、九、十、十一章，黄亨奎（温州大学教师教育学院副教授、博士）编写；
　　第七、八、十二章，池福淑（温州大学教师教育学院讲师、博士）编写；
　　第二章，白承镐（浙江大学韩国研究所博士）编写。

编著者
2010年4月于温州大学

目 录

第一章 韩国的地理 ··· (1)
  第一节 地理概况 ··· (1)
    一、地理位置和面积 ·· (1)
    二、地形 ·· (2)
  第二节 气候与河流 ·· (5)
    一、气候的基本特征 ·· (5)
    二、河流的一般特征 ·· (6)
  第三节 矿藏及渔业资源 ·· (8)
    一、矿藏资源 ··· (8)
    二、渔业资源 ·· (13)
  第四节 行政区划与人口 ··· (15)
    一、行政区划 ··· (15)
    二、人口 ·· (18)
  第五节 环境保护 ·· (21)
    一、环境现状 ··· (22)
    二、环境管理 ··· (24)
  第一章思考题 ·· (27)
  第一章参考文献 ··· (27)

第二章 韩国的历史 ·· (28)
  第一节 远古时代 ·· (28)
    一、石器时代 ··· (28)
    二、青铜器时代 ·· (29)
    三、古朝鲜 ·· (30)
    四、辰国与三韩 ·· (31)
  第二节 三国时代 ·· (32)
    一、高句丽 ·· (32)

二、百济 ·· (33)
  三、新罗 ·· (34)
  四、六伽倻 ·· (35)
 第三节 统一新罗 ·· (36)
  一、专制王权的确立 ·· (36)
  二、统治体制的再整编 ·· (36)
  三、后三国的鼎立 ··· (37)
 第四节 高丽时期 ·· (37)
  一、高丽建国 ·· (37)
  二、高丽的政治制度 ·· (38)
  三、武臣统治 ·· (39)
  四、高丽与宋、辽、金、元的关系 ··································· (39)
 第五节 朝鲜时期（上） ·· (41)
  一、朝鲜建国 ·· (41)
  二、朝鲜的政治制度 ·· (42)
  三、朋党政治与荡平策 ·· (43)
  四、倭乱与胡乱 ··· (44)
  五、实学的兴起和西学的传入 ·· (45)
 第六节 朝鲜时期（下） ·· (45)
  一、大院君改革 ··· (45)
  二、开港与开化运动 ·· (47)
  三、东学农民起义 ··· (49)
  四、"甲午更张" ··· (50)
 第七节 大韩帝国时期 ·· (50)
  一、大韩帝国的建立 ·· (50)
  二、《乙巳条约》和韩日合并 ·· (51)
  三、义兵运动和爱国启蒙运动 ·· (53)
 第八节 抗日独立运动时期 ··· (54)
  一、日本帝国主义野蛮统治 ·· (54)
  二、"三一"运动 ··· (55)
  三、大韩民国临时政府 ·· (56)
  四、海外独立运动 ··· (58)
  五、朝鲜半岛光复 ··· (59)
 第二章思考题 ·· (60)

第二章参考文献 ·· (60)

第三章　韩国的政治 ·· (61)
  第一节　《宪法》和宪法法院 ·· (61)
    一、《宪法》 ·· (61)
    二、宪法法院 ·· (63)
  第二节　政治体制 ·· (63)
    一、总统 ·· (63)
    二、政党 ·· (67)
    三、国会 ·· (69)
    四、政府 ·· (72)
  第三节　政治转型（民主化） ·· (76)
    一、威权政治的成因 ·· (76)
    二、政治转型的标志 ·· (77)
    三、政治转型的推动力 ·· (78)
    四、政治转型的特点 ·· (79)
  第四节　选举制度 ·· (79)
    一、总统选举 ·· (80)
    二、国会议员选举 ·· (80)
  第五节　南北关系 ·· (82)
    一、南北军事分界线（"三八线"）的由来 ···················· (82)
    二、南北统一问题 ·· (83)
    三、六方会谈 ·· (85)
  第六节　国际关系 ·· (87)
    一、外交政策沿革 ·· (88)
    二、外交政策基干与主要成果 ···································· (93)
  第三章思考题 ·· (95)
  第三章参考文献 ·· (96)

第四章　韩国的经济 ·· (97)
  第一节　经济发展战略 ·· (97)
    一、经济发展特点 ·· (97)
    二、经济发展阶段 ·· (98)
    三、经济发展战略 ·· (102)

第二节　经济开发计划 ……………………………………………………（104）
  一、经济开发计划及其特点 ……………………………………………（107）
  二、经济计划的主要特点 ………………………………………………（110）
  三、经济计划的作用 ……………………………………………………（111）
第三节　工　业 ……………………………………………………………（112）
  一、主要工业部门 ………………………………………………………（113）
  二、工业地带 ……………………………………………………………（117）
第四节　农　业 ……………………………………………………………（119）
  一、农业发展特点 ………………………………………………………（119）
  二、种植业 ………………………………………………………………（120）
  三、畜牧业 ………………………………………………………………（122）
  四、林业 …………………………………………………………………（122）
  五、水产业 ………………………………………………………………（123）
第五节　交通运输 …………………………………………………………（123）
  一、公路 …………………………………………………………………（123）
  二、铁路 …………………………………………………………………（124）
  三、海运 …………………………………………………………………（126）
  四、航空 …………………………………………………………………（126）
  五、邮电通讯 ……………………………………………………………（127）
第六节　企　业 ……………………………………………………………（128）
  一、企业家与财阀企业 …………………………………………………（128）
  二、中小企业 ……………………………………………………………（129）
  三、主要企业集团 ………………………………………………………（131）
  四、主要经济团体 ………………………………………………………（133）
第七节　对外贸易 …………………………………………………………（134）
  一、对外贸易——韩国经济的生命线 …………………………………（134）
  二、出口贸易 ……………………………………………………………（136）
  三、进口贸易 ……………………………………………………………（138）
  四、技术引进和对外投资 ………………………………………………（139）
  五、对外贸易政策 ………………………………………………………（141）
第四章思考题 ………………………………………………………………（144）
第四章参考文献 ……………………………………………………………（144）

第五章　韩国的教育 (145)

第一节　教育的历史 (145)
一、古朝鲜时期的教育 (145)
二、三国时期的教育 (145)
三、高丽时期的教育 (146)
四、朝鲜时期的教育 (147)
五、日本帝国主义占领时期的教育 (147)

第二节　现代学校教育 (148)
一、教育理念与教育目标 (148)
二、教育学制 (148)
三、学校课程设置 (148)
四、教育行政 (150)
五、教育经费 (151)
六、教育法规 (152)
七、学校教育概况 (153)
八、特殊教育 (154)
九、韩国人的教育热 (155)

第三节　教育改革的新动态 (156)
一、韩国教育指标与国际比较 (156)
二、韩国教育改革的新动向 (158)

第五章思考题 (160)
第五章参考文献 (160)

第六章　韩国的科学技术 (162)

第一节　科学技术实力 (162)
一、科学技术的总体水平 (162)
二、科技开发能力与技术水平 (164)

第二节　科技发展目标 (170)
一、科技发展的基本目标 (170)
二、科技发展的具体目标 (170)

第三节　科学技术政策 (172)
一、基本政策 (172)
二、部门技术开发政策 (174)

第四节　科学技术研发机制 (175)

一、科学技术研发机构 ……………………………………………… (175)
　　二、科学技术研发规模 ……………………………………………… (176)
　　三、科学技术研发体制的改革 ……………………………………… (176)
　第六章思考题 …………………………………………………………… (177)
　第六章参考文献 ………………………………………………………… (177)

第七章　韩国的语言文字 ………………………………………………… (178)
　第一节　语言文字的历史演变 ………………………………………… (178)
　　一、韩国语文字的形成 ……………………………………………… (179)
　　二、韩国语的语音 …………………………………………………… (180)
　　三、韩国语的词汇 …………………………………………………… (182)
　　四、韩国语语法 ……………………………………………………… (183)
　第二节　韩国语的文化特点 …………………………………………… (183)
　　一、韩国语的敬语体 ………………………………………………… (184)
　　二、韩国语的色彩形容词 …………………………………………… (186)
　　三、韩国语的新词用语 ……………………………………………… (187)
　　四、韩国语的文化特征 ……………………………………………… (188)
　第三节　方　言 ………………………………………………………… (190)
　第七章思考题 …………………………………………………………… (192)
　第七章参考文献 ………………………………………………………… (192)

第八章　韩国的大众媒体 ………………………………………………… (193)
　第一节　大众媒体概述 ………………………………………………… (193)
　第二节　广播电视与电视剧 …………………………………………… (195)
　第三节　特殊媒体——广告 …………………………………………… (197)
　第四节　大众音乐 ……………………………………………………… (198)
　　一、20世纪80年代大众音乐的变化 ………………………………… (199)
　　二、20世纪90年代徐太志现象 ……………………………………… (200)
　　三、21世纪初的"李孝利综合征"到音乐产业综合性趋势 ………… (201)
　第五节　电　影 ………………………………………………………… (202)
　　一、韩国电影的发展历史 …………………………………………… (202)
　　二、韩国政府对国产电影的扶持政策 ……………………………… (203)
　　三、电影题材的本土化定位 ………………………………………… (204)
　　四、演员扎实的表演功底 …………………………………………… (205)

第六节　畅销书 …………………………………………（205）
　　第八章思考题 ……………………………………………（207）
　　第八章参考文献 …………………………………………（208）

第九章　韩国的体育 …………………………………………（209）
　第一节　竞技体育 …………………………………………（209）
　　一、足球 …………………………………………………（209）
　　二、棒球 …………………………………………………（210）
　　三、跆拳道 ………………………………………………（211）
　　四、篮球 …………………………………………………（212）
　　五、高尔夫球 ……………………………………………（212）
　　六、滑冰、短道速滑 ……………………………………（213）
　第二节　主要体育赛事 ……………………………………（214）
　　一、奥运会 ………………………………………………（214）
　　二、2002年韩日世界杯足球赛 …………………………（215）
　　三、其他主要运动会 ……………………………………（216）
　　四、全国性体育大会 ……………………………………（217）
　　五、当代韩国体育明星 …………………………………（218）
　第三节　体育组织 …………………………………………（220）
　　一、韩国文化体育部 ……………………………………（220）
　　二、韩国社会体育协会 …………………………………（220）
　第四节　民族传统体育 ……………………………………（221）
　　一、跆拳道 ………………………………………………（221）
　　二、摔跤 …………………………………………………（222）
　　三、荡秋千 ………………………………………………（222）
　　四、跳跳板 ………………………………………………（223）
　　五、放风筝 ………………………………………………（223）
　　六、尤茨 …………………………………………………（224）
　　七、围棋 …………………………………………………（224）
　　八、韩国象棋 ……………………………………………（225）
　　九、射箭 …………………………………………………（225）
　　十、登山 …………………………………………………（226）
　第九章思考题 ……………………………………………（226）
　第九章参考文献 …………………………………………（226）

第十章 韩国人的衣食住 (227)
第一节 韩 服 (227)
一、韩服的历史 (227)
二、韩服的结构与种类 (229)
三、韩服的特征 (232)
第二节 韩 食 (233)
一、韩食的变迁 (233)
二、韩食的分类 (234)
三、饮食礼节 (237)
四、饮食文化的特征 (239)
第三节 韩 屋 (240)
一、韩屋的结构 (241)
二、韩屋的特征 (241)
第十章思考题 (242)
第十章参考文献 (242)

第十一章 韩国的宗教与民俗 (244)
第一节 宗 教 (244)
一、宗教现状 (244)
二、各宗教概况 (245)
三、民间信仰 (250)
四、宗教信仰的特点 (250)
第二节 民 俗 (251)
一、人生仪礼 (252)
二、岁时节日 (256)
三、民间游戏 (258)
四、韩国民俗文化的特征 (258)
第十一章思考题 (259)
第十一章参考文献 (259)

第十二章 韩国的文学艺术 (260)
第一节 文学艺术概述 (260)
一、韩国人的意识结构特点——"恨"的文化心理情绪 (260)
二、文学艺术时代的划分和特点 (262)

第二节　诗歌、散文 …………………………………………………………（264）
第三节　民族音乐 ……………………………………………………………（266）
第四节　民族舞蹈 ……………………………………………………………（268）
第十二章思考题 ………………………………………………………………（272）
第十二章参考文献 ……………………………………………………………（272）

第一章　韩国的地理

第一节　地理概况

一、地理位置和面积

朝鲜半岛地处亚洲大陆的东部,向南延伸约 1100 千米,位于朝鲜东海(日本海)与我国黄海之间(图 1.1)。韩国位于朝鲜半岛的南部,全称大韩民国,是一个典型的半岛型国家。世界上有几个单独占据半岛大部分地域的国家,如西班牙、意大利、希腊、丹麦等。

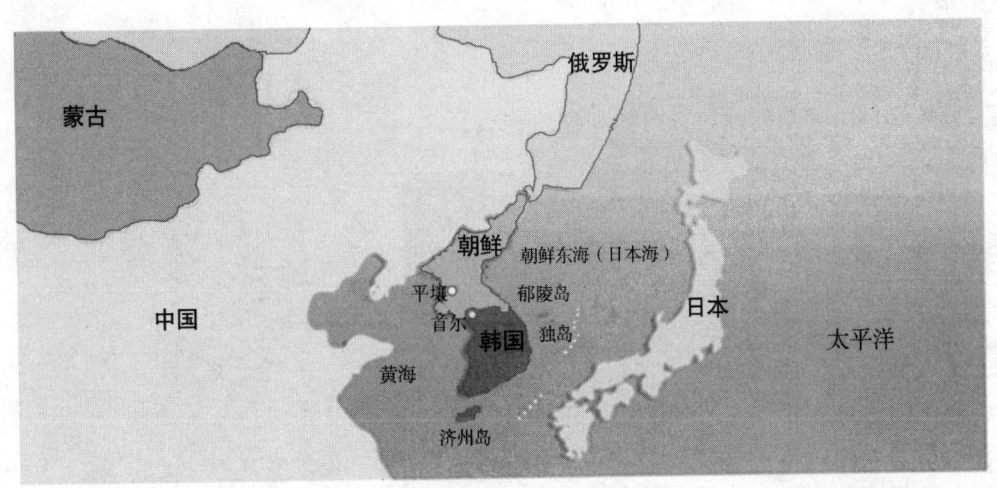

图 1.1　朝鲜半岛在欧亚大陆的位置示意
资料来源：www.krchinese.com。

从海陆位置看,韩国东部濒临日本海,与日本列岛对峙;西部隔黄海,与中国山东半岛相望,最短的距离只有 190 千米;南部经韩国南海向太平洋延伸;朝鲜半岛北部隔鸭绿江和图们江分别与中国和俄罗斯为邻,中朝国境线长达1100千米。由于韩国三面环海,自古以来海洋在韩国人的生活中起着重要的作用,也为韩国早期造船业和航海术以及现代经济的发展做出了贡献。

从数理位置上看,朝鲜半岛的最东端(独岛)位于131°11′E,最西端(马鞍岛)位于124°11′E,东西两端经度差为7°36′;最南端(马罗岛)位于33°6′N,最北端(稳城郡)位于43°N,南北两端纬度差为9°54′。经度差对朝鲜半岛没有多大的意义,但纬度差对朝鲜半岛的自然地理要素(气候、土壤、植被等)产生比较重要的影响。

从相关位置(国家关系位置,参见图1.1)上看,朝鲜半岛地处大国的夹缝之间。西部和北部是中国和俄罗斯两个大国,东部是世界第二经济大国日本。海陆位置和数理位置在性质上一般不会有很大的变化,具有一定的绝对性;相关位置的重要性和价值则随时代的变化而出现差异,具有相对性和可变性。"二战"时期日本先是侵占朝鲜半岛,后来侵略中国东北时朝鲜半岛就成了日本侵华的踏板(踏板位置)和兵站(兵站位置)。在"冷战"时期,由于朝鲜半岛南北处于分裂状态,"三八线"又成了美苏意识形态的对峙线。美国在太平洋地区保持许多军事基地,以夏威夷为中心呈环状分布,韩国就是其中之一。

朝鲜半岛的总面积为222154平方千米,其中韩国国土面积为99678平方千米,占45%。半岛周边有3200多个大小岛屿,其中南部多于北部,南部有2700多个岛屿。

二、地　形

朝鲜半岛由一系列地块、向斜和盆地构成,陆地稳定,没有火山活动,也很少有地震。大致的地形走势是北高南低,东部多山地,而西部多规模小的山间平原。东部的海岸线单一整齐,而西部的海岸线显得支离破碎。

朝鲜半岛的主要山脉如图1.2所示。

①咸镜山脉,源于头流山,东北—西南走向,位于朝鲜半岛北部,朝鲜咸镜北道的中央,与东海岸的海岸线平行延伸,直入俄罗斯的沿海州。地势东北高,西南低。最高峰冠帽峰海拔2540米,是朝鲜半岛的第二高峰。此外,还有6座海拔2000米以上的山峰。咸镜山脉及周边多林地,是主要的林业基地。在深山密林中栖息着许多珍贵的野生动物,冠帽峰一带被列

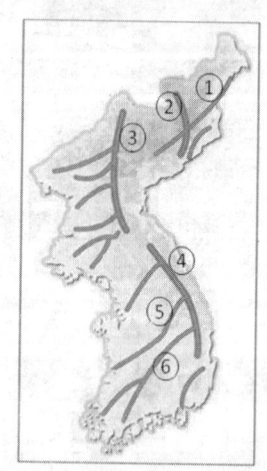

图1.2　朝鲜半岛的主要山脉
资料来源:韩国国土研究院网站(http://www.ngii.go.kr/geography/map_services.do?code=3&mainMenu=3&subMenu1=2&subMenu2=1)。

为自然保护区。

② 摩天岭山脉（白头山脉），源于白头山，呈南北走向贯穿朝鲜两江道、咸镜南道和咸镜北道。白头山最高峰海拔 2749.2 米，是朝鲜半岛的第一高峰。其地势北高南低，与咸镜山脉交叉，有近 10 座海拔 2000 米以上的山峰。该山脉及周边地区木材资源和地下资源丰富，具有经济价值的金属矿床有金、铜、铝、锌、钴、钨等，非金属矿床有石墨、云母、石棉、磷灰石等。

③ 狼林山脉，主要位于朝鲜平安道、慈江道和咸镜南道，西北—东南走向，全长约为 400 千米，是朝鲜半岛北部主要的东西分水岭。山体东西两坡不对称，西坡坡度大，东坡坡度小。最高峰是卧褐峰，海拔 2260 米，还有 20 多座海拔 1000 米以上的山峰。该山脉有原始森林区，是主要的木材产地。地下资源有铜、铝、锌、钨和石墨等矿产资源。

④ 太白山脉，是朝鲜半岛最长的山脉，它源于朝鲜江原道，沿东海海岸向东南（转西南）延伸，止于太白山（韩国境内），长约 500 千米。太白山脉山体东坡陡，西坡缓，最高峰雪岳山海拔 1708 米。该山脉分蘖出许多西南走向的支脉。这条山脉有许多奇岩怪石，森林覆盖率高，山清水秀，景色宜人，是韩国重要的游览胜地。

⑤ 车岭山脉，是太白山脉的支脉，源于太白山脉的五台山，向西南方向延伸，止于韩国忠清南道的车道岭，全长约 220 千米。山势东高西低，最后被汉江截断。最高峰桂芳山，海拔 1577 米。

⑥ 小白山脉，源于太白山脉南端的太白山，西南走向，止于丽水半岛，全长 350 千米，是朝鲜半岛西南部最高的山脉。最高峰智异山，海拔 1915 米。小白山脉是韩国东南到西北交通的主要障碍。

朝鲜半岛几乎没有大平原，平坦的海岸平原也很少，海拔在 200 米以下的地区占整个朝鲜半岛的 25% 左右。平原分布呈南多北少、西多东少的特点（图 1.3）。朝鲜半岛的三大平原（自北向南）是咸兴平原、载宁平原、罗州平原。其他多为小平原或山间盆地，而且平原的界限也不十分明确。

朝鲜半岛的平原从成因上可分为冲积平原（金海平原、载宁平原）、侵蚀平原（平壤准平原）、复合平原（湖南平原为侵蚀、河成、海成三者复合，咸兴平原为冲积和侵蚀两者复合，安州平原为侵蚀平原和海成冲积复合）、河成和海成冲积平原（龙川平原）四大类。

① 输城平原：位于朝鲜咸镜北道输城川一带和清津以北地区，水利条件好，主产水稻和大豆。

② 龙川平原：冲积、滩涂平原。海拔 20～50 米，面积约 360 平方千米。年均气温 8 ℃，灌溉条件较好，适宜栽种水稻。

③ 咸兴平原：面积约 1300 平方千米，向东延伸至海岸。灌溉设施发达，有"谷仓"

的盛誉。

④ 安州平原：冲积平原，海拔 20～25 米，地势低平。面积 400 平方千米。年均气温 9 ℃，雨量丰富，灌溉条件好，是朝鲜半岛主要的水稻产地。

⑤ 平壤平原：面积 500 平方千米，海拔 30～50 米，栽培水稻、玉米、大豆以及蔬菜、水果等。

⑥ 载宁平原：由冲积平原和准平原构成，面积 500 平方千米，海拔约 20 米。年均气温 10.5 ℃。灌溉发达，土壤肥沃，产水稻、棉花、烟叶等。

⑦ 延白平原：位于朝鲜黄海南道东南部，面积 400 平方千米。北高南低（100 米至 50 米）。年均气温 10.5 ℃。产水稻、茶叶、棉花、苹果、梨、柿子等。

⑧ 金浦平原：海拔约 300 米，由汉江冲积而成。土壤肥沃，盛产水稻。

⑨ 安城平原：以安城川沿岸冲积平原为主，面积约 200 平方千米。土壤肥沃，气候温和，降雨量多，利于灌溉，产水稻。

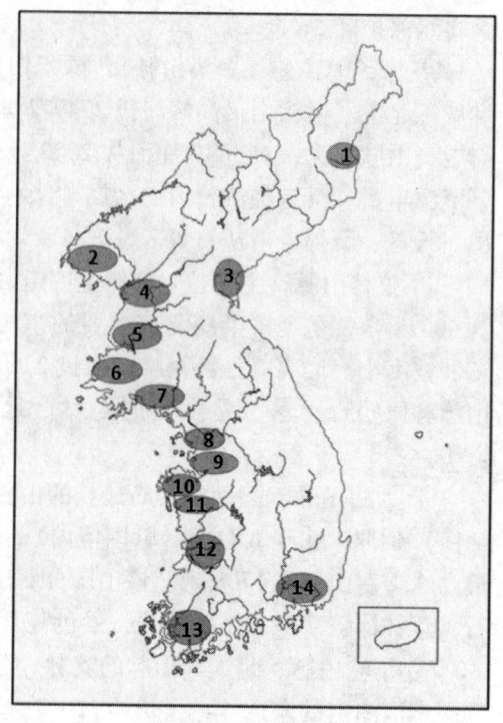

图 1.3　朝鲜半岛平原分布示意
资料来源：根据韩国中学用图绘制。

⑩ 礼唐平原：韩国忠清南道北部河流的冲积平原，面积 280 平方千米。年均气温 11.4 ℃，年降雨量达 1180 毫米。地势平坦，有可开垦的土地。

⑪ 论山平原：是准平原地区，气候温和，年降雨量 1200～1300 毫米，为多种农作物的产地。

⑫ 湖南平原：朝鲜半岛最大的平原，面积 500 平方千米。年均气温 12～13 ℃，年降雨量 1000 毫米。土壤肥沃，河网稠密，灌溉便利，盛产水稻。

⑬ 罗州平原：由冲积平原和准平原构成，面积 300 平方千米。年均气温 13.1 ℃，年降雨量 1300 毫米。土壤肥沃，水源丰富，便于进行灌溉，产水稻、棉花、水果等。

⑭ 金海平原：冲积平原，面积 200 平方千米。气温较高，年降雨量 1300 毫米左右。水源充足，是韩国主要的水稻生产基地。

第二节 气候与河流

一、气候的基本特征

朝鲜半岛属于温带，四季变化明显。其气候的基本特征有四：一是地处中纬度的亚洲大陆东部与太平洋的连接地带，具有大陆性气候和海洋性气候的过渡特点，显示出海岸型气候特征，受季风的影响很大；二是由于国土狭长，南北延伸，有接近10°N的纬度差，南北气候差异较大（北半部的年温差约为40 ℃，南半部约为20 ℃），但在季节变化上南北都表现为冬夏较长，春秋较短；三是下垫面情况复杂，高山、高原、丘陵、平原的分布使气候类型多样化和局部化；四是冬夏两季控制朝鲜半岛的气团的性质不同，冬季寒冷，夏季湿热。

从气候的区域特点上看，朝鲜半岛北部地区冬季漫长，夏季短暂，区内降水量差异大；中部地区气温适中，但东西温差较大，降水的季节变化明显，冬季刮西北风，夏季刮东北风；南部地区冬季温暖，夏季湿热，降水丰富。从季节变化上看，朝鲜半岛属冬季寒冷干燥、夏季高温多湿的温带季风气候。

除中部的山区之外，年平均气温为10~16 ℃，7、8月湿度最高达80%。年降水量中部地区为1100~1400毫米，南部地区为1000~1800毫米，降水的50%~60%集中在夏季。台风是影响朝鲜半岛主要的灾害性天气。韩国气候的总体变化显示，气温逐渐在升高，其幅度高于全球平均值（图1.4）。

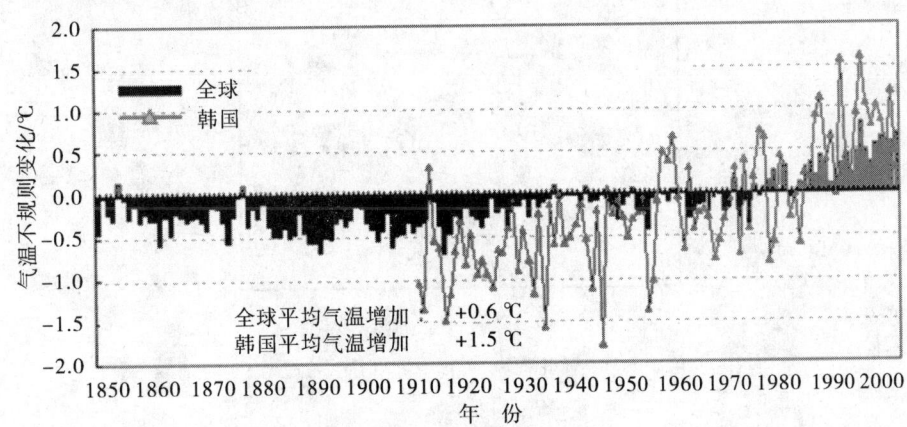

图1.4 韩国的气候变化

资料来源：韩国气象厅：《气象年鉴（2003年）》。

二、河流的一般特征

朝鲜半岛的河流分布在很大程度上取决于地形特点，地势的东高西低决定了河流的走向以及河流的水文特点。朝鲜半岛的大河除图们江（中朝界河）以外，都流入黄海和朝鲜南海；流向东海的河流一般流程短，流速快，河床发育不发达。朝鲜半岛河网稠密，独立的水系有171个，河网密度为0.3~0.4千米/平方千米，年径流量达1321亿立方米。长度超过100千米的河流有47条，超过400千米的河流有6条。

朝鲜半岛河流的补给类型大都以雨水补给为主，水情变化几乎完全由降水控制。朝鲜半岛为季风气候，降水带于6月下旬在朝鲜半岛南部登陆，并逐渐向北推移，河流也随之从南到北依次进入汛期。由于年降水量的60%集中在夏季，故6月至8月的河川径流量最大，多水灾。在春季，北部的河流由于融雪和解冻形成短暂的春汛，南部则不明显。12月至翌年2月为枯水期，北部的河流全部封冻。

朝鲜半岛长度200千米以上的河流有8条（图1.5）。

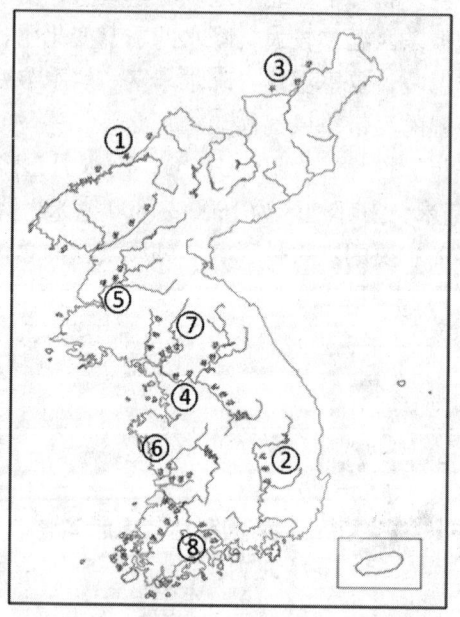

图1.5 朝鲜半岛主要河流分布示意
资料来源：韩国中学用图。

① 鸭绿江，发源于长白山南坡，沿中朝两国边界向西南方向流入黄海，全长790.4千米，为朝鲜半岛第一大河流。朝鲜境内流域面积3.2万平方千米，通航里程达697千

米。该河流水系发达，多支流，冰期长达 4 个月。由于干流地区多为山区，河道弯曲，比降大，水力资源丰富。平均径流量为 260 亿立方米，水力资源蕴藏量达 420 万千瓦。干流建有中朝合营的水丰电站、云峰电站、渭原电站等。该河流灌溉朝鲜平安北道西海岸地区 8 个郡 9 万公顷的农田。该流域的鱼类资源、森林资源和矿产资源丰富。

② 洛东江，是朝鲜半岛第二大河，发源于太白山北部的咸白山南麓，向南流入朝鲜海峡。全长 521.5 千米，流域面积 2.3 万平方千米，年径流量约 121.8 亿立方米，通航里程 344 千米。水系呈树枝状，下游比降为小，水流缓慢，故灌溉方便。下游的金海平原是韩国主要的产粮地带。洛东江流经龟尾、大邱、釜山等工业城市，对韩国东南沿海经济发展起着重要作用。

③ 图们江，发源于长白山以东，流向东北，流入朝鲜东海。除下游河口附近为俄朝界河以外，其余部分均为中朝界河。全长 520.5 千米，为朝鲜半岛第三大河。朝鲜境内流域面积为 1.1 万平方千米，通航里程达 85 千米，年均径流量达 95 亿立方米。水力资源丰富，其蕴藏量达 100 万千瓦。上游建有西头水电站。该流域的林业资源、渔业资源丰富。

④ 汉江，发源于太白山脉西麓的五台山，在韩国首都首尔以东与北汉江汇合，流经首尔与临津江汇合后注入江华湾。全长 481.7 千米，流域面积 2.6 平方千米，年径流量 221 亿立方米，为朝鲜半岛第四大河流。汉江几乎横断朝鲜半岛，可通航里程达 330 千米，是沟通朝鲜半岛东西部的一条重要河流，也是首尔与海洋沟通的水上通路。主要支流有北汉江、临津江、松川、五台川、平昌江、达川、编江、堤川江等。汉江水流湍急，水力资源丰富，水能蕴藏量达 180 万千瓦。中下游的金浦平原、水原平原等是韩国主要的农业区。汉江流经韩国京仁工业地带，是主要的工业用水水源，在上游地段已经建成华川、清平等大型水电站。江中鱼类资源丰富。

⑤ 大同江，发源于盖马高原西侧的狼林山东坡，流经平壤平原流入黄海。河流全长 439 千米，流域面积 1.7 万平方千米，年均径流量为 106 亿立方米，为朝鲜半岛第五大河流，也是朝鲜半岛北部的一条主动脉。该河流水系发达，河的上游森林茂密，地势险峻，下游为广阔的冲积平原，沿河分布着许多城市。通航里程达 244 千米，水力资源丰富，水能蕴藏量达 30 万千瓦。大同江流域为朝鲜半岛北部主要的粮食产地之一，盛产稻米和玉米。

⑥ 锦江，发源于韩国全罗北道长水郡蛇头峰，流入黄海。全长 395.9 千米，流域面积 9810 平方千米，是朝鲜半岛第六大河流。通航里程达 152 千米，为韩国忠清北道、忠清南道的运输大动脉。锦江为内浦平原、湖南平原主要的灌溉水源。

⑦ 临津江，在朝鲜半岛中部。源于马息岭山脉的头流山（海拔 1324 米），西南流向，于黄海沿岸注入汉江河口。长 254 千米，流域面积 8118 平方千米。上游经陡峻峡谷，水力资源丰富；中下游较开阔，灌溉方便，多辟为农田。临津江流量大，且多集中

在夏季。通航里程达125千米。

⑧ 蟾津江，是韩国南部河流。源于小白山西南端，向南流入光阳湾。全长212千米，流域面积4896平方千米。沿岸多盆地性平原，有发电、灌溉之利。建有云岩水坝。蟾津江以水质清澈、水量丰富而闻名。周边村落的饮用水和农业用水、光阳制铁所等邻近的工业基地的工业用水都是从这里取用的。

第三节　矿藏及渔业资源

一、矿藏资源

朝鲜半岛的矿物种类非常丰富，已发现的矿物种类达300多种，其中有用矿物就达140多种，因而有"矿物标本室"的美称。不过有开采价值的矿物只有30余种，而大量开采的矿物只限于少数几种（表1.1）。"标本"即寓示着种类多、储量少。

朝鲜半岛的地质结构决定了其矿产的种类和分布特点，如分布较广的岩浆岩与有色金属、贵金属、放射性金属及稀有金属的富集有密切的关系。尽管韩国在大陆架上进行过石油勘探活动，但由于缺乏中生代以后的海相沉积，至今没有发现石油。

表1.1　朝鲜半岛主要矿物资源埋藏量

矿物	北部	南部	单位
金	2000	41	吨
铜	290	5.6	万吨
铁矿石	50	0.2	亿吨
有烟煤	160	—	亿吨
无烟煤	45	13.7	亿吨
石灰石	1000	85	亿吨
菱镁矿	40	—	亿吨
钨	26.4	12.7	万吨
钼	5.4	1.4	万吨
锰	30	17	万吨
石墨	200	6.9	万吨

资料来源：大韩矿业振兴公司：《矿产业统计（2004年）》。

从储量上看，朝鲜半岛的一些矿产是居世界前列的。例如，菱镁矿的总储量为40亿吨，居世界第一位，钨矿、钼矿、石墨、重晶石、云母、萤石等6种矿产的储量位于世界前10位以内。此外，储量丰富的矿产还有铁、铅、锌、铜、独居石、铍、石灰石、高岭土、滑石、煤等。

从矿产资源的分布上看，尽管朝鲜半岛80%的地区都埋藏着有用矿物，但南北储量很不平衡，北部多于南部（表1.1）。据推算，北部矿物资源的潜在价值可达2.5万亿美元。韩国每年消费115亿美元的矿物资源，而自给率仅为10%，铁矿石的国内自给率仅为0.4%。近年来，几个大国都在关注朝鲜半岛北部的地下资源。从长远利益来看，韩国能否确保北部资源开发主导权既是一个"经济的"课题，又是一个"地缘政治的"课题。

1. 煤炭资源

朝鲜半岛的煤炭资源比较丰富，主要为无烟煤、褐煤、泥煤等，但是缺乏炼焦煤。煤炭总储量为200多亿吨，其中大部分分布在北部，南部总储量只有14亿吨左右，其中可开采储量只有6.5亿吨（图1.6）。

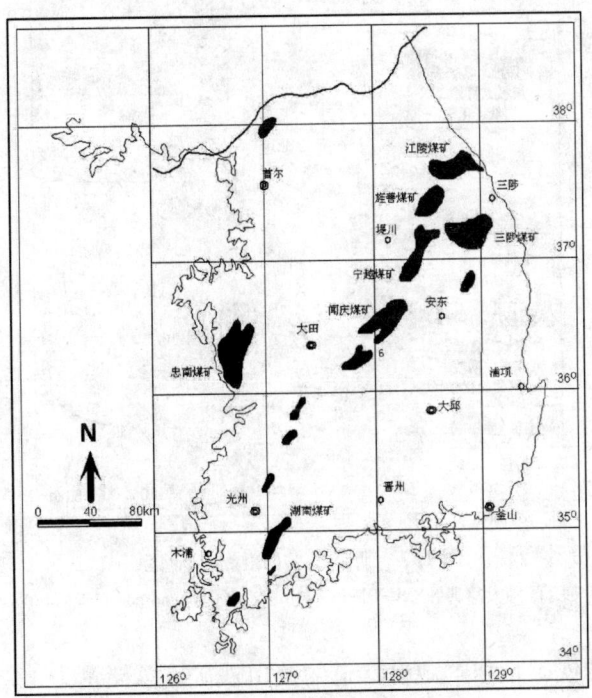

图1.6 韩国主要煤矿分布

资料来源：同图1.5。

韩国的煤炭大部分是无烟煤，但储量少，煤田规模不大。最大的煤田为三陟煤田，开采条件好，煤炭质量优良，产量占韩国煤炭总产量的46.9%；旌善煤田是韩国第二大煤田，产量占韩国煤炭总产量的13.4%；忠南煤田是韩国第三大煤田，煤炭质量差，年产量只占韩国煤炭总产量的9%左右。此外，还有江陵煤田、闻庆煤田、宁越煤田、丹阳煤田、全北煤田、和顺煤田等，规模均较小。

褐煤的发热量比无烟煤低。褐煤主要分布在朝鲜半岛北部，其储量达30亿吨，主要分布在咸镜北道。韩国的褐煤分布很少，在迎日、盈德附近有一些煤田，储量少，开采价值不大。

2. 黑色金属

在铁、钛、锰等黑色金属中，以铁矿分布最多。在各种地质过程中，都有铁矿的形成。主要的铁矿石有磁铁矿、赤铁矿、褐铁矿、菱铁矿等，总储量约为50亿吨，多分布在朝鲜半岛北部（图1.7）。

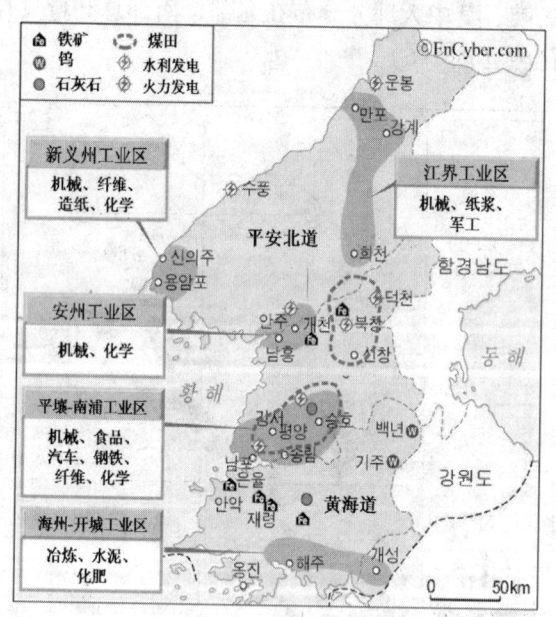

图1.7 朝鲜半岛西北部工业区

资料来源：《韩国斗山百科大辞典》（电子版）（http：//100.naver.com/100.nhn?docid=700937）。

朝鲜半岛最大的铁矿是朝鲜咸镜北道的茂山铁矿，总储量为13亿吨。较大的还有会宁铁矿、富宁铁矿等。咸镜南道的利原铁矿属于大型的赤铁矿。赤铁—褐铁矿主要分布在黄海南道和黄海北道。菱铁矿主要分布在平安南道。朝鲜半岛南部的铁矿储量很少，主要分布在江原道的襄阳、洪川一带。

锰矿总储量为47万吨左右，其中30万吨分布在北部。北部的锰矿主要分布在咸镜北道的清津、富宁、明川以及江原道的铁原和金化一带。南部的锰矿储量为17万吨，主要分布在庆尚北道的奉化、庆州以及釜山附近地区。

3. 有色金属和贵金属

朝鲜半岛有丰富的有色金属和贵金属矿藏，主要矿物种类包括金、银、铜、钼、铅、锌、镁、钨、锑、锡、钽、镶、钴、独居石、锆、铍等。

钨矿的总储量为39万多吨，居世界前10位。其中朝鲜半岛北部为26.4万吨，南部为12.7万吨。朝鲜半岛北部最大的钨矿是黄海北道谷山的万年矿，在咸镜南道的大兴、平安南道的阳德、平安北道的昌城、江原道的金刚山一带也有钨矿分布。

朝鲜半岛南部最大的钨矿为江原道宁越的上东矿，是世界规模的大型矿床。其储量占朝鲜半岛南部钨矿储量的80%，产量占韩国的90%。此外，还有忠清南道的青阳，庆尚北道的达城、玉房、双田等矿床（图1.8）。

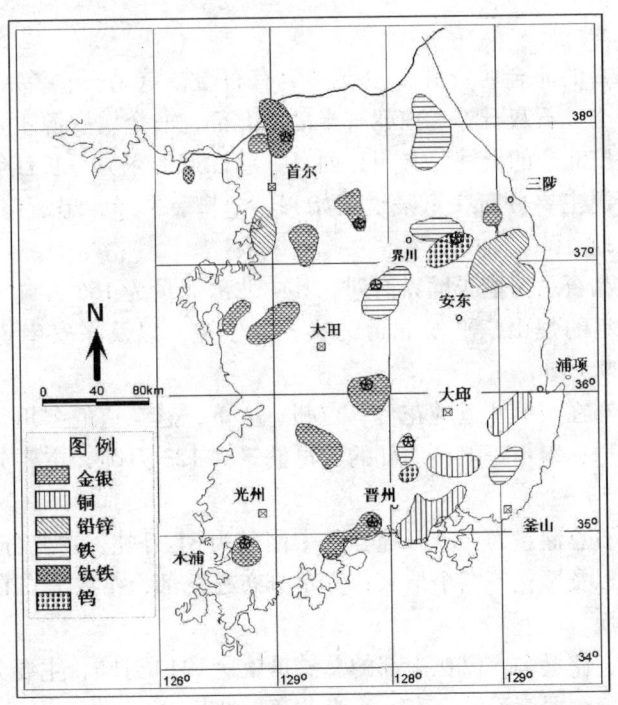

图1.8　韩国稀有金属分布

资料来源：同图1.7。

辉钼矿常与钨矿和铜矿共生,其总储量为6.8万吨,居世界前列,其中1.4万吨分布在朝鲜半岛南部。韩国最大的钼矿为全罗北道的长水矿。此外,在忠清北道的堤川、江原道的宁越、庆尚北道的蔚珍和金陵、庆尚南道的南海等地也有大型的铜钼矿。

朝鲜半岛的铅锌矿很多,主要矿物是方铅矿和闪锌矿,铅的总储量为650万吨,锌的总储量为1270万吨。其大部分埋藏在北部,最大的铅锌矿为咸镜南道的检德矿。南部最大的铅锌矿是庆尚北道奉化的莲花矿。

铜矿石主要有黄铜矿、斑铜矿、孔雀石等,总储量为290万吨,大部分埋藏在北部。北部的铜矿主要分布在平安南道的城兴、黄海北道的遂安等地。南部的铜矿主要分布在庆尚南道的固城、咸安、昌源等地,其中咸安铜矿最大。

朝鲜半岛的金储量达2000多吨,绝大部分埋藏在北部。北部的金矿主要分布在平安南道的城兴,平安北道的大榆洞、云山,黄海北道的遂安等地区。南部的金矿主要分布在奉化、光阳、德阳、天原、扶余、尚州等地区。

菱镁矿资源非常丰富,储量为40亿吨,为世界首位。最大的矿床在北部咸镜南道的端川。

4. 非金属

朝鲜半岛有丰富的非金属资源,主要种类有石墨、重晶石、磷灰石、萤石、石棉、云母、滑石、高岭土、石灰石等。在朝鲜半岛的北部,非金属资源主要分布在咸镜北道的业亿、青鹤,平安北道的枕岘、义州、西日,慈江道的东方、长江等地。在朝鲜半岛的南部,非金属资源主要分布在京畿道的始兴、梧柳、平泽,忠清南道的公州、舒川,庆尚北道的奉化等地。

朝鲜半岛的重晶石总储量居世界前列。其中北部储量为165万吨,主要分布在咸镜南道的广泉,慈江道的楚山,平安北道的义州、宁边,以及平安南道、黄海南北道等地。南部储量为129万吨。

云母类主要分布在咸镜北道的花台、吉州、金策,慈江道的熙川,平安北道北的博川,平安南道的平原、肃川等地。南部的云母储量为123万吨,主要分布在全罗北道的长水。

朝鲜半岛的萤石总储量为131万吨。其中南部为81万吨,主要分布在丹阳—堤川、锦山、春川—华川以及奉化等四个地区;其余分布在北部,主要分布在黄海南道、黄海北道、咸镜南道等地。

高岭土分布广,储量多,仅在南部的总储量就达1040万吨,主要分布在庆尚南道的河东、山清、陕川,全罗南道的海南,庆尚北道的迎日。

二、渔业资源

朝鲜半岛三面环海，附近海域有着丰富的渔业资源，有着优良的发展水产业的条件，渔业产量高（图1.9）。尽管内河水系也比较发达，水产种类比较多，但由于气候偏冷，与海洋渔业比起来，内河渔业所占比重很小。朝鲜半岛附近海域属于世界四大渔场之一的西太平洋渔场，鱼类资源丰富，其渔场可分为东海渔场、黄海渔场和南海渔场。

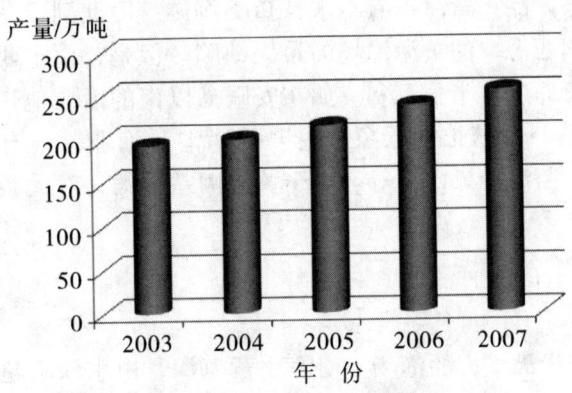

图1.9 韩国的渔业产量
资料来源：韩国农林水产食品部：《统计资料（2008年）》。

1. 东海渔场

朝鲜东海大陆架宽约25千米，向外逐渐过渡到水深超过3000米的大洋盆地。海水温度的季节变化较大，夏季可达20℃以上，冬季则降至1~10℃。从黑潮暖流分支的东朝鲜暖流可上溯到咸镜北道附近海域，暖水层逐渐变薄，而北朝鲜暖流可南下到迎日湾附近。因此在东海渔场有鲐鱼、鲲鱼、鲹鱼、刀鱼、墨斗鱼等暖水鱼类和明太鱼、鲱鱼、鳕鱼等冷水性鱼类大量繁殖或洄游。主要的渔港有江原道的巨津、束草、注文津、墨湖，庆尚北道的厚浦、浦项、九龙浦、甘浦，庆尚南道的防渔津、长生浦等。东海硅藻类浮游植物很丰富，尤其是在东朝鲜暖流和北朝鲜寒流的交汇处，常常有比较强烈的垂直循环，营养物质上下循环，因此吸引大量的暖水鱼类洄游。如冬季，墨斗鱼在济州岛以东的海域产卵，到了春季就会随着暖流北上，8月份到达郁陵岛附近海域，绝大部分墨斗鱼都在东海生长。

朝鲜东海的海岸线较单调，天然良港较少，虽然大部分渔港设有防潮堤，但是在暴风时船舶易受损失。

2. 黄海渔场

黄海的平均水深小于 50 米，全部属于大陆架部分，因此水温季节变化大，受寒暖流影响较小，而受潮流影响较大。海底的各种盐类物质被潮水带到海面，加上许多河流带来大量的大陆物质，因此营养物质丰富，是鱼类良好的觅食场所，而许多岛屿又为鱼类提供了丰富的产卵场所。春季水温升高，会吸引许多暖水鱼类洄游到此，主要鱼种有黄花鱼、刀鱼、蝶鱼、鲆鱼等，其中黄花鱼是代表性鱼类。此外，黄海还产虾、螃蟹等甲壳类水产品。黄海没有冷水性鱼类洄游，因此到了冬季，捕鱼活动基本中断。这是位于韩国西海岸的黄海渔场的最大缺陷。但是，由于西海岸有宽广的浅海和滩涂，对发展浅海养殖业十分有利。如在安眠岛以南的沿岸地带，紫菜养殖业很发达，即使冬季，也是一片繁忙的景象。主要的渔港和渔业基地有仁川、木浦、法圣浦、群山、延坪岛、茁浦、黑山岛等。由于黄海潮差很大，对大型船舶的出入有一定影响。

3. 南海渔场

南海渔场是朝鲜半岛最大的渔场。南海比黄海深，由水深不超过 150 米的大陆架构成。南海大小岛屿众多，海岸线曲折，潮差介于东海和黄海之间，由于终年受黑潮暖流影响，冬季水温保持在 14℃以上，因此，鱼类、贝类、藻类很丰富，一年四季都可以进行渔业生产。代表性的鱼种是鳀鱼。此外，还有刀鱼、鲷鱼、鲲鱼、鲹鱼、鲭鱼、鲔鱼、鲳鱼、鲥鱼、蝶鱼等鱼类和牡蛎、白蛤、紫菜等贝类和海藻类。虽然南海鱼类种类多，但没有鱼群的大规模洄游，所以不能进行大规模的集中捕捞。南海有许多天然良港，主要渔港有釜山、马山、众武、长承浦、丽水、木浦、莞岛、济州、西归浦、城山浦等。

韩国渔业发展的特点是：渔业科学技术发达，基础设施完善，劳动者科技素质较高；渔业实现产业化，从业人口不断减少；渔业由生产型向生态型转变，带动第二、第三产业迅猛发展；政府对渔牧业采取积极扶持的政策；市场发达，设备先进，公平交易；渔业协会（农协）对渔牧业现代化的促进作用巨大。

韩国渔业面临的主要问题为：一是大多数渔产品的自给率低，市场竞争力弱，2002 年的自给率只有 60%；二是渔业产品贸易"大进小出"，净进口数额巨大（图 1.10）；三是经营规模偏小，渔业兼业化趋势加剧；四是渔业劳动力老龄化，发展后劲不足，60 岁以上劳动力比例超过 50%。

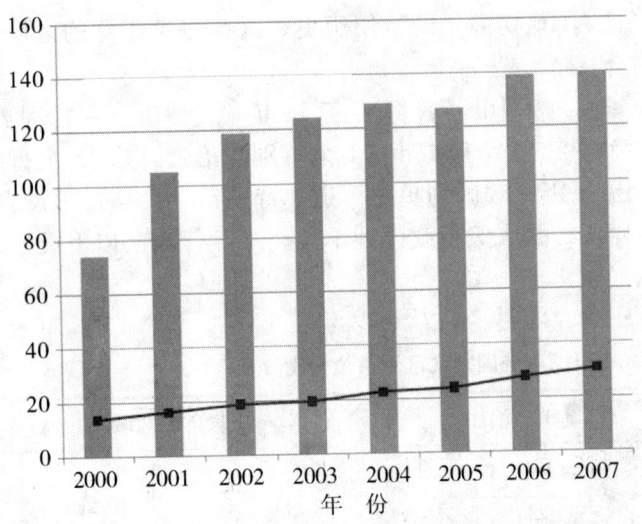

图 1.10　韩国水产品进口状况
资料来源：同图 1.9，第 190 页。

第四节　行政区划与人口

一、行政区划

朝鲜半岛的行政区划是从李朝王朝开始逐步建立起来的。1413 年（李朝太宗十三年），朝鲜王朝改革地方制度，将全国的行政区域划分为咸镜、平安、黄海、京畿、江原、忠清、全罗和庆尚等八道，下设府（大都护府）、牧、都护府、郡和县。1896 年（大韩帝国高宗三十三年），把咸镜、平安、忠清、全罗、庆尚五道各分为南、北道，共划分为 13 个道。这种建制一直沿袭到 1945 年 8 月 15 日朝鲜半岛光复。

因此，人们习惯上把朝鲜半岛划分为 8 个区域：关北地方（包括朝鲜咸镜北道、咸镜南道、两江道、江原道），关西地方（包括朝鲜平安南道、平安北道、慈江道、黄海南道、黄海北道），关东地方（韩国江原道），首都圈（韩国京畿道），大田圈（包括韩国忠清南道、忠清北道），湖南地方（包括韩国全罗南道、全罗北道），岭南地方（包括韩国庆尚南道、庆尚北道），济州地方（济州岛）。这样的称呼习惯多是来自历史、人文以及自然地理的原因，如关东地方是指韩国东部大关岭以东地区，湖南地方是全罗南道、全罗北道的别称（又说锦江以南地区），岭南地方是指小白山脉的竹岭和鸟岭以南的地区,已有 1000 多年的沿用历史。这些习惯指称的区域界线与现代的区域界线并不完全吻合。

韩国的行政区划设道(省)、特别市(首都)、广域市(直辖市)和特别自治道。韩国全域现有 8 个道、1 个特别市、6 个广域市、1 个特别自治道,这 16 个行政区域被称为广域地方自治团体,是一级行政区划单位。道、特别市、广域市下设自治区、自治市和郡,称为基础自治团体,是二级行政区划单位。二级行政区以下设三级行政区划单位,称为非自治区域(表 1.2)。

表 1.2 韩国行政区划单位分类

广域地方自治团体	基础自治团体	非自治区域			
特别市(首尔)	自治区(25)		洞	统	
广域市(仁川、光州、大田、大邱、蔚山、釜山)	自治区(44)				
	郡(5)		邑		
道(京畿,江原、忠清南、忠清北、庆尚南、庆尚北、全罗南、全罗北)	自治市(75)		面	行政里	班
	郡(81)	一般区	邑·面		
			行政洞		
特别自治道(济州)		行政市(2)	行政洞	统	

资料来源:《韩国建设交通统计年报(2007 年)》。

韩国的 9 个道是京畿道、江原道、忠清南道、忠清北道、庆尚南道、庆尚北道、全罗南道、全罗北道、济州道(特别自治道)。1 个特别市是首尔特别市。6 个广域市是仁川广域市、光州广域市、大田广域市、大邱广域市、蔚山广域市和釜山广域市(图 1.11)。

首尔是韩国的首都,是韩国的经济、政治、文化中心,是具有 600 多年历史的古都。它以汉江为界分江南和江北,江北是首尔的历史文化中心,江南是现代商务中心。首尔举办过 1986 年亚运会、1988 年奥运会及 2002 年足球世界杯等赛事,是一座现代化的国际大都市。

广域市是一种城市化过程中产生的特殊的行政区域制度。广域市的级别低于特别市,而管辖范围比一般中心城市大。1995 年 3 月韩国把釜山、大邱、仁川、光州、大田等直辖市改名为广域市,并适当扩大了行政管辖的区域范围。1997 年蔚山成为第六个广域市。

1945 年 9 月,汉城市(2005 年中文名改为首尔)从京畿道划分出来成为特别市。

图 1.11　韩国的行政区划
资料来源：根据韩国中学地理附图绘制。

1946 年 8 月，济州岛也从全罗南道分离，成立道一级行政单位，2006 年 7 月设济州特别自治道。到 1997 年止，釜山、大邱、仁川、光州、大田、蔚山等分别与相应的所在道分离，成为独立的自治行政单位。韩国现有二级以下行政区域单位数如表 1.3 所示。

表 1.3　韩国二级以下行政区域单位数

行政区域	自治市	郡	自治区	行政市	一般区	邑	面	洞
数量	75	86	69	2	26	212	1206	2166

资料来源：同表 1.2。

朝鲜半岛北部的朝鲜（全称为朝鲜民主主义人民共和国）现设有1个特别直辖市、3个直辖市、3个特区、9个道（表1.4）。

表1.4 朝鲜行政区划

区划单位	区域
特别直辖市	平壤特别直辖市
直辖市	开城直辖市、南浦直辖市、罗津—先锋直辖市
特区	新义州特别行政区、金刚山观光区、开城工业区
道	江原道、两江道、慈江道、平安南道、平安北道、咸镜南道、咸镜北道、黄海南道、黄海北道

资料来源：同图1.7。

二、人 口

1. 人口变化趋势

据韩国统计厅人口调查科的统计，2007年韩国人口为4860万人。按目前的增长率，韩国人口将在2018年达到顶峰，达4934万人，以后逐年下降。

1945年8月15日朝鲜半岛光复后，由于海外同胞纷纷回国和北部人口大量南下，韩国人口急增。当时以"三八线"为界，南部的人口约1600万人，北部的人口约880万人。1949年，韩国进行国情调查与人口普查，发现全国已拥有2000万人口，在4年期间增加了40多万人。

1945年8月至1950年6月期间，从北部南下的人口大约为74万人，从日本和中国回国的同胞达到150万~200万人。

1950—1953年的朝鲜战争中，虽然许多北部的居民南下，但战争中死者难以计数，且开城、延白、瓮津等人口稠密区后归属北部，结果韩国的人口大约减少了130万人。1955年，韩国人口约为2200万人。1953年停战后，随着社会渐趋安定，人口年年激增。1960年韩国人口近2500万人，接近光复前朝鲜半岛人口总数。从1955年到1960年，韩国人口每年增加约70万人，年均人口增长率达到2.88%。

进入60年代之后，韩国开始实行经济开发五年计划，同时也推行了计划生育政策，人口出生率开始降低。70年代开始，韩国控制人口的政策显出成效，人口再生产结构发生了根本性变化，实现了由高出生率、高死亡率向低出生率、低死亡率的转变。

虽然韩国的人口总量在增长（图1.12），但在人口再生产类型上开始显示出发达国家的一些特征，即低出生率、低死亡率和低自然增长率。节制生育、移居海外、参与全球性经济活动、人口老龄化、高学历化以及新的一代对婚姻观念的变化等都对韩国人口的数量、结构、增长率等产生了重要的影响。

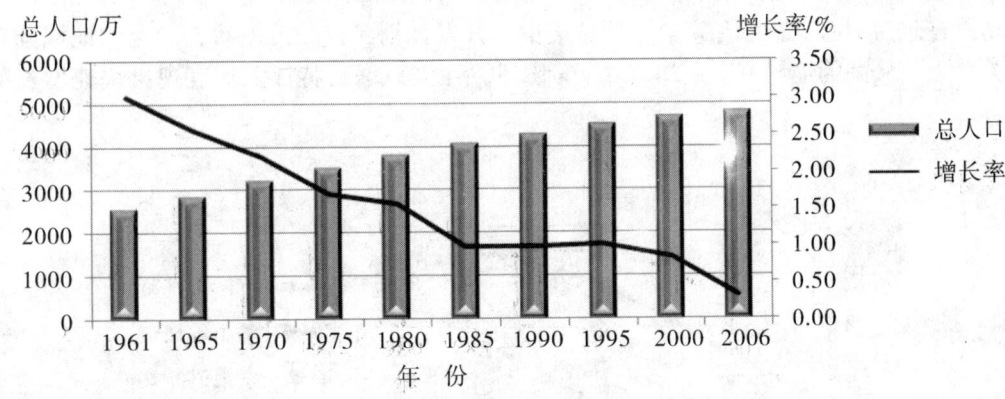

图 1.12 韩国人口变化

资料来源：韩国统计厅网站（http：//www.kostat.go.kr/nso_main/nsoMainAction.do?method = sub_index&catgrp = nso2009&catid1 = k06_0000&forward = 5）。

20世纪60年代初韩国的人口增长率为3%左右，但在其后的10年中则下降至2%。2006年，韩国的人口增长率为0.33%，大大低于世界平均值1.2%（2005年），到2020年可望降到0.01%。韩国的人口出生率也持续下降，1997年为1.54%，2007年下降至1.26%。

韩国人口的平均年龄为36岁（2006年），0～14岁的人口占总人口的18.6%，15～64岁的人口占71.9%，65岁以上的人口占9.5%。发达国家老龄化社会的标准是65岁以上的人口占总人口的7%。韩国显然已进入老龄化社会，其人口老龄化指数[①]已从1960年的6.9%增长到51%。2006年韩国从事经济活动的人口为2398万人，约占人口总数的49.6%。

2. 人口移动和分布特点

韩国人口分布的最大特点是人口向大都市的移动。1960年城市人口只占总人口的28%，70年代的产业化风潮使人口大量向城市移动，到1975年达52%，超过了总人口的一半。1992年韩国六大城市的人口已占总人口的47.4%。目前城市人口已达82%。

韩国的人口移动可分为国内移动和国际移动。韩国自1962年起实行经济开发五年计

---

① 65岁以上老龄人口与14岁以下幼龄人口之比。

划,工业化和城市化的步伐大大加快,农渔村的人口向城市和开发地区移动,渐渐出现大城市人口过密和农渔村人口稀疏现象。

20世纪70—80年代是韩国人口国内移动最盛的时期,主要表现为首尔、釜山和京畿等三个地区为人口迁入区,而其他8个道为人口迁出区。如图1.13所示,韩国的人口移动以首尔为中心。首尔和京畿道地域接壤,开发计划年代一前一后,产业的地域分布相关性大,从大的地域范围上均属"首都圈",在人口增长特性上均表现出快速增长的特点。

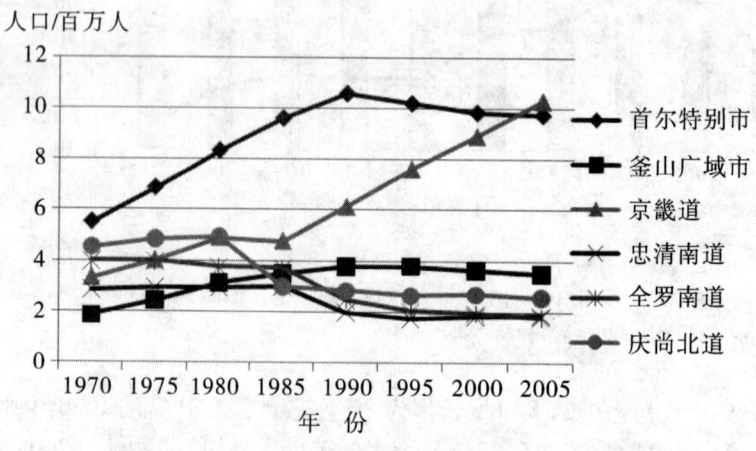

图1.13 韩国人口移动变化
资料来源:同图1.12。

首尔已成为人口稠密的国际大都市,但近年来越来越多的韩国人开始选择在首尔周边地区居住,有"生活郊区化"的趋势。进入90年代这一趋势越加明显。虽然首尔人口开始有所减少,流入京畿地区的人口仍在增加。预计2011年以后,将有一半以上的韩国国民将居住在包括首尔在内的首都圈,首都圈人口集中现象将进一步加重。

韩国是世界上人口密度最大的国家(地区)之一。截至2006年,韩国的人口为4829.7万人,人口密度为484.7人/平方千米,是世界平均值(44人/平方千米)的11倍,居世界前列(孟加拉为958人/平方千米,中国台湾为632人/平方千米)。首尔的人口密度高达16221人/平方千米。

韩国现有外国人76.5万人(2007年),比1995年增长6倍,占韩国总人口的1.5%。韩国向国外的人口移动很活跃,据韩国出入国管理局的统计资料,2006年韩国国民海外移动次数为1089万人次。其中大部分韩国人是临时性移动。韩国人主要出国目的分别为旅游、留学、访问、商务、研修、公务等;主要出国目的国(地区)的前十位如表1.5所示,其中来华人数最多。

表1.5 韩国人出国目的地前十位国家或地区

名次	国家或地区	人次	名次	国家或地区	人次
1	中国大陆	187709	6	中国香港	31439
2	日本	152174	7	新加坡	17404
3	泰国	69966	8	澳大利亚	16702
4	美国	58866	9	中国台湾	14090
5	菲律宾	49726	10	马来西亚	10811

资料来源：同图1.12。

第五节 环境保护

韩国真正认识环境问题始于20世纪80年代。60年代的经济开发所造成的环境问题，经过了30多年，到了90年代才开始表面化。和世界其他国家一样，韩国的环境问题也与经济发展和国土开发直接相关。

韩国环境问题的发展可分为四个时期：环境问题形成期（六七十年代），这一时期的特点是以开发区为中心的多发污染事件；环境问题的高潮期（80年代初、中期），开始使用"环境公害"的概念，引起社会各界对环境问题的广泛关注；环境问题扩散期（80年代末、90年代初），严重的公害事件使韩国国民认识到环境问题与个人的生活密切相关；环境问题参与期（90年代中后期至今），以1997年6月5日韩国政府发表的《关于环境伦理的汉城宣言》（以下简称《宣言》）为转折点，环境问题的全球化使韩国人对环境的认识深化。

《宣言》体现了韩国对环境问题的认识达到了一个新的高度。《宣言》称：为了克服全球的环境危机，就要克服物质万能主义，创造新的环境文化，追求环境正义，提高科学技术的环境亲和性，共担责任，相互协作，改善人类共同居住的环境。政府的实践纲领包括加强政策协调、强化预防污染事件的措施、提高政策的公正性和透明性、支援环境亲和性技术的开发、加强环境教育和国际间合作等。对国民也提出了环境亲和性生活方式、积极的参与意识、博爱精神等行为规范要求。在《宣言》发表以后，在对待环境问题上韩国社会最大的进步是全体国民的"善待环境"的认识和积极的参与意识得到进一步加强。

一、环境现状

1. 大气环境

2005年韩国大气污染物的排放量分别为：硫氧化物（SO_x）40.8万吨，氮氧化物（NO_x）130.7万吨，总悬浮颗粒物（TSP）8.9万吨，可吸入颗粒物（PM10）6.7万吨，一氧化碳（CO）78.9万吨，挥发性有机物（VOC）75.6万吨。不同污染源的排放量如表1.6所示。

表1.6 不同污染源的排放量　　　　　　　　　　单位：吨/年

污染源	SO_x	NO_x	TSP	PM10	CO	VOC
点污染源排放量	265061	534375	39709	24474	64847	145211
面污染源排放量	84704	128502	14777	9686	89973	490551
移动污染源排放量	58696	643848	34422	33183	634098	120659
排放量合计	408461	1306725	88908	67343	788918	756421

资料来源：韩国环境部国立环境科学院环境保健安全课：《大气排放源的界定和定量评价（Ⅱ）》，2005年。

2005年韩国温室气体排放总量为591.1万吨，比1990年增长98.7%，CO_2排放量占世界第10位。能源产业和交通工具是温室气体的主要排放源，占排放量84.4%。1965年韩国汽车总保有量是4.1万辆，2005年则达2337万辆，增加了569倍。

2008年6月，韩国环境部提出《绿色韩国–气候变化综合对策》（以下简称《对策》），具体阐明了五大实施方案，包括减少温室气体排放、提高全民参与度、提高国家和地方政府应对气候变化能力、培育环境产业、加强基础设施建设和国际协作等。《对策》还提出了应对气候变化的十大课题，其中第一条强调了地方政府的权力、责任、任务等，明确了在实施《对策》的过程中地方政府的执行主体的地位。

2. 水环境

韩国对水环境的管理模式经过了几个阶段性转变。20世纪80年代注重经济效益，"先污染，后治理"；90年代则表现为"经济和环境功效"双管齐下，大力开展环境生态评价；进入21世纪，实施可持续的管理模式，追求经济价值、环境价值、社会价值三兼顾的原则（图1.14）。

2005年，韩国人均水资源为1488立方米，在全球153个国家中名列第130位，预计到2025年韩国人均水资源量将比2005年减少10.8%。韩国平均自来水日供水量为346升/（日·人），属于偏低状况，而且有逐年下降的趋势；下水道普及率比较高，达84%（2005年）。

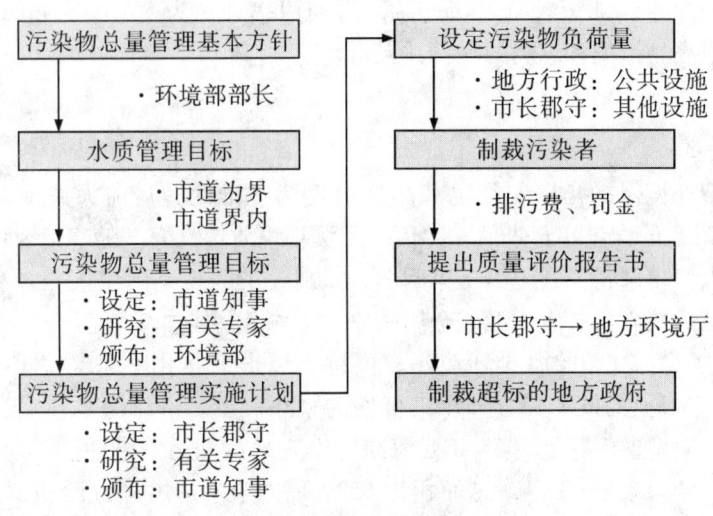

图1.14　水污染物总量管理制度

资料来源：著者整理。

韩国的水环境质量标准分为人体健康标准和生活环境标准两大类。日常监测污染物有25项，共分7个等级。

韩国水质的总体评价为中上等，四大河流（汉江、洛东江、锦江、荣山江）的平均生化需氧量（BOD）为2 mg/L（2008年），可作为二级水源。自来水可以直接饮用，水质监测网点超标率低（表1.7）。日发生生活废水总量为1194万立方米，生活污水处理率为80%以上。2006年因水污染环境事件引起的纷争只有3次。

表1.7　韩国水质监测网点超标率

年　份	监测网点数/个	超标率/%
1999	1156	1.3
2002	1088	0.6
2003	1079	1.2
2004	1062	0.9

资料来源：同表1.6。

3. 固体废物

韩国的固体废物分生活垃圾、工业废物、建设工地废物等三类,日产生量分别为 4.8 万吨、11.2 万吨、13 万吨(2005 年),再利用率分别为 56.3%、68.5%、96.7%,再利用程度比较高,掩埋和燃烧的比例比较低。

4. 其他环境

韩国的土壤环境保护是以农作物栽培适合度为基准的,目前大体上没有重金属污染,只有镉(Cd)的含量超背景值 1.1 倍,土壤环境质量良好。随着工业的发展和农药的大量使用,人们越来越关心土壤污染问题,最典型的表现是国民关心绿色农产品的问题。绿色农产品的核心意义在于无重金属污染,无农药污染。

自 1991 年以后,韩国的海洋环境一直保持 2 级水平(化学需氧量 COD 2 mg/L 以下)。但随着沿岸工业的发展和意外污染事件的频频发生,沿海海水质量遭到了比较严重的污染威胁,典型事例就是 2007 年西海岸(泰安)漏油污染事件。

韩国的国立公园数为 20 个,总面积为 6579 平方千米,占国土面积的 6.6%,公园化面积比较高;道立公园和郡立公园数分别为 23 个和 33 个,分别占国土面积的 0.79% 和 0.45%(2008 年)。

二、环境管理

1. 环境要素的政策方向

对水环境问题,坚持源头管水和流域管水并重;确立以需求管理为中心的用水管理体系,用水量实施目标管理义务制,施行节水型收费制度,制定不同季节收费标准;为四大河流管理制定特别法律,推进水污染总量控制制度。对大气环境问题,加强环境要素控制管理,即加强污染物和污染源的管理。对固体废弃物问题,制定固体废物优化管理和减量化政策,实施固体废物长期综合管理计划。

2. 管理机构

韩国的环境管理机构健全。最大的特点是官民机构间的协调能力强。韩国政府设国家环境部,下设官民环境政策协议会,与民间环境团体协商环境政策问题,并组成环境管理委员会,其职能涵盖环境保健、国土环境、大气环境、水环境、资源循环和环境教育等 6 个领域。

地方环保机构有流域(区域)综合管理机构,还有道、市(特别市)、郡、区专门环保机构，管理项目各有侧重。

韩国环境科学研究部门门类齐全，政府有中央一级的研究机构（如国立环境科学院）和道一级的研究机构。韩国环境科学研究机构的信息相互畅通，完全实现信息公开和共享。

韩国环保民间组织发达，有专业环保协会，还有从事环境科学研究的学会，为政府环境管理提供良好的信息和技术支持。

3. 管理措施

韩国实施科学的环境管理模式。一方面，推进环境与经济一体化政策，将经济活动产生的环境污染负荷降低到最低限度，动员各部门参与环境保护，扩大环保型企业认证，施行环保成绩标示和绿色大楼认证制度，促进环境亲和性产品的生产，支持金融机关建立"企业环保评价标准"。另一方面，推进环保工作重心转移。工业企业污染物排放治理方式转变为以工业企业自律为中心的方式，从而达到减少污染物的目的，通过实时查看污染物排放状态，防范环境污染。

4. 依法管理

1980年，韩国第八次修宪时首次采用了有关环境权的内容。1987年，韩国第九次修宪时确定"生活在清洁环境的权利"，将环境权的法律内涵加以细分化、具体化。韩国《宪法》第三十五条规定：为了使国民拥有生活在健康和愉快的环境的权利，国家和国民应努力保护环境。韩国主要的环境法律和内容参见表1.8。

表1.8 韩国主要的环境法律和内容

法律（令）	主要内容
《环境政策基本法》 （1990年）	· 把分散的环境法规体系化 · 实行分区域管理制度 · 确定对环境受害者的施害者的无过失责任 · 设定大气、噪音、水质的环境标准 · 确定谁污染谁治理的原则 · 实行环境影响评价管理 · 制定环境保护中长期计划

续表 1.8

法律（令）	主 要 内 容
《大气环境保护法》 （1990年）	· 确定污染物、污染物特性、污染物对大气的危害 · 设定大气污染物的排放许可标准 · 实行大气污染物的总量控制 · 限制无许可排放 · 实行排污收费制 · 限制汽车废气的排放
《噪音、震动限制法》 （1990年）	· 限制产生噪音、震动设备的范围 · 设立噪音、震动标准 · 设定生活噪音限制区和噪音标准 · 违规制裁标准
《水质环境保护法》 （1990年）	· 规定水质污染物和特定水质污染物 · 设定水质污染物排放标准 · 实行水质污染物排放总量控制制度 · 小规模排放物的处理 · 限制无许可排放 · 实行排污收费
《有害化学物质管理法》 （1990年）	· 确定有害化学物质 · 自产或进口新的化学物质审议义务化 · 确立对化学物质的审议规定 · 禁止制造、进口、销售、使用特定化学有害物 · 实行有毒物经营者申请、登记制
《环境污染受害纷争调节法》 （1990年）	· 设立环境污染受害纷争调节机构 · 制定环境受害纷争调节程序和收费标准
《废弃物管理法》 （1986年）	· 废弃物的定义和分类方法 · 废弃物的收集、搬运的规定 · 抑制废弃物的产生，强化再利用

资料来源：著者整理。

第一章思考题

1. 记忆朝鲜半岛的基本地理信息（面积、主要山脉、行政区划、人口等）。
2. 朝鲜半岛地理位置的特点是什么？
3. 韩国的《绿色韩国——气候变化综合对策》的五大实施方案是什么？
4. 简述朝鲜半岛的气候特征。
5. 简述韩国的渔业发展特点。
6. 简述韩国人口再生产类型特征。

第一章参考文献

1. 姜锡午. 新韩国地理. 首尔：大学教材出版社，1985
2. 韩国环境部. 环境白皮书（2007年）
3. 韩国统计厅. 国际统计年鉴（2007年）
4. 郑判龙. 韩国简明百科全书. 牡丹江：黑龙江朝鲜民族出版社，1999
5. 韩国统计网站（http：//www.kosis.kr/）
6. 韩国国会电子图书馆（http：//u-lib.nanet.go.kr：8080/dl/SearchIndex.php）
7. 东亚世界大百科辞典. 首尔：韩国东亚出版社，1984
8. 斗山世界百科大辞典. 首尔：韩国东亚出版社，1996

第二章 韩国的历史

第一节 远古时代

一、石器时代

40万~60万年前开始，原始人类就劳动、生息在朝鲜半岛上。最初的原始人类使用的生存工具是极其简陋的打制石器。为了与后期使用磨制石器时代相区别，考古学界称使用打制石器时代为旧石器时代。

20世纪60年代以来，朝鲜半岛上的旧石器时代遗址陆续被发现，其代表性的遗址由北到南有咸镜北道屈浦里的"屈浦文化"遗址、平安南道德川郡胜利山遗址的"德川人"遗址、平壤市祥原郡的黑隅里遗址、平壤市力浦区大岘洞的"力浦人"遗址、京畿道莲川郡的全谷里遗址、忠庆南道公州的石壮里遗址等，这意味着原始人类已广泛分布在朝鲜半岛各地生活。

从黑隅里遗址（50万~60万年前）出土的化石来看，既有极为粗糙的打制石器，还有生长在热带的猿猴、象、大型双角犀，喜欢生长在江畔或沼泽边的海狸、湿地野鼠和喜欢生活在林木茂盛地区的野猪、狼等动物化石。由此可推测，当时的气候比较炎热，植被茂密，动植物资源非常丰富。

在属于旧石器时代后期的"屈浦文化"第一期层和石壮里遗址发现了地穴式房屋的遗迹和使用过篝火的痕迹。火的发现与使用是旧石器时代人类征服自然界的重要成果之一。到了中石器时代还发明了弓箭，这导致狩猎活动的进一步发展及其范围的扩大，为形成原始畜牧业打下了坚实基础。

朝鲜半岛的新石器时代始于七八千年前，其遗址主要分布在朝鲜半岛的海岸线及主要河流的沿岸，主要有咸镜北道屈浦里西浦项、慈江道中江郡土城里、平安北道宁边郡细竹里、黄海道凤山郡智塔里、京畿道广州郡岩寺洞、釜山市东三洞等遗址。这些遗址中出土了磨制的石镰刀等农耕工具，还出土了碳化黍粒，这意味着当时已出现原始农业。农耕技术的发展，使狩猎和捕鱼活动在经济生活中的比重逐步减小，人们开始定居。

与此同时，原始手工业也开始形成。出土了篦文陶器，其代表性的形状为下尖上宽的鸡蛋状圆型,当做盛器或烹煮容器。陶轮和骨针的出土,意味着当时可能已经掌握缝制衣服或勾制渔网等的技术。

随着农耕和定居生活,原始信仰也应运而生。从祭神祈福的朴素愿望出发,逐步形成了自然崇拜、灵魂崇拜、祖先崇拜、图腾崇拜等较为朴素的原始信仰,出现了主持宗教活动的神职人员——咒术师(巫师)。由于这些人一般都具有一定的知识和经验,对自然的观察也有不少体会,因而在原始社会中普遍受人尊重,在社会群体中占据重要地位,譬如说相当多的部落酋长则兼任巫师。

二、青铜器时代

朝鲜半岛的青铜器时代大约可追溯到 3500 年以前,主要遗址有咸镜北道会宁五洞、罗津草岛、龙川郡细川立、锦江流域的公州、庆州府等。这些遗址中出土的代表性文物有琵琶型的短剑、多钮粗文镜以及无文陶器,另外还出土了斧、凿、矛等武器和青铜铃、戒指等装饰品。可能由于不易得到铸造青铜的原料铜与锡之缘故,青铜制品主要集中在制作支配阶层的装饰品和武器上,生产工具仍广泛使用磨制石器工具。

遗址中常发现磨制的石斧、半月刀、石镰、磨谷石等多种农用工具,还大量发现黍、谷子、高粱、大豆、豌豆等多种谷物。这说明进入青铜器时代,生产工具得到发展,人们的生产活动与生活均发生巨大变化。畜牧业也得到进一步发展。遗址中常见到猪、牛、马、狗等家畜的骨骸,其中最多的是猪的骨骸,在罗津草岛出土的兽骨中猪骨占 1/3 以上,说明家猪在当时畜牧业中的重要地位。

这时期值得关注的一种社会现象是殡葬文化,当时的墓地绝大部分为支石墓(图2.1)和石棺墓。分布在朝鲜半岛各地的 2 万多处支石墓根据其建造方式可分为桌子式

图 2.1 支石墓

和棋盘式。桌子式支石墓是指先在四边摆放石板做墓室,然后把巨大的盖石盖在其上,主要分布在朝鲜半岛北部地区,故亦叫北方式;棋盘式支石墓是指墓室在地下,其上放置若干个或一堆较小的石块,再盖上巨石块的形状,主要分布在汉江以南地区,亦叫南方式。

支石墓的盖石大多重达几吨,甚至几十吨,从采石、搬运到建造需要大量的人力、物力,这表明当时已经出现阶级分化,出现了拥有相当权力和经济力的支配阶层,逐步形成统治机构的国家雏形,这种社会结构韩国史学界称之为族长(君长)社会或城邑国家。

三、古朝鲜

古朝鲜是朝鲜历史上最初建立的阶级社会,居民主要由秽(濊)族和貊族构成,大致范围在现今朝鲜半岛西北部地区。其原国号就是朝鲜,但为与14世纪末成立的李氏朝鲜区别,史学界称之为"古朝鲜"。

关于古朝鲜建国时间学界尚有争论,主要有"檀君建国神话"和"箕子朝鲜说"(图2.2为檀君像)。但从目前为止的考古发现来看,古朝鲜至少3500多年前已建立了政权组织。因为那时已经比较广泛地普及了青铜器,还建造了大量动员众多劳动力才能完成的支石墓,已经制定了反映阶级分化情况和统治手段的法律——"犯禁八条"。这说明古朝鲜已具备建立国家的物质及阶级基础。

古朝鲜时期最高统治者称为王,其下设有裨王、相、大夫、博士、将军等官职,分管政治、经济、军事等各方面事务;并制定"犯禁八条"来维护私有财产和社会治安。

图2.2 檀君

中国至迟在公元前7世纪已了解朝鲜国的存在。齐桓公时期朝鲜的"文皮"等特产已闻名于齐国。到了公元前4世纪,古朝鲜已经发展成欲与战国七雄之一的燕国一争高低的强国。此时的朝鲜与中国的交往更加频繁,在古朝鲜领域内、现今朝鲜半岛西北部大量出土的战国时期燕国货币——明刀钱就是明证。

中国秦末汉初,战乱频繁,北方燕、齐、赵等国的众多百姓纷纷避难到古朝鲜境内。公元前195年,燕人卫满带领千余难民来归古朝鲜。古朝鲜国王准喜欢卫满,册封他为博士,并分封西部疆土百里,让他守卫西部边界。卫满站稳脚跟后,开始纠合难民,串联古朝鲜的反国王势力,谎称汉兵来犯,以戍卫名义进驻首都,发动政变,赶走国王准,自立为王。因卫满仍沿用"朝鲜"国号,史称"卫满朝鲜"。

卫满朝鲜积极吸收中国的铁器文化,使其农业和手工业得到进一步发展,商业和贸易业也发展起来了。但是,卫满朝鲜利用优越的地理环境,阻止其南部辰(国)等小国与中国汉朝的直接贸易,欲独占中介贸易之利。这一举动引起周边国家的强烈不满,他们纷纷状告到汉朝。公元前109年,汉武帝在对卫满朝鲜提出不得阻断周围小国交通汉朝的警告无效之下,从海陆两路进攻卫满朝鲜,翌年攻占平壤,卫满朝鲜灭亡。

汉朝随之在卫满朝鲜领域内先后设立了乐浪、临屯、真番、玄菟等4个郡,史称汉四郡。汉四郡实行中原的郡县制,派员管理。过了20多年后,先后撤销真番郡和临屯郡,还将玄菟郡北迁,乐浪郡则一直到存续到4世纪初,于313年被高句丽侵占而消亡。

汉四郡的设立,客观上密切了古代中朝两国间的接触与交流,汉朝先进的文化大量传入朝鲜,这对朝鲜政治、经济、文化等的发展起了一定的促进作用。

四、辰国与三韩

辰国的地理范围大致是汉江以南地区,其建国者一般认为是主导建造棋盘式支石墓的南部土著势力。庆尚南道金海贝冢里出土的碳化米粒(大约3000年前)表明该地区很早以前就从事水稻生产;庆尚南道茶户里遗址(约公元前1世纪)中出土了铁器农具、青铜剑、漆器高杯、毛笔等,表明公元前后该地区农业和手工业也已相当发达;而中国汉字的书写工具——毛笔的出土,意味着该居民至少公元前已经使用汉字(朝鲜文字是直到15世纪中叶才创造出的,而这之前一直借用汉字表述),意味着当地社会很早以前就已与中国进行文化交流,已拥有相当的文明程度。

大约公元前2—3世纪,从北方南下的、拥有更为发达的铁器文化的移居势力与当地土著势力相结合,逐渐形成了新的政治势力。其结果是辰国分化,该版图内先后形成了马韩、弁韩、辰韩等联盟体。

马韩大致位于今以天安、益山、罗州为中心的朝鲜半岛中西南地区,由54个小国组成,大约有10万户。弁韩大致位于今以金海、马山为中心的朝鲜半岛东南部地区,辰韩大约位于今大邱、庆州等地区,弁韩、辰韩均由12个小国组成,人口为4万~5万户。其中,马韩实力最强。因此,马韩联盟中的强国"目支国"首领常常被推举为马韩王或辰王支配三韩,其手下势力较大者被封为"臣智",较小者被封"险侧"、"邑借"等官职,分级管理三韩各小国。

三韩地区除设有政治上的最高统帅外,还设有专司祭祀的天君。天君拥有专门的领地——苏涂,立大木,悬铃鼓,事鬼神。该区神圣不可侵犯,即使罪犯逃入其内,官府不得入内捕之。这种神圣不可侵犯的宗教场所和专职天君的存在,意味着教政合一的古代宗教信仰已开始发生变化。

第二节 三国时代

一、高句丽

据《三国史记》记载，高句丽始祖朱蒙本是扶余国的贵族，受到扶余国内对立势力的排斥，率部分随从南下到卒本地区（今中国辽宁桓仁县）。公元前37年，朱蒙与当地土著势力结合，建立了高句丽国。

由于所处自然环境恶劣，粮食等生活必需品匮乏，高句丽尚武好斗。尤其是第二代国王琉璃王执政时期，迁都国内城（今吉林省集安）后，更加积极推行对外扩张政策，先后征服了邻近的沸流、盖马、东沃沮、东濊等地方势力。1世纪中叶，其势力扩张到清川江一带。到了4世纪初，高句丽吞并了乐浪郡，将领土扩张到大同江流域，但这种局面引起了高句丽与历来视汉江流域为其势力范围的百济之间的尖锐对立。

4世纪中叶，受到前燕慕容与百济的夹击，高句丽曾一度陷于危机，但在小兽林王（371—384年在位）的改革下走出困境。小兽林王通过接受并信奉佛教（372年）来实现国家的精神统一、颁布律令（373年）来调整国家统治机构、设立太学来培养其统治所需的后备力量等措施，加强和巩固了中央集权统治体系。到了广开土王（391—412年在位）和长寿王（412—491年在位）统治时期，高句丽迎来了全盛时期：在与百济的战争中，抢回了汉江流域，迫使百济首都南迁；东南部的领土延伸到朝鲜半岛中南部的竹岭、南阳湾一线，所辖领土空前辽阔；获取了肥沃的农业地区，使高句丽的经济重心逐步南移到大同江流域。427年，高句丽首都迁到平壤。这不仅加快了其社会经济的发展，也促进了三国间经济文化的交流。

建国之初，高句丽由具有浓厚的部族性质的桂娄、消奴、顺奴、绝奴、灌奴等五部联合组成，国王由桂娄部推举，王妃由绝奴部产生。虽说各部受国王统制，但均拥有相对独立的领域和官吏体系，重大事项由五部头目组成的贵族会议讨论决定。

但随着对外扩张和小兽林王以来的改革的深化，以及中央集权的不断强化，原来的五部联合体制发生了变化，原本带有部族性质的五部改编为行政机构性质的五部，各级贵族统编为14个级别（不同时期有所变化），纳入国家统一的官吏体制内。中央设置国相（最高行政官职，5世纪以后改称为大对卢，到了7世纪改称为莫离支）、中畏大夫、评者等官职，掌管和处理国家军政事务。地方实行五部三京制，即把全国分为东、西、南、北、中五部，国王直接派员治理；同时把国内城和汉城称作别都，和平壤一起统称三京。

589年，隋朝统一中国。高句丽推行与北方突厥联手抗衡隋的政策，于598年进攻辽西地区，与隋朝发生军事对抗。同年，隋文帝率30万大军，兵分水陆两路进攻高句丽，无功而返。隋炀帝继位后，于612年以高句丽"不修藩礼"等为借口，动员百万大军兵分陆海两路大举进攻高句丽，同样遇到了高句丽军民的顽强抵抗。陆军在隋炀帝的亲自指挥下围攻辽东城长达5个月，但始终未能攻下该城。为改变战局，隋炀帝率军长途奔袭高句丽首都平壤，进展顺利，但遭遇了高句丽乙支文德将军的坚壁清野战术，在抵达平壤附近时，后勤供应严重匮乏，部队几近丧失战斗力，不得不班师。但隋军在回师途中，在萨水（今清川江）岸边遭到高句丽军的伏击，损失惨重。

唐初，高句丽与唐朝保持较平稳的外交关系。642年，高句丽贵族渊盖苏文僭越，废除国王，铲除异己大臣，自封莫离支，掌握国家的最高统治权。渊盖苏文推行联合百济夹击新罗的外交政策，拒绝了唐太宗在新罗的请求下出面提出"勿攻新罗"的调停建议。647年，唐太宗举兵进攻高句丽，攻下边境上的数个城郭，但在高句丽的顽强抵抗下，总的进军速度缓慢。随着天气渐渐转冷，唐军在未达到预期目的情况下只好班师。

同时，高句丽也因连年发生战争，国力受到严重削弱，加上渊盖苏文去世后其家族内的争权斗争，导致国内政局严重动荡。尤其是长子男生和二子男建被迫归降唐朝，请求讨逆。唐朝趁势发兵，以男生为向导，联合新罗夹击高句丽。668年9月，唐罗联军攻占平壤城，高句丽王朝灭亡。

二、百　济

百济是汉江流域土著势力与高句丽系的移民势力相结合而成立的国家（前18年），定都慰礼城（今汉城）。据三国史记记载，百济始祖琉璃王就是高句丽朱蒙之子，意味着高句丽和百济的起源有密切相关。

3世纪，古尔王（234—286年在位）统治时期完全占领了汉江流域，近肖古王（346—375年在位）统治时期迎来了鼎盛时期。此时不仅占领朝鲜半岛西南部的马韩地区，还北上进攻高句丽，杀死其国王，占领了平壤城（371年）。但是，在随后迅速崛起的高句丽的攻势下百济陷入困境。475年，高句丽攻占百济首都汉城，国王被杀，被迫南迁到熊津城（今公州）勉强维系国脉。6世纪前半期，在武宁王、圣王的努力和改革下国力逐渐得到恢复，王权也得到了加强。538年再次迁都到泗沘（今全罗北道扶余），一度改国号为南扶余。为收复失地，圣王联合新罗抗击高句丽的战略，一度实现了收复汉江流域的计划。但汉江流域很快被一直寻求与中国交往出海口的新罗抢占过去。从此以后新罗成了百济的头号敌国，百济不惜联合昔日敌人高句丽攻击新罗，直至百济灭亡。

百济建国之初，其统治阶层由王族扶余氏和另外八姓贵族组成。随着王权的加强，形成了较完整的行政管理体系。汉城时代实行了内臣、内头、内法、卫士、朝廷、兵官等六佐平制；泗沘时代实行内官12部、外官10部的22部制，掌管国家行政事务。与此同时，制定16官等制，并实施服色制度，将贵族们纳入国家统一的统治体系。

在地方上实行根据方位区分的五部五方制度。这是一种军政合一的管理体制，地方官员兼任军事首长，每方领有700~1200名士兵。五方下设郡和城，到百济后期全国有37郡和200余城。

由于地理环境优越，加上铁制工具和牛耕的普及，耕种技术不断改进，百济农业生产发展迅速。与此同时，手工业发达，中央设有专门管理手工业的部门，负责生产王室和外贸所需的精美的工艺品。

百济是三国中最早开展海上交通的国家。百济商人渡黄海往来于现今的中国山东半岛和江浙沿海地区（东晋时期），积极开展国际间交流，不仅从事商品贸易，而且促进了两国间经济文化交流。百济还从南部跨海与日本交往，促进了与日本的交流。值得一提的是当时渡海到日本的百济文人、工匠对日本社会的发展起了相当的促进作用。

7世纪40年代，百济趁高句丽抗拒唐朝入侵之时，攻占了新罗40余城。新罗求救于高句丽遭到拒绝后转求唐朝。660年，唐高宗派苏定方率兵渡海由白江（今锦江）左岸登陆，联合由金庾信率领的新罗军队，东西两面夹击百济。联军在白江口击溃前来救援的日本水军，在黄山战役中消灭了百济的主力军，攻陷了百济首都泗沘城。逃到熊津的义慈王出城投降，百济灭亡。

三、新 罗

新罗是在位于庆州地区的辰韩12小国之一斯罗国的基础上发展起来的。斯罗国由6个氏族部落组成，6个部落首领商议，公推朴赫居世为居西干（6世纪之前对最高统治者的称呼先后使用了居西干、次雌雄、尼师今、麻立干等）。由于新罗地处朝鲜半岛的东南部，经常受到倭军的侵扰，处境艰难。4世纪中叶，奈勿王统治时期新罗征服辰韩各部，领土扩张到洛东江流域，在高句丽广开土王的援助下击退倭军，才实现了较为安定的国内外政治环境。

新罗建国以来较长时间内实行了贵族民族政治制度，由各部贵族联合成立的和白会议为最高机构，重要的国家大事均要通过讨论表决，甚至国王的任命也由该会议讨论通过才能生效。主持和白会议的是上大等，是贵族势力的代表，相当于总管行政事务的首相。

在建设中央集权国家的过程中，新罗形成了独有的身份制度——骨品制度。所谓骨品，就是根据血缘的贵贱，将社会成员分成圣骨、真骨、六头品到一头品，共8个等级，严格限定各个阶层从政治到社会生活等方面所能享受的权利义务的等级制度。国王只能从圣骨中选出，三头品以下为平民百姓。

5世纪，为抵抗日益强大起来的高句丽，新罗对外与百济结盟，对内进行改革，进入快速成长期。6世纪初将最高首领改称国王，并由金氏世袭王位；将部落性质的六村改编为行政机构六部，国号正式改为新罗，使用自己独立的年号。到了法兴王（514—540年在位）执政时期，采取颁布律令（520年）、接纳佛教为国教（527—535年）、制定17官等制、实行百官公服制度等一系列措施，确立了较完备的中央集权体制。

真兴王（540—576年在位）执政时期，向南征服大伽倻国（532年），向北深入高句丽腹地，占领东海岸江原道、咸镜道地区（568年），又联合百济从汉江流域赶走高句丽，并挤走百济势力成功独占西海岸汉江流域（552年）。这一举动虽然打破了100多年的新罗百济同盟关系，但它增强了新罗的政治经济实力，尤其使新罗获得了通过黄海直接与中国交通的战略要地，占据了三国争霸的有利地位。

为培养军政后备力量，新罗建立了花郎徒组织。花郎徒是新罗特有的青少年组织，从贵族子弟中选出称作花郎的青年领袖，其周围组织起称作郎徒的各阶层青少年，通过该组织接受以儒、佛、仙教为主的思想教育，学习社会规范，以歌舞陶冶情操，以练武健体强身，寻访名山大川，学习战争和狩猎方面的知识，培养团结和合作精神，以培养贤相忠臣以及将帅和勇敢的士兵。该组织在真兴王的支持和鼓励下发展迅速，在三国统一战争中起了非常积极的作用。

7世纪中叶，在高句丽和百济的夹击下，陷入困境的新罗派遣金春秋赴唐斡旋，成功地与唐朝结盟，联合唐朝军队作战，先后于660年和668年灭掉了百济和高句丽。但围绕所占领土的支配问题唐罗两国间发生了矛盾。新罗原来的目的是借唐的力量征服高句丽和百济实现统一三国。但是，唐军在百济旧地设置熊津都督府，任命百济王子扶余隆为都督；在高句丽首都平壤设置安东都护府，总管朝鲜半岛事务。670年，唐罗之间发生了军事冲突，新罗在直接派兵与唐军作战的同时，扶植和援助高句丽和百济遗民的反唐军武装斗争，迫使唐朝将安东都护府迁移到辽东城（今辽宁辽阳）。新罗占领了大同江和元山湾以南地区，大体上实现了三国统一。

四、六伽倻

六伽倻是以洛东江下游原弁韩区域为主形成的6个小国联盟体，介于百济和新罗之间。起初，靠近海边的金冠伽倻主导六国。它开采其丰富的铁矿资源生产铁器，并进行相当活跃的海上活动，通过西海岸往来于乐浪、大方等汉的郡县，在沿东海岸与秽国交通，在南部跨海域与倭进行交流。由于靠近新罗，六伽倻一直采取联合百济的外交政策，甚至给百济提供联合倭军借道其领地进攻新罗的事件。

5世纪初，金冠伽倻遭到在高句丽的支援下驱赶倭军的新罗的军事打击，从此一蹶不振。其盟主之位由大伽倻来接掌。但由于介于百济与新罗之间，受到两国的挤压，六伽耶在政治上发展很迟缓，始终未能发展成统一的中央集权国家，于6世纪中叶被新罗吞并而灭亡。

依靠丰富的资源形成发展的伽倻文化日后成了新罗文化的重要组成部分，而部分伽倻集团东传到日本，对日本古代文化的发展起了推动作用。

第三节　统一新罗

一、专制王权的确立

实现了朝鲜半岛统一的新罗为迎合领土扩大、人口增多等国情变化，在政治、经济等方面进行了一系列改革。其中最大的变化就是确立了专制王权。三国时期的新罗王一直由圣骨出身的人出任，但到了真德女王以后断了脉。此时成功说服唐朝联合新罗出兵朝鲜半岛的真骨出身的金春秋利用手中的军事力量登上王位，他就是新罗太宗武烈王。武烈王还擅改由朴氏之女出任王后的和白会议规定，娶其统一战争中的得力帮手、被占领土伽倻出身的金庾信之姊为王后，并定为国制。这意味着此时的王权已大大强化，开始挣脱贵族联合执政体制的束缚。

武烈王之子神武王（681—692年在位）时期完全确立了专制的王权。神武王携实现统一的余威，趁镇压岳父金钦突叛乱之际，果断肃清反抗的贵族势力，不仅捕杀叛乱有关者，甚至知而不报者亦遭株连。他提升直属国王的执事部为中央的核心行政机构，替代和白会议的职能；加强执事部首领中侍的地位，使之行使首相作用，削弱上大等的政治权力。这些措施均使国王的权力得到空前的强化，从而实现了以国王为中心的政治安定。

二、统治体制的再整编

新罗实现统一以后，在全国范围内推行了九州五小京制。所谓九州，模仿夏禹的九州，在原三国的旧版图上各置3个州，即在原高句丽的版图上设置汉山州（汉州）、首若州（朔州）、河西州（溟州），在原百济的版图上设置熊川州（熊州）、完山州（全州）、武珍州（武州），在新罗的旧版图上设置沙伐州（尚州）、歃良州（良州）、菁州（康州），将全国共划分成9个一级行政区域。州下再设郡和县，县以上行政机构均由中央选派官员直接管理。对最基层的行政单位——村的管理不派官员，而在当地土著势力中选任村主，委托村主管理行政事务。

所谓五小京，是行政特区。在统一战争的过程中，新罗为了防止被占领土贵族东山再起，强行将那些贵族安置于异地，称其新居住地为小京。神武王重新划分九州时，将诸小京整编为中原京（忠州）、北原京（原州）、金官京（金海）、西原京（清州）、南原京（南原）等五小京。实行小京制度的目的似乎在于怀柔和管理地方百姓，弥补首都庆州地处偏远而不便迅速有效管理的缺陷。

三国时期的新罗军队采用具有浓厚部族传统的六停制，由各部贵族各自掌管着。神武王统治时期将军队改编为九誓幢和十停的二元机制，九誓幢亦可称中央军，分别以绿、紫、白、绯、黄、黑、碧、赤、青等9种衣领颜色来区分。其成员不仅有新罗人，还有来自高句丽、百济、靺鞨等各种民族的士兵，是忠于国王的嫡系部队，是国王赖以加强其专制的有力工具。十停是地方部队的军制，九州里除地处北方的汉山州安排两个停以外，其余8个州均各安排一个停。这预示着这些军队不仅担负国防任务，而且还担负着警察职能。

三、后三国的鼎立

9世纪以来，由于以国王为首的贵族们沉浸于腐化享乐，国库空虚；贵族们的争权斗争使王权旁落，政局陷入极度的动荡不安之中。各地方实力派趁机依靠手中的物力、财力开始蠢蠢欲动，欲摆脱中央的管制。在连年灾害、连年加税的窘境下无法生活的百姓们终于揭竿而起。趁此乱世，聚集势力，成功地建立政权者唯有甄萱和弓裔。

甄萱尚州出身，是守卫西南海岸地区的防守军将领。全国各地爆发民众起义时，他吸纳黄海沿岸的海上势力等扩张力量，以罗州为根据地，挥师北上，占领武珍州和完山州。

900年，甄萱宣布以完山州为首都，成立百济，史称后百济。

弓裔原为新罗王族出身，但作为派系斗争的牺牲品受到打击和排挤，所以对新罗朝廷怀有非常大的仇恨。他起初在北方地区加入梁吉的起义部队，开始其反新罗的斗争。羽毛丰满后的弓裔脱离梁吉，独自谋求发展。在包括松岳地区王建父子在内的中部地方势力的拥戴下，901年，弓裔宣布独立，国号高句丽，定都松岳。至此新罗一分为三，朝鲜半岛再次出现了三国鼎立的局面。

第四节　高丽时期

一、高丽建国

高丽太祖王建的家族原本是以松岳为据点，从事对中国的海上贸易而积累势力的地方豪族。新罗末期，王建归附了后高句丽的弓裔。由于指挥水兵攻占后百济后方罗州地区等，王建屡建战功，步步高升，出任弓裔手下的侍中。

然而，建国以后的弓裔开始自称弥勒佛转世，要求民众盲从，推行独裁政治，滥杀无辜，还为连年战争筹措经费，过度征收赋税，导致民不聊生，逐渐失去民心。918年，部分将领发动兵变，赶跑弓裔，推举王建为国王。王建改国号为高丽，年号为天授，第二年将首都回迁到松岳。

王建登基后，对内采取减赋政策，尽量减轻百姓的负担；同时严明军纪，杜绝军队对百姓的骚扰，争取民心；为实现统一，采用联姻等一系列手段团结诸多地方豪族势力。对外政策上，王建对后百济采取军事对抗，而对新罗采取联姻和"保护"等友善策略。在两强夹缝里，尤其在后百济的咄咄逼人的攻击下自知难保，新罗末代国王敬顺王于935年自愿纳国于高丽，近千年历史的新罗王朝就此寿终正寝。

几乎与此同时，原本与高丽势均力敌的后百济内部发生了围绕王位继承权的内乱。甄萱的大儿子神剑篡权，囚禁父王甄萱于金山寺。甄萱逃脱后归降王建。王建趁机在甄萱的引领下，率兵进攻后百济。936年，后百济灭亡，后三国被王建高丽统一。

二、高丽的政治制度

高丽实现统一后，为加强王权，于956年实施《奴婢按检法》，解放豪族们所控制的、带有私兵性质的奴婢为良民，以削弱地方豪族的势力。接着，采纳从后周归化的双冀的建议，实行了以儒教经典为考试内容的科举制（958年），录用了大批忠于国王的知识阶层（主要为新罗时期的六头品贵族）为各级官吏。

成宗继位以后采纳崔承老的"28条时务策"（983年），树立以儒教政治思想为基本统治理念，实施了一系列政治制度改革。

首先，参照唐朝的政治制度，在中央设置中书门下省（宰府）和尚书省。中书门下省主管各项政策法规的审议和制定，尚书省则下设吏、兵、户、刑、礼、工等六部掌管具体行政业务。此外，还设有传达王命、掌管军事机密的中枢院（后改为枢密院）、监察机构御史台以及负责国家货币和粮食的三司。并由中书门下省和中枢院的首长组成宰枢会议，议论和决定国家重大事项。该会议的存在反映出高丽社会具有的贵族政治的特点。

其次，将全国划分为京畿、五道、两界等三种行政区域，其下设有三京、四督护府、八牧等行政机构。京畿是指首都及其周围地区。高句丽的旧都平壤为西京，新罗的旧都庆州为东京，与开城合称为三京，是高丽的政治经济中心。与外族接壤的地区分别叫做北界、东界，即二界。在军事重镇上设置督护府，下设防御军、镇等军政机构，负责戍边。其余地区划分为五道，下设牧、郡、县等行政机构，官员由中央派遣。另外还设有乡、部曲、所等特殊行政区域。

再次，高丽在军事制度采用中央军和地方军的二元制。中央军由二军六卫组成，二军负责王室的保卫，六卫担任首都开城及边境卫戍任务，由职业军人组成（有军籍，享受军人田，可世袭）。地方军由16岁以上农民参加军役的形式组成，主要担任维护地方治安和杂役任务。

官吏的录用上并用科举考试和阴叙制度。科举考试分为考诗、赋、颂、策等文学为主要内容的制述业，考《书》、《易》、《诗》、《春秋》等儒学经典为内容的明经业和选拔医术、算术、地理等方面专业人才的杂业，规定良人以上身份者均有科举资格。与此同时实施了对王室宗亲、功臣以及五品以上高官的子女不经考试直接世袭官僚地位的阴叙制度，该制度反映了高丽官僚制度的贵族性特征。原本通过科举考试进入权力中心的少数高层官僚利用阴叙制度逐步演变成显赫的门阀贵族家族，长期霸占朝廷要职，把持朝政，限制王权，还非法侵占大量的土地等国家经济资源。这引起了以新兴官僚阶层为中心的社会各界的广泛不满，最终导致了李资谦之乱（1126年）和苗清之乱（1135年），其结果加速了门阀贵族社会的崩溃。

三、武臣统治

平定李资谦之乱和苗清之乱后，新旧政治势力之间的矛盾没有并得到化解，社会持续动荡。而当时高丽实施的文臣优待政策引起了武臣们的不满。尤其是到了12世纪中叶，国家连军人田都不能按时足量分配，生活得不到保障的军人在郑仲夫、李义方等武臣的率领下发动军事政变（1170年），杀死大多数文官，废除毅宗，将其流配巨济岛，拥立傀儡明宗。

武臣掌权后，成立以主要武将为中心的议事机构重房为最高权力机构，行使国家行政权力。由于当时武将们竞相圈地、组织私兵，进行权力争夺战，致使权力更迭频繁，朝政混乱，直到崔忠献及其家族掌权以后朝政才趋于稳定。

崔忠献设置和发展私兵组织都房来确保自身安全和政权的正常运行；设立教定都监取代重房为最高行政机构，运营朝政；并在其府上设置政房，掌握任免国家官员的人事权；随着政局的稳定，起用一些有文学修养和行政业务能力的文官为顾问，辅佐其朝政。

崔氏家族掌权以后虽说政局趋于稳定，但他们只关心其政权的保护和维持，不太注意国家发展或百姓的安居乐业，所以国家的统治秩序越来越恶化。最终在处理与蒙古的关系过程中，崔氏武人政权崩溃，还政于国王。

四、高丽与宋、辽、金、元的关系

10世纪初，东北亚政治格局发生了巨大变化。中国经历了五代十国的纷争之后，出现了中原的宋王朝和长城以北的契丹政权并立的局面。

迅速崛起并统一了塞北地区的契丹推行南进政策，攻灭了渤海（927年），国境与高丽相连。这与标榜高句丽的继承者、积极开拓平壤以北领域的高丽的北进政策相冲突。于是太祖王建以契丹为文化落后、毫无信义可言的野蛮之邦为由，拒绝了契丹希望建立友好关系的请求。与此相反，王建奉行新罗时期对中原政权的一贯的友好政策，在宋朝成立后，及时派遣使节朝贡，使用宋的年号，并与宋进行频繁的交流。

993 年，契丹为避免与宋进行战争时腹背受敌的不利局面，发动了大规模入侵高丽的军事行动。高丽积极组织抵抗的同时，探得契丹入侵意图，派徐熙与契丹统帅萧逊宁谈判，约定高丽与宋断交并建立与契丹的朝贡关系；作为代价，高丽得到鸭绿江以东 280 里范围的土地。高丽迅速在该地区构筑六州（史称江东六州），加强边防。

后来，契丹发现高丽仍然与宋保持往来，还意识到江东六州的军事价值，要求高丽返还江东六州，遭到拒绝。1010 年，契丹以高丽发生的康肇弑君事件为由，辽圣宗亲自挂帅发动第二次入侵战争。此次入侵契丹尽管占领了高丽首都开京，但高丽国王避难到罗州，契丹未能实现彻底征服高丽的意图，仅得到高丽国王亲自入契丹谢恩的承诺而回师。

1018 年，在前两次入侵中未能得到实质性成果的契丹动员 10 万大军再一次发动了军事入侵。高丽采取坚壁清野、引敌深入的战术拖垮契丹军队，最终契丹军队在龟州城受到姜邯赞指挥的高丽军民的毁灭性打击，逃回国的契丹军队仅数千人马。

三次大规模军事行动未果，加上其内部政治形势的变化，契丹意识到以武力很难征服高丽，萌生和解之意；高丽也因多年在本土上战争，江山涂炭，民不聊生，急需和平环境恢复生产。因此，高丽一方面在北方地区构筑千里长城等战备工事，另一方面主动承认契丹的宗主国地位，实现了和平。

丽辽关系稳定以后，高丽为了吸收宋的先进文化技术，积极修复与宋的外交关系，推行实用主义二元朝贡的对外政策，得到了既保证和平环境，又能大量汲取宋的先进经济文化和政治制度的良好效果。

12 世纪初，原本散居在高丽东北边境地区的女真族迅速崛起，还经常南下骚扰高丽边境地区。高丽组织特别队伍别武班北征来犯东北地区的女真，在东北边境地区构筑九城（1107 年）。但是，逐渐强盛起来的女真建国后成功地灭掉契丹，成为塞北地区的霸主，与此同时派使臣要求高丽按过去事契丹的礼仪贡奉金国。对于这个要求，尽管在高丽朝廷内引起过激烈的争论，最终当时掌权的以李资谦为首的保守派决定接受金的要求，避免了生灵涂炭。

进入 13 世纪，中国的政局再一次发生了巨变。成吉思汗领导下的蒙古军队强势进攻金国，迅速占领了中国北部地区。受金人管辖的契丹人趁机闹独立，但遭到蒙古军追剿，流窜到高丽境内。高丽军队配合蒙古军队消灭了这股契丹势力。此后，蒙古经常派遣使团，以王室等的需要为名，向高丽强索大量物资，专横跋扈，引起高丽的强烈不满，发生了蒙古使团回国途中被杀的事件。

1231 年，蒙古以使臣被杀为由入侵高丽。以崔氏家族为首的武臣政权力主抗战，将首都迁到江华岛，把百姓也尽量迁徙到山城和岛屿上，进行军事和外交手段并用的抗争，加上地方自发组织起来的民兵和僧兵们的武装抵抗，蒙古军统帅撒礼塔被杀，蒙军无功而返。

此后长达30多年的时间里，蒙古还先后发动了5次大规模军事入侵行动，但始终没能达到消灭高丽王朝的目的。在起初的抵抗斗争中崔氏政权得到民众的呼应。但是，随着时间的推移，崔氏政权偏安于江华岛，还为满足其奢华生活，不顾民生，增加赋税，失去民心。主和派趁机暗杀崔竩，派世子赴蒙古称臣讲和，并在蒙古的支持下推翻武臣政治，实现国王亲政，还都开城。

在元的庇护下恢复了王权的高丽元宗，为巩固其地位，主动请求迎娶蒙古公主为世子妃，与元朝皇帝结成翁婿关系。此后，这种关系变成固定程序，数代国王均迎娶蒙古公主为后，蒙古王后所生之子才能当世子；并且世子要作为秃鲁花（质子），从小被派到元的首都接受教育之后，才能回国继承王位。

元朝通过在高丽成立的征东行省对高丽进行间接统治。征东行省原本是元朝远征日本时在高丽境内设置的远征的准备机构，远征行动失败以后，该机构作为干涉高丽内政的组织机构保留下来了。在军事上，元在高丽设置万户府，对高丽的军事组织施加影响。在经济上，元朝以各种名义向高丽索取大量的金、银、布帛、人参、海东青等特产。尤其是为捕获海东青专门设置的鹰坊，以元的需求为名行使各种特权，大肆搜刮，给农民加上沉重负担，致使其流离失所，社会矛盾空前激化。

第五节　朝鲜时期（上）

一、朝鲜建国

在元朝强力干预的政治背景下，高丽国内逐步形成了以亲元的军人、译官、宦官等为中心的统治阶层，史称权门势族。他们大肆吞并大面积土地，失去土地的农民沦为权门的奴婢，承担向国家交纳赋税义务的良民阶层大量流失，国家的财政状况陷入极度贫穷的窘境。高丽王室屡次试图进行改变这种状况的改革，均因元的干预而失败。

14世纪中叶，随着元的没落，高丽恭愍王推行了旨在反元、争取自主的改革。首先撤销征东行省，肃清亲元派，恢复原来的官制，加强王权；对外攻打位于铁岭的元双城总管府，扩大领土。1371年，起用辛旽进行改革，废除权门的非法农场，将土地还与原主，解放奴婢，还他们良民身份。由于受到权门的殊死抵抗，加上红巾军及倭寇的入侵引发国内政局动荡，深受底层百姓欢迎的改革还是失败了。

明朝成立之后，由于围绕铁岭卫地区领土归宿发生纷争，两国关系交恶。高丽采取亲北元（被驱逐到蒙古北部地区的元朝残部）、疏远明朝的保守政策。1388 年，高丽实权派崔莹决定派遣李成桂为帅的 5 万大军进攻辽东地区。李成桂率部到达鸭绿江边的威化岛之后，回师南下占领开城，除掉主战派崔莹，逼祸王退位，扶持恭让王继位，掌握了朝中实权。

李成桂起用以郑道传为首的激进改革派开展缓和社会矛盾、削弱门阀权贵势力的私田整顿工作，没收权贵土地，解放所属奴婢，推行科田法。1392 年，李成桂废除恭让王，自立为王，国号朝鲜，定都汉阳。

二、朝鲜的政治制度

朝鲜建国伊始，在激进的士大夫主导下确立了以性理学为指导思想的治国理念，编撰治理国家的基本法典——《经国大典》，将国家的统治体制纳入制度化、法制化的框架之内。

首先，在中央设置议政府和六曹。议政府为最高权力机构，设有领议政、左议政、右议政，对国家的方针政策进行商议和决策，获得国王的裁决后下发到各有关行政机关。六曹由吏、户、礼、兵、刑、工组成，直属中央，负责处理具体的行政事务。

其次，设置弘文馆、司宪府、司谏院等三司。弘文馆召集一批儒学修养深厚的文人研究儒学经典，起为国王的决策提供参考建议的智囊团作用；司宪府纠察行政团队在施政过程中的得失以及官员的贪腐；司谏院负责对国王的过失进谏，握有对官吏的不当任命的否决权，起防止权力的过度集中带来的腐败的屏障作用。

再次，设置担任国王秘书作用的承政院、掌管国家司法的义禁府、负责首都行政与治安的汉城府、编撰和保管国家历史书籍的春秋馆以及担负高等人才教育的最高教育机构成均馆。

地方行政体系上实行道、郡县二级行政制度，全国划分为 8 道 330 个郡县，模仿中央六曹下设吏、户、礼、兵、刑、工六房。中央派遣集地方行政司法权于一身的观察使（道）、郡守和县令，负责地方社会的征税、奖励农耕、人口调查、教育、断案以及维持治安等。

县令则通过下属的助手和特定的民间机构来管理和监控地方社会。助手为乡吏，从地方乡绅中选出，在县令的指导下具体操作地方行政业务；特定的民间机构叫留乡所（后期叫乡厅），由在乡下的两班为中心组成、运营。留乡所的功能是随时召集乡会，教化百姓、调查基层民意、下情上达，起协助和监督县令的作用。

官吏的选拔制度主要是采取科举考试。科举考试分文科、武科、杂科等三类，每三年举行一次；由于朝鲜时期走上仕途的官员（包括其家属）被赋予"两班"的社会身份，而他们又是主导社会政治、经济等诸方面的主导阶层，因此，朝鲜社会又叫两班社会。

法律规定，良民以上身份者均有受教育的权利，所以社会上比较重视教育。成均馆是朝鲜最高国立教育机构，培养高级人才；地方上的教育机构主要是政府设立的乡校和私人创办的私塾，主要进行学习汉字和儒学经典等初级教育。

军队建设上，废除王公贵戚们的私兵，中央设置五卫都总府。五卫即指义兴卫（中卫）、龙骧卫（左卫）、虎贲卫（右卫）、忠佐卫（前卫）、忠武卫（后卫），卫下设置部、统、旅、队、武等，负责一定区域的安定。五卫的军人均是通过类似武举的测试选拔的职业军人。

地方部队归纳到镇管体制里。镇管体制规定：每个道设置兵营、水营各一处，其下设几个镇，掌管本道的陆军和水军。各镇营里驻扎的镇守军人则是服兵役的良民。法律规定，16~60岁之间的良民有在规定时间内服兵役的义务。

三、朋党政治与荡平策

15世纪中叶，成宗为了牵制以开国功臣为主形成的中央勋旧势力，录用了以金宗直为首的一批士林。所谓士林就是扎根于地方社会、经济上属于中小地主阶层、政治上主张王道政治的知识阶层。成宗任命他们担任三司的言官，揭露和批判勋旧势力的跋扈和弊政，主导政治舆论。士林势力在中央政坛的迅速崛起，引起勋旧势力的强烈抵制，引发了士林势力与勋旧势力间发生了激烈的交锋。因此，从燕山君到明宗在位的60多年间，士林势力曾先后遭到勋旧势力的四次血腥清洗，史称士祸。但士林通过其在地方上的乡校、乡约等根基，顽强地生存下来，终于到宣祖时期占据了中央政坛的主导权。

但是，在围绕如何清除勋旧政治残余问题上士林内部发生了分歧。主张激进改革的李滉、徐敬德及其追随者率先结成"东人"，主导朝廷政局，主张温和改革的李珥及其追随者则组成"西人"相抗衡，从而开始了长达近200年的朋党政治时期。（后来又因两派内部对改革方法方式的看法不一发生分裂，东人分为南人和北人，西人也分为老论和少论。）

朋党是以其政治理念和学术倾向而聚结的，兼有政治和学术的双重性质。起初，双方均在承认对方的前提下，指出和批评对方政策的不合理的一面，提出己方的合理化方案，形成了相互监督、积极向上的良性政治氛围。但是随着竞争加剧，朋党政治开始变质，朋党沦为排除异己、追求己方利益的党争工具，政坛发生了好几次剧变（主导势力更替）。到了17世纪末，政治集团之间的平衡被打破，出现了"西人"独揽政权的局面，导致王权的削弱和不稳。

为改变这种局面，肃宗和英祖力主推行荡平策。所谓荡平策就是推行公平、公正之政治，保持各个政治力量的平衡，达到巩固和加强王权目的的策略。为此，首先剥夺掌握人事权的吏曹铨郎指定后继者的惯例特权，缓解了特定朋党长期占据要职的弊病。其次，关闭为朋党培养有生力量、主导社会舆论的大部分地方书院，试图切断朋党政治的根基。再次，成均馆内树立了禁止朋党之争的荡平碑，颁布参与朋党者永不得录用的法令。同时设置奎藏阁，网罗儒学精英，组成国王新的智囊团，负责中下级官吏的培养与选拔，使奎藏阁变成强有力的政治机构。通过上述一系列措施，加强了王权，平息了剧烈的党争。

四、倭乱与胡乱

1592年，统一了日本列岛的丰臣秀吉为实现其入侵大陆的野心，率20万军队渡海入侵朝鲜，史称"壬辰倭乱"。由于当时朝鲜朝廷内部党争正酣，加上对日军入侵可能性的认识不足，忽视备战，导致无法阻挡日本的进攻，首都被攻陷，国王匆忙避难到鸭绿江边的义州。

日本水军则沿朝鲜半岛南部和西部海岸线北上，运送补给，欲与陆军会合。全罗左水使李舜臣率领水军，利用新发明的龟船在南部海域取得一系列海战的胜利，打乱了日本的战略部署，掌握了制海权。面对亡国危机，朝鲜各地民众自发组织义兵，利用熟悉的地理环境打击日军。

同年底，明朝政府应朝鲜国王派兵救援的请求，派李如松率5万大军入朝抗倭，迅速收复平壤等地区。在中朝两国军队的打击下，日军被迫退到朝鲜半岛东南沿海地区，与明朝军队进行停战谈判。

1597年，谈判破裂，日军再次发动军事进攻，史称"丁酉再乱"。严阵以待的中朝联军在稷山痛击日军，李舜臣的水军也在鸣梁海域重创日本水军。战事越来越不利，加上丰臣秀吉病故，日军被迫撤出了朝鲜，从而结束了长达7年的倭乱。

这场战争虽以日本败退告终，但它对整个东亚国际局势的变化产生了极大的影响。第一，导致日本政权的更迭。但日军撤退时掠走的大量文物、书籍及能工巧匠对日本的社会发展起了促进作用。第二，朝鲜在本土上遭受战火洗礼，社会陷入严重的萧条，百姓死伤众多，景福宫、佛国寺等的大批文物被毁，大量珍贵的文物及能工巧匠被掠走，土地及人口账册的大部分被焚毁，国家的财政收支严重失衡。第三，在明朝支持朝鲜抗倭，无暇他顾的时候，东北地区的女真人兴起。他们不仅建国（1616年），还和明朝发生军事冲突，不久清军入关，成功地替代了明朝，入住中国。

虽说光海君（1608—1623年在位）曾应明朝邀请，派姜弘立为都元帅率1万多士兵协同明朝军队对后金作战，但深河之役惨败以后，光海君接受后金的和亲要求，开始保持自保的中立政策。激进的西人强烈反对中立政策，要求推行亲明排金的政策，并为此废除光海君，拥立仁祖。

受到西人亲明排金政策刺激的后金以为光海君报仇的借口进攻朝鲜，史称"丁酉胡乱"（1627年）。朝鲜一面组织力量抵抗，一面派人讲和，约定结兄弟之邦，后金才撤兵。1636年，后金太宗称帝，改国号为清，派使节到朝鲜要求其称臣。此提议引起朝鲜朝廷的强烈愤怒，并对清宣战。清太宗率兵再次进犯朝鲜，史称"丙子胡乱"（1636年）。尽管进行了一些抵抗，但终因力量对比悬殊，王子、王妃等大批王室成员被俘，仁祖只好派人投降称臣，以实现和平。

五、实学的兴起和西学的传入

经历倭乱和胡乱后，朝鲜的一些知识分子开始反思，认识到光靠过于注重理论和形式的传统的性理学无法改变现状，有必要关注能解决现实问题的学问。在这种背景下，受到清的考证学以及通过北京传入的西学的影响，实学应运而生。实学就是运用实事求是的研究态度来寻求解决17—18世纪伴随社会、经济变动出现的社会矛盾的方法论。

最先倡导实学的是李晬光、韩百谦等。李晬光结合三次出使中国时的所见所闻，写出《芝峰类书》。该书系统整理了朝鲜和中国的传统文化，使读者增长知识，扩大眼界。韩百谦通过对朝鲜历史地理的周密考证，编写了《东国地理志》，扩大了当时朝鲜人的世界观。

实学的研究范围非常广泛，不仅包含政治、经济、社会现状的改革，还涉及历史、地理、科学、农学等诸多方面的研究。实学的研究均以民生安定、富国强兵为目标，其成果对若干年以后朝鲜近代开化派改革思想的形成起了相当深刻的影响。

西方文物是大约17世纪初开始传入朝鲜的。最初接触西洋文物的是朝鲜往来于中国的使臣。由于当时中国北京等地住着一些西方传教士，朝鲜的使臣正是在停留在北京的时候和西洋人接触，并将通过他们了解到的西洋文物带到朝鲜。譬如李光庭把世界地图带到了朝鲜，郑斗源将火炮、自鸣钟、千里镜等带到了朝鲜。

此外，还有一些由于风浪漂流到朝鲜的西方人也起了最初传播西方文化的作用。1628年，荷兰人威尔特布雷（Weltevree）漂流到朝鲜后，教朝鲜人西洋大炮的制造法和使用法；1653年，漂流到朝鲜的荷兰人哈梅尔（Hamei）回国后撰写《漂流记》，最先向西方介绍了朝鲜。当时对西洋文物感兴趣并进行传播的是李瀷及其弟子和实学研究者，其中有些人甚至还皈依天主教，但大多数人只接受西方的科学技术而排斥天主教。

第六节　朝鲜时期（下）

一、大院君改革

荡平策等措施的实施平息了党争。然而，随着年幼的纯祖继位，国家大权又落入与王室有婚姻关系的安东金氏等外戚手中，史称势道政治时期。此时由于外戚跋扈，又没有有效的监督机制，少数人或少数家族独断专行，在政治上任人唯亲，甚至公开卖官鬻爵，经济上贪得无厌，横征暴敛，加重农民的"三政"负担，使农民怨声载道，甚至引起百姓的武装反抗，从而给朝鲜社会带来了极大灾难。与此同时，欧美的武装船只频繁出没于朝鲜沿海，朝鲜的国家主权受到严重威胁。

1863年12月，年仅12岁的高宗继位，其父被封为大院君，摄政国事。大院君掌权后提出刷新弊政，以图整顿混乱的政治局面，树立王室的权威。首先，标榜以才择官，不看门第出身，唯才是用，大力扶植亲王势力，驱逐势道势力。其次，调整"三政"，废除还谷制，推行社仓制，同时规定两班也要承担缴纳军布的义务；废除大部分占有辽阔土地，奴役附近农民，还享受免役、免税特权的书院，增加国家财政收入。最后，为重新树立王室的权威形象，重建"壬辰倭乱"时遭焚烧的景福宫，编撰《大通汇典》，重新制定国家统治规范。

由于这些改革一定程度上顺应民意，达到了驱逐势道势力以求国家政局的安定、增加国家财政收入的目的。但改革措施触犯了两班阶层的既得利益，受到相当部分两班的抵触。而且为筹集重建景福宫费用，强行摊派"愿纳金"，收取城门通过费，还发行当百钱，引发物价上涨，给百姓增添了新的负担。

在对外关系上，则采取闭关自守政策。在西方列强的枪炮下，清的首都北京沦陷，加上俄国的势力已推进到图们江流域，感到危机的大院君原本企图通过在国内活动的法国传教士的斡旋，借用法国力量抵挡俄国势力的蔓延，但终因传教士们不愿配合无果而终。以此事件为契机，大院君对天主教的态度也由温和转为强硬，视天主教为不符儒教思想的异端，把传教士的行为规定为非法入境和非法传教，抓捕了一大批天主教徒并处死9名法国传教士。

法国政府以此为借口，派军舰侵占江华岛，焚毁藏在该岛上的各种书籍等文物，提出通商的要求（"丙寅洋扰"，1866年）。在朝鲜军队的坚决抵抗下，法国军队无果而退。随后发生了奥佩尔特（E. J. Oppert）等西洋人盗掘大院君父亲之墓未遂事件，进一步加强了朝鲜拒绝和排斥与西方人往来的决心。

同年，美国武装商船"舍门号"顺江而上接近平壤，当被告知不与外商通商的国策并被要求退回时，反而登岸掠夺民宅，抓走地方官员。愤怒的平壤官民攻击并焚毁了"舍门号"。此一事件又招来了美国军舰的进犯，此为"辛未洋扰"（1871年）。美军在鱼在渊率领的朝鲜军民的英勇抗击下被击退。为表明坚决抗拒外来入侵的决心，全国各地树立刻有"洋夷侵犯，非战则和，主和卖国"12字的"斥和碑"，坚守不与西方列强往来的闭关政策。这些政策的推行达到了保卫国家主权的目的，但教条的闭关政策推迟了朝鲜社会走向开放的步伐。

二、开港与开化运动

1. "云扬号事件"和《江华岛条约》

大院君改革虽加强了王权,但未能从根本上解决社会问题。农民起义不断,儒生和中小地主们的不满情绪也逐渐高涨,纷纷上书,责难大院君的政策。1873年,大院君被迫退居二线,宣布高宗亲政,权力落到王妃闵氏及其家族手中。

高宗亲政以后,在通商论者们的主张下宣布不必禁止洋布,还批评校正大院君时期的对日强硬政策。日本觉察到朝鲜政局变化,觉得有机可乘,开始有组织有步骤地推行其侵略朝鲜的计划。1875年春夏之际,日本派3艘军舰窜到朝鲜沿海地区肆意进行测量调查,日本陆战队则乘小船接近海防要塞草芝镇炮楼附近,制造事端,遭到朝鲜炮楼方面的炮轰还击。以此为借口,日本军队侵犯闲散岛,杀岛民,烧民房,还炮轰了永宗岛炮楼,制造外交纠纷。此事件史称"云扬号事件"。

1876年1月,日本派7艘军舰赴朝鲜海域乱放舰炮,武力示威,同时派谈判代表到江华岛与朝鲜交涉,要求追究"云扬号事件"的责任。2月,两国签订了《朝日修好条规》,即《江华岛条约》。条约共12条。条约虽规定"朝鲜为自主之邦,保有与日本平等之权",但条约里只规定了朝鲜的义务、日本的权利。例如,规定除开放釜山港外,20个月内再开放两个港口(元山、仁川),给日本商人以各种方便条件,但日本港口不对朝鲜商人开放;日本有权自由测量朝鲜沿海地理环境和绘制海图;在指定港口设立领事馆,享有治外法权等,而朝鲜不能享受同等权利。半年后,还以补充条款形式规定通商口岸可流通日币、享受免税特权等。

这是朝鲜与西方列强签订的第一个不平等条约,是日本帝国主义侵占朝鲜的垫脚石。随后朝鲜被迫与美英等国也签订了一系列不平等条约,朝鲜开始逐渐沦为半殖民地社会,标志着朝鲜社会步入了近代社会。

2. "壬午军乱"

签订《江华岛条约》以后,朝鲜朝廷开始推行开化政策。在中央设立统理机务衙门,选派年轻官员到日本考察政府机构、产业及文化设施;进口日本的新式武器,组建新式军队别技军。同时任命金允植为领选使,率数十名留学生到中国天津,学习近代武器的制造方法及军事训练法等。

但是,儒学思想根深蒂固的儒生们仍视西方列强与日本为蛮夷,开展反对任何与蛮夷接触、要求维护儒教文化的传统及秩序的运动,史称"卫正斥邪运动"。于是,朝廷内出现开化派与斥邪派的对立与斗争。

由于当时朝鲜对别技军提供较旧式军队更为优越的待遇,引起旧式军人们的不满。1882年,朝廷发放了拖欠时间达13个月的旧式军队的军饷,但补发的是掺加大量糠与沙粒的粮食,几乎无法食用。忍无可忍的旧式军人发动武装暴乱,杀死了有关政府高级官员,围攻日本公使馆,捕杀了别技军日本教官,拥戴大院君重掌朝政。这一事件史称"壬午军乱"。

此时,清朝应金允植的邀请,派兵3000人镇压军乱,并将军乱责任归罪于大院君,将其虏到天津,恢复了闵妃一派的执政权。清政府也趁机以向朝鲜派驻军事顾问及外交顾问的形式开始直接操控朝鲜内政。在清军迅速介入和平乱的情况下,失去出兵机会的日本则强迫朝鲜签订《济物浦条约》,日本获得赔偿金50万元,并以保护公使馆的名义,迂回获得了派军队驻扎在汉城的权利。

3. "甲申政变"

"壬午军乱"以后,朝鲜朝政受到清朝的干涉,而重掌政权的闵妃对改革的态度并不积极。于是,主张仿效日本明治维新进行近代化改革的金玉均、朴永孝、洪英植等开化派在日本的支持下,于1884年发动了政变,史称"甲申政变"。

改革派迅速成立新政府,推行一系列改革措施:要求请回大院君、废除对清的事大关系,建立君主立宪制的自主国家;用人方面,提出人人平等口号,废除门阀观念,广纳人才;推行财税改革,以户部为中心进行财政一体化改革;废除惠商工局,推行商业活动自由化政策;等等。

"甲申政变"是朝鲜试图建立近代自主国家的第一次政治改革,但在清兵的介入下,改革仅维持3天便以失败告终。金玉均等主要开化派领袖流亡日本。高宗成立新政府,废除开化派的改革措施,抗议日本介入政变,要求归还流亡者。日本则以公使馆被焚、公使馆职员被杀来狡辩,要求朝鲜赔罪和赔偿,并以武力示威相要挟。结果,朝鲜政府屈服,与日本签订《汉城条约》,规定:朝鲜除向日本道歉外,还支付赔偿金11万元;由朝鲜出资重建日本公使馆,并在20天内严惩凶手。而且,为限制清对朝鲜的控制,日本与清朝签订《天津条约》,规定:两国同时从朝鲜撤兵;若遇有重大事件发生,需要派兵时,事先告知对方。

"甲申政变"失败以后,朝鲜为了摆脱清对自己内政的干涉,试图接触其他列强以求达到政治平衡。这正中争取远东不冻港的俄国的下怀,俄国迅速与朝鲜签订通商条约,租借咸镜北道的庆兴港,同时竭力在朝鲜朝廷内广泛扶植与培养亲俄派。这些举动又引起在国际上与俄国对立的英国的不满。为牵制俄国势力的进一步南下,1885年英国派兵占领了朝鲜的巨文岛,史称"巨文岛事件"。围绕朝鲜半岛的列强们的竞争进一步加剧,朝鲜的国际处境愈发艰难。

三、东学农民起义

东学始于 19 世纪中叶，创始人为崔济愚。最初是以集东方儒、佛、道思想精华，抵制以天主教（西学）为首的西方势力渗透之面目出现，故名东学。但实际上其教理中亦有吸收某些天主教教义的痕迹，其思想收录于第二代教主所编的《东经大全》和《龙潭遗词》二书中。

东学的基本思想是人乃天，认为天在人们的心中，所以人心即天心。由于主张不分身份与阶级，人人平等，所以很快得到社会底层广大民众的呼应。在辅国安民的口号下，还要求摒弃腐败政治，进行社会改革，并预言甲子年应验。从这个角度讲，这不仅仅是宗教活动，同时又是以农民为主欲改变现状的社会政治运动。所以感到潜在危险的朝鲜朝廷将东学定性为邪教，以蛊惑民心、扰乱社会秩序为罪名，抓捕并处死崔济愚。

但是，此后农民的处境丝毫没有好转，反而由于列强的入侵及各种赔款的支付、日本的经济渗透、各种苛捐杂税越来越多等而愈发艰难，所以广大农民仍信奉和追随东学，东学声势迅速壮大。他们向朝廷请愿，要求停止对东学的迫害，主张信仰自由，还主张抵制外来势力，惩处腐败官吏。

1894 年，没有得到朝廷呼应的农民们在全琫准的领导下举行武装起义。他们在除暴安良的口号下，捕杀贪官污吏，开仓济民，释放被关押的受冤百姓，击退官兵，占领了全州等大部分全罗道地区。

情急之下，朝鲜朝廷一方面派员与农民军协商谈判，另一方面紧急要求清朝出兵协助。清政府派叶志超率兵 3000 名在仁川登陆。此时，因"甲申政变"失败控制朝鲜的计划受阻、一直寻求反扑机会的日本以《天津条约》条款以及保护侨民为由，也向朝鲜派遣 7 艘军舰、陆军 7000 名。农民军为阻止外国势力的介入，在朝廷同意进行弊政改革的前提下，与朝廷签订《全州合约》，撤离全州。农民军回到农村后，纷纷成立自治的执纲所，欲监督和贯彻执行合约条款。

与农民军签订合约后，朝鲜要求日本撤军。然而，日本拒绝撤兵，包围景福宫，其干涉朝鲜内政的意图越来越明显。于是，农民们在打倒日本军队的口号下发动了第二次武装起义。在向汉城进军途中，农民军在公州附近与日军展开激战，但是无法战胜用先进武器武装的日军，败下阵来。不久，转战中的全琫准被日军捕杀，起义失败。

东学农民起义虽以失败告终，但他们提出了反对封建统治的社会政治改革要求，并试图尝试，而且自发地组织武装力量抗击了入侵势力，这是一场自下而上的反封建、反侵略的民族运动。

四、"甲午更张"

随着农民的不满情绪蔓延,加上社会各界要求改革的呼声越来越高涨,朝廷成立校正厅,欲进行以农民反映的问题为中心的社会政治改革。通过甲午战争战胜清的日本为将朝鲜的改革置于其控制之下,包围王宫,胁迫朝鲜成立以金弘集为总理的亲日内阁,设置专管改革事务的军国机务处,推行政治、社会、经济等方面的改革,史称"甲午更张"。

政治改革上,实行开国纪元,表明解除与清的宗属关系;提出分开行政与内务,一切行政事务由内阁掌管,限制王权。社会改革上,废除科举制,启用新的官吏任用制;废除身份制,取消两班和平民差别;剥夺地方官员的司法权和军队指挥权,单独成立司法行政机构,以裁判所为中心展开司法业务;同时在汉城成立警务厅,负责维持地方治安。经济改革上,确立银本位货币制度,赋税实行货币化。

这是具有欲推进朝鲜近代化进程的一场有益尝试,但仅维持5个月就宣告失败。因为改革没有认真考虑当时朝鲜社会的现状,机械地套用西方和日本的近代化改革模式,尤其是忽视了军队和国防建设,无视农民们迫切希望的土地制度改革,甚至还推行方便日本入侵的条例,因此注定失败。

第七节 大韩帝国时期

一、大韩帝国的建立

甲午战争胜利之后,日本一方面为了限制俄国势力的进一步南下,迫使清政府割让辽东半岛;另一方面公开表露其侵略朝鲜的野心,肆意干涉朝鲜内政。面对日本的堵截,一直积极推行南下政策的俄国则联合在该地区有利害关系的法国和德国进行干涉,成功地迫使日本退让辽东半岛,史称"三国干涉"。

看到俄国优势的高宗和闵妃企图利用俄国力量遏制日本,对此感到极为不安的日本认定闵妃是其推行侵略政策的最大障碍,开始筹划谋杀闵妃的计划。日本首先改派强硬的退役中将三浦梧楼为驻朝鲜公使,并在他的指挥下,日本军人勾结日本浪人武装入侵王宫,杀害了闵妃。

杀害王妃事件及野蛮干涉内政引发了朝鲜人的反日情绪。朝鲜人纷纷上书声讨日本所犯的滔天罪行,还有一部分人自发组织义兵,举行武装抗日。此时的义兵武装斗争主要是以有识之士为中心开展的，其代表性的知识分子义兵将领为李昭应和柳麟锡。义兵武装斗争最后虽然失败了，但它吹响了不分身份和阶层、武装抵抗外来入侵的战斗号角。

在日本咄咄逼人的攻势下，人身安全受到威胁的高宗迁入俄国驻朝鲜公使馆寻求俄的保护。之后的一年多时间里，朝鲜内政又受到俄国的财政及军事顾问的干涉，被迫向俄、美、日等列强出让矿山开采权、森林采伐权、铁路敷设权等，国家的对外形象严重受损。

面对日益严重的外来势力的入侵，国家岌岌可危。与此同时，在社会上逐渐兴起了保卫国家独立的民众运动。1896年，徐载弼等人联合开化派知识分子成立了独立协会。协会成立初期有些政府高官也曾参与过，由于不限地区和会员资格，所以迅速得到全国各地各阶层民众的呼应，不仅有学者、农民、商人加入，甚至还有一直受到歧视的贱民加入，该组织迅速演变成以百姓为主的全国性的社会团体。

独立协会计划启蒙民众，引导他们积极参与社会政治活动，依靠国民的力量保卫国家独立，保障国民权益，实行改革，以达到富国强兵的目的。为此，独立协会通过独立新闻的报道和演讲会、讨论会的形式向民众普及近代知识，鼓吹国权、民权思想，主张尊重民权的政治才是国家富强起来的根本，要求推行民众参与的民主政治；同时还开展反对外国列强对国家的侵权行为的运动，敦促高宗还宫。其中最为活跃的是万民共同会。它是在汉城钟路不定期举办的民众聚会，不仅会员，而且非会员的市民也可自由参加。会上热烈讨论诸多政治、社会问题，批评依赖外来势力的朝政，上书要求推行君主立宪制和议会制度。这些活动唤醒了民众的独立自主意识，给后来兴起的反侵略民族运动留下了宝贵的思想财富。

1897年，高宗在民众的强烈呼声下，离开俄国公使馆，迁回德寿宫。为挽回国际上的不良形象，高宗宣布称帝，改国号为大韩帝国，颁布年号为光武。同时，呼应独立协会的活动，朝廷推行旨在建设近代国家的改革，尤其是着重推进产业发展和振兴教育的改革；为达抵御外来势力、保护国家独立之目的，对军制进行改革，增强军队力量；鼓励成立公司、建立工厂，发展工商业；为培养新型技术人员和经营人才，设立商工学校、光武学校等实业培训学校和医校。

但是，朝中掌权的保守派对越来越高涨的民众运动感到不安，于是一方面组织御用的皇国协会，制造与独立协会的摩擦和冲突，趁机限制独立协会的活动；另一方面向高宗诬告独立协会是主张皇帝退位、实施共和制的反政府组织，诱使高宗下解散令。至此，维持3年的独立协会被迫解散（1898年）。

二、《乙巳条约》和韩日合并

在以俄国为首的三国干涉下，日本原本通过中日甲午战争独吞朝鲜的计划被搁浅，围绕朝鲜的日俄矛盾日益尖锐起来。1902年，日本成功地与英国结成军事同盟，巩固和提升了其国际上的政治地位。1904年，日本先发制人地发动日俄战争，并取得了胜利。1905年，日本通过与俄国签订《朴茨茅斯条约》，将俄国势力驱逐出韩国，同时与英美等列强进行讨价还价，争得他们对日本对韩国支配权的承认，然后着手实施吞并韩国的计划。

1904年2月，日本迫使韩国签订《韩日议定书》。该协议表面上承认韩国的独立与领土完整，废除一切与俄国签订的条约，但同时规定韩国接受日本提出的改革"忠告"，在韩国发生内乱或受到第三国威胁时，日本可以采取认为必要的措施，甚至派兵。这些条款将日本对韩国的政治、军事的干涉合法化。在此基础上，日本加紧了对韩国的经济掠夺。在推进近代化的美名下，日本独占京义、京釜等铁路线的敷设权，自由架设通信网以及任意穿梭韩国沿海和内海的特权。同年8月，日本又迫使韩国签订《韩日协议书》，规定韩国接受日本派遣的财政顾问，一切财政事务均征得财务顾问的咨询之后才可实行。接着日本还要求韩国在外交、军务及警务等部门也接受其推荐的顾问，以此手段来直接插手韩国的内政外交事务。

1905年11月，日本鼓动亲日团体一进会散布签订《日韩保护条约》的"必要性"。然后由伊藤博文率驻韩公使在军警的簇拥下闯进皇宫，胁迫高宗与大臣们在日本单方面制定的《日韩保护条约》上签字，但是，遭到了高宗和大部分大臣的拒绝。于是，日军闯进韩国外交大臣办公室，抢夺外交大臣印，自行盖章，并单方面对外宣布条约生效，此即《乙巳条约》。

《乙巳条约》的主要内容有3条：第一，日本外务省统理韩国的对外关系及外交事务；第二，韩国政府不征得日本的同意，不得擅自和外国签约；第三，日本派遣一名受韩国皇帝管辖的统监，管理韩国的外交事务。日本通过统监及为其设置的统监府全面干预韩国的内政与外交。从此韩国完全沦为日本的殖民地。

反对签订《乙巳条约》的高宗在《大韩每日申报》上发表声明，表明其并未认可条约的态度，发出希望列强们提供共同保护的呼吁。高宗还向在荷兰海牙举行的万国和平会议（1907年）派遣李相卨、李儁、李玮钟等3人组成的特使团，欲揭发日本的侵略行径和《乙巳条约》的非法性，争取国际社会的同情与支持。然而，在日本的阻挠下，大会议长以韩国作为日本保护国无外交权为由拒绝韩国特使参加会议。特使们只好在当地报刊上发表文章揭露日本的侵略行径，欲争得列强的关注，但收效甚微。悲愤欲绝的李儁选择在会场外剖腹自尽的方式呼吁国际社会的关注。

日本以海牙事件为借口，强迫高宗退位，拥立纯宗。同年，日本以财政困难为借口，强制解散韩国军队，并强迫韩国政府签订《韩日协议》，规定日本向韩国中央各部派遣次官，严密监督和彻底掌握韩国内政。

1910年8月22日，日本勾结以李完用为首的亲日派内阁秘密签订了《日韩合并条约》。由于担心韩国民众的激烈反抗，日本强制解散爱国团体，大量逮捕爱国人士之后，则以强迫纯宗颁布让国诏书的形式侵吞韩国。

三、义兵运动和爱国启蒙运动

19世纪中叶以来，日本侵略朝鲜半岛的野心越来越露骨，这引起朝鲜人民的强烈反对。尤其是被迫签订了丧权辱国的《乙巳条约》的消息被公布后，举国上下民愤沸腾，引发了全民性的反日、抗日浪潮。商人们罢市，学生们罢学。有识之士纷纷上书或撰文强烈主张条约无效，谴责亲日派的卖国行径。高宗侍卫长闵永焕写下《告同胞书》之后自尽，表明其宁死不愿当亡国奴的态度。张志渊在《皇城日报》发表《是日也放声大哭》一文，揭露日本的侵略野心，严厉谴责主张签约的亲日大臣。《大韩每日新闻》和《帝国新闻》也详细追踪报道反对《乙巳条约》的活动内容，大大助长了泛民族的抗日精神。

各地民众也纷纷自发组织武装力量，抗击日军。其代表人物有闵宗植、崔益贤、申乭石等。尤其是平民出身的申乭石率领的义兵队伍迅速壮大，曾达到过几千人的规模，有力地打击了日军的侵略气焰。这一事件意味着抗日义兵运动打破以往仅由部分高官和儒生们组织指挥的局限，发展成泛民族的国权守护运动。

日本以海牙事件为借口，强迫高宗退位，立纯宗，推行所谓的次官政治，进一步激起民众的抗日情绪。尤其是强制解散韩国军队的行径，使军人们也拿起武器，加入泛民族的抗日武装斗争之中。他们集结在京畿道的扬州，组成十三道创义军，抗击日本，给日本侵略者以沉重的打击。据日本驻韩国司令部遗留的统计资料，1907年至1911年上半年期间，日军与义兵的交战次数多达2852次，涉及人数14万多。但是，在武装到牙齿的日军的残酷镇压下，武器上处于劣势、大多各自为政地开展抗日斗争的义兵运动被各个击破。部分义兵为保存实力，转移到中国东三省和俄国沿海地区，坚持抗日。

还有一些有识之士认为国家所面临的社会、政治危机只有启发和发动全体国民的力量才能解决，于是，纷纷组织各种社会团体，积极开展启蒙广大民众的运动。独立协会被解散以后成立的政治团体保安会，利用报刊向民众分析日本压迫朝鲜出让荒地开垦权的目的，揭露日本欲以此手段霸占朝鲜近1/4面积领土的阴谋，成功地迫使日本放弃垦荒权的无理要求，但也因此遭到解散。以原独立协会成员为首成立的宪政研究会反对签订《乙巳条约》，主张进行以立宪议会制度为中心的政治改革，还积极开展反对日本强迫高宗让位的侵权行径的社会运动。

《乙巳条约》签订以后，日本统监府明令禁止韩国人从事一切政治活动，但有识之士们仍秘密结社，继续抗日。其代表性的组织为1907年成立的新民会，主要成员有安昌镐、李承勋、梁起铎、申采镐、金九等，会员以教师和学生为主。新民会的结社宗旨为培养争取民族独立的民众力量。新民会为发展民族教育，先后创办了大成中学、五山中学等中小学校；为培植民族产业和筹集资金，成立和经营瓷器会社和太极书馆；还利用《大韩每日申报》等媒体宣传近代思想，启蒙沉睡中的社会民众。

尽管在日本宪兵的残酷镇压下，新民会组织遭到严重破坏（1911年），但留下的成员仍坚持战斗。为了躲避日本统监府的监视，继续培养抗日民族运动的干部力量，他们转移到中国东北地区的三元浦，创办培养独立运动力量的基地，并通过经营农场来解决经费问题。他们创办新兴学校，在推广民族文化的同时，培养了不少日后参加和指挥抗日武装斗争的军事人才。

第八节 抗日独立运动时期

一、日本帝国主义野蛮统治

1910年，日本采用软硬兼施的手段与以李完用为首的卖国内阁签订了所谓的《日韩合并条约》，侵吞了韩国。"合并"之初，为镇压韩国民众的强烈反抗，日本推行了强硬的高压政策。

首先，在现役的陆海军大将中选派朝鲜总督，总揽朝鲜的行政、司法、军事等一切权力。其次，除派驻很多军队之外，投入大量宪兵替代警察职能，甚至连政府官员及一般教师也统一配发类似警察制服并要求佩带军刀，制造恐怖主义氛围。再次，剥夺韩国人的自由结社权，禁止韩国人的一切政治活动，解散爱国运动团体；下令禁止发行《皇城新闻》、《大韩每日申报》等民族报刊，抓捕和残酷杀害众多爱国志士；推行奴化教育，课程以日本语为中心编排，剥夺韩国人接受高等教育的权利，只允许其接受初级和职业教育。

然而，事与愿违，血腥的高压政策引发了无数爱国志士的抗日斗争，而且愈演愈烈。日本意识到高压政策并不能抹煞韩国人民的反日独立意志，于20世纪20年代开始转换采用怀柔政策，即推行标榜尊重朝鲜民族的文化和习惯、为韩国人谋福的所谓的文化政治。该政策表面上将严厉的宪兵统治改为一般警察管理制，扩大韩国人的接受教育的机会，选拔一些韩国人参与总督府的工作，允许朝鲜文字的报纸发行，等等。但宪兵统治改换成警察管理之际，反而通过大量增加警察人数、更新装备来加强其统治力度；提供教育和参政的机会只不过是在残酷的镇压反日、抗日人士及其活动的前提下，试图迷惑人心的幌子，并通过这种形式培养一批亲日派，离间和分裂朝鲜民族。这是破坏韩国民众抗日统一战线的阴险的统治手段。

进入30年代，日本为达到侵略中国的野心，先后发动了"九一八事变"和"七七事变"，引起中国人民的奋起抵抗，中日间的战争全面爆发。1941年，日本还偷袭美国珍珠港，入侵东南亚地区，发动了太平洋战争。为将朝鲜变成其巩固的兵站基地，日本推行战时动员令，为其大肆掠夺朝鲜的人力、物力、财力打开方便之门。

与此同时，日本推行从根本上否定朝鲜民族的独立性、完全抹煞朝鲜民族精神的政策。首先，动员一批御用学者鼓吹日本人和韩国人的祖先实际上是相同的所谓"日鲜同祖论"，提出日本人和韩国人应不分你我、团结在天皇的指挥下的所谓"内鲜一体、皇国臣民"的旗帜下。其次，只许使用日本语，禁止使用朝鲜语；只讲授日本历史，禁止讲授韩国历史。同时强制停刊用朝鲜文发行的报刊，禁止对朝鲜语和韩国历史的研究。再次，规定全体韩国人必须使用日本式的姓和名，强迫大人们参拜日本式的神社，学龄儿童则天天背诵皇国臣民誓词。

二、"三一"运动

第一次世界大战后期，世界众多弱小民族争取民族解放的斗争蓬勃发展，时任美国总统威尔逊提出了所谓民族自决主义原则。结果，第一次世界大战结束之后，曾在奥匈帝国统治下的捷克斯洛伐克、南斯拉夫、罗马尼亚以及俄国统治下的波兰、芬兰、拉脱维亚等国相继获得独立。

在这一现象的鼓舞下，在国内外坚持反日斗争的韩国人认为韩国亦可适用此原则摆脱日本的殖民统治。于是，流亡在上海的反日志士们成立新韩青年党，派金奎植为代表赴巴黎和会表明韩国的立场，呼吁列强承认韩国的独立；同时派人到中国东北、俄国远东地区、日本等地，和各地反日组织联络，商讨如何争取独立的具体事项。在日本东京的留学生在崔八镛等人的组织下成立朝鲜青年独立团，于1919年2月8日，在东京的基督教会馆发表了要求韩国独立的宣言书和决议文，史称《"二八"独立宣言》。

海外爱国志士们的一系列反日独立运动迅速激起了韩国国内民众的积极呼应，逐步演变成全国性的独立运动。正在此时，一直反对韩日合并的高宗突然去世。然而高宗的死因众说纷纭，进一步激化民众的反日情绪。于是，以天主教的孙秉熙、基督教的李升熏、佛教的韩云龙等为首的33名代表商议起草《独立宣言》，决定利用参加国葬（3月3日）、民众聚集在汉城的机会发表。

3月1日，33名民族代表在汉城泰和馆碰头，在《独立宣言》上签字后，对外宣布韩国为独立国家（图2.3）。《独立宣言》本着人人平等、各民族均具有自主生存权的普世原理，主张韩国也有享受独立自主的权利，呼吁国民积极参与自由阐述民族意愿的行动，但不要采取过激行为。

图 2.3 1919 年 3 月 1 日独立运动

几乎与民族代表聚在一起签署《独立宣言》的同时，学生已经聚结在塔洞公园，向集会者朗读《独立宣言》，高呼"独立万岁"，并举行了大规模的示威游行。学生的示威游行很快得到商人、农民、工人等各界的呼应和参与，并迅速蔓延到全国各地，形成了不分身份、职业、男女老少的全民性的独立运动。据朴殷植所著《韩国独立运动之血史》统计，参与"三一"运动的人数超过 200 万人以上，举行的大小集会达 1500 多次，全国 218 个郡中 211 个郡都参与了这一运动，而且迅速影响到居住在海外的韩国人，也得到他们的积极呼应。

面对韩国全民性的独立请愿运动，惊慌失措的日本殖民统治者不仅动员警察和宪兵力量镇压，还投入陆军、海军兵力向赤手空拳的示威民众疯狂开枪扫射，驱散参加示威游行的民众。仅据日本统监府的统计表，运动期间被捕者有 46948 名，被打死者为 7509 人，被打伤者为 15961 人，烧毁的民居 715 处、教堂 47 处、学校 2 所，事实上远不止此数。甚至还发生了将示威的数十名民众囚禁在教堂后，连同教堂一起焚烧的野蛮行径。面对敌人的疯狂镇压，原本和平请愿的示威民众也拿起武器袭击各地宪兵警察署、面事务所、东洋拓植会社等殖民统治机构，处死亲日地主等，但最终还是没能抵挡住武装到牙齿的日本军警的屠刀。

轰轰烈烈的"三一运动"持续一个半月后，在日本帝国主义的疯狂镇压下以失败告终。但是它给日本殖民统治以沉重打击，向全世界表明独立是全体韩国人民的迫切愿望，促进了韩国人民政治觉悟的提高，也推动了亚洲人民的民族解放斗争。

三、大韩民国临时政府

尽管"三一"运动迅速发展成全国性的独立请愿运动，但从一开始就没有统一的领导机构，也没有制定周密的计划，所以国内各地及海外的独立请愿运动大多是自发性的，各自为政。于是，1919 年 3 月到 9 月半年间，同时出现了汉城政府、在中国上海的大韩民国临时政府、在美国的临时政府和在苏联远东沿海州地区的大韩国民议会等政权组织。为了整合一切爱国力量，更有效地统一开展全国的独立运动，有必要成立能代表全民的、统一的领导机构。1919年9月，韩国国内外的各地政府代表聚集到上海，共同商议并成立了统一的大韩民国临时政府。临时政府制定宪法，宣布推行民主主义政治体系，成立临时议政院（立法机构）和国务院（行政机构），推举李承晚为首任总统。

临时政府与国内的联系是通过在国内实行联通制来实现的。所谓联通制，是在著名独立运动家安昌镐的指挥下，在韩国的各道、各郡、各面任命负责人，通过它实现临时政府与国内民众相互联系的制度。联通制的实施给一般民众也能参与独立运动打开了方便之门，而临时政府就是通过它有效地筹集到大量的独立运动资金和国内各种情报。

1919年5月，临时政府任命金奎植为全权代表，赴巴黎和会呼吁列强支持韩国独立；同年8月，派代表参加在瑞士召开的万国社会党会议，开展外交斡旋，使大会通过承认韩国为独立主权国家的决议。还发行临时政府机关报《独立新闻》，介绍国内外的独立运动开展情况，大力宣传独立精神，向各独立运动团体指明了斗争的方向。

进入20世纪20年代，由于领导层的派系斗争和财政困难，临时政府一度面临危机。但到了30年代其活动又趋活跃。

1932年1月8日，独立志士李奉昌奉临时政府要员金九之命刺杀日本天皇。李奉昌向回宫途中的天皇车队投掷了手榴弹，可惜只因距离过远行动失败。同年4月29日，趁日本侵略者公然在上海虹口公园举行盛大阅兵式，祝贺天皇生日和欢庆淞沪战争胜利大会之际，同样受命于金九的尹奉吉向大会主席台投掷了炸弹，炸死侵沪日军总司令白川义则大将和日本上海拘留民团长河端贞次，炸伤第三舰队司令野村中将、第九师团长植田中将和驻华公使重光等多名日本军政要员。

"虹口公园爆炸事件"震惊了全世界，不仅极大地鼓舞了处在逆境中的韩国独立运动的士气，也博得同样面临抗日的中国人民的感动与同情，引起了中国国民政府的注意。1933年5月，蒋介石在南京单独约见金九，交流对抗日的看法。蒋介石决定在洛阳的中央军官学校设立韩国特别班，为韩国临时政府培养军事人才，并承诺为其提供定期的经费支持。

1937年7月，中日战争全面爆发。7月15日，临时政府召开国务会议，决定在军务部下设军事委员会，成立韩国光复阵线，使临时政府转入战时体制。翌年，临时政府组织军事特派团赴西安等地招募军人。

1938年10月，在武汉的朝鲜民族革命党等团体创建了朝鲜义勇队，下设三个支队，总队长由朝鲜民族革命党总书记金元凤（金若山）兼任。义勇队的主要任务是配合国民党军队进行政治宣传、敌后破坏、审讯战俘、策反日军内朝鲜籍士兵等。

1940年5月，临时政府在重庆召开多党联合会议，决定成立多党派联合的新执政党——韩国独立党，由中央执行委员长金九出任临时政府主席。同年9月，在中国国民政府的大力支持下,在重庆组建韩国光复军,由李青天任总司令。光复军和义勇队在蒋介石的仲裁下宣布合并,原义勇队的一支队、二支队和三支队一部分合并组建光复军第一支队(光复军共6个支队)。光复军在西安开办训练班,培养了数百名独立运动所需的军政干部,还派少数成员到印缅前线,协同英军作战。不愿加入光复军的三支队部分成员纷纷来到八路军的游击区,加入在山西的朝鲜青年联合会。联合会以该部分成员为骨干组建了朝鲜义勇军,与八路军一起活跃在华北抗日战场。

1941年12月8日,日军偷袭珍珠港,太平洋战争爆发。临时政府发表支持英美联合声明,正式对日、德法西斯宣战。同时积极开展外交斡旋,争取英美等列强认可韩国临时政府的合法地位。

1919—1945年,根据斗争需要,临时政府先后5次修改宪法,政府的领导体制也变更了5次——总统制(1919年)、内阁责任制(1925年)、国务委员集体领导制(1927年)、主席制(1940年)、主席和副主席联系责任制(1944年)。

四、海外独立运动

日本侵占韩国以后,加强镇压反日运动。许多爱国志士和义军将领纷纷移居海外坚持斗争。由于当时在中国东北和俄国远东地区已经居住着相当多的韩国人,再加上领土接壤,他们纷纷到这些地方开辟独立运动的根据地,组织了耕学社、扶民团等反日组织,还创办新兴武官学校等,着手培养抗日军事人才。

"三一"运动以后,吉林通化地区出现西路军政署等多支韩国反日武装队伍,延边地区出现了洪范图的大韩独立军(义兵)、金佐镇的北路军政署等近20支队伍。这些队伍不仅在当地开展打击日本势力的斗争,还频繁进入韩国境内,袭击军警机关,惩除亲日分子,破坏交通设施,等等。据统计,1919—1923年间,这些队伍在东北地区与日军作战123次,进入韩国境内作战980多次。其中代表性的战斗数凤梧洞战斗和青山里战斗。

1920年6月6日,日军一个中队尾随越江到韩国袭击目标后回到中国境内的独立军小分队来到延边三屯子,随即遭到了大韩军北路督军府崔振东部的伏击,死伤多人。这是日军第一次越江与驻扎在中国境内的独立军作战。为挽回败局,日军第二天就加派追击大队。得到情报的洪范图率领所部800余人在易守难攻的天然要塞凤梧洞设伏,给来犯的日军予以突然袭击。经过4个多小时的激战,杀伤日军近300名。独立军把这次战斗看成"独立战争的序曲",极大鼓舞了韩国民众争取独立的斗争意志,使之更加坚定了走武装斗争的决心。在凤梧洞遭到打击后,如梦初醒的日军着手制定"间岛(延边)地方不逞鲜人剿讨计划",并于1920年10月制造"珲春事件",以领事馆被焚、死了数名日本人为借口,派以19师团为核心的关东军混合部队擅自闯入延边地区,到处杀人放火,妄图一举消灭当地的抗日团体和武装,这实际上是日军入侵中国的长期战略的前奏曲。

担心引发与日本的外交和军事冲突的中国政府便通告独立军离开延边地区。独立军按计划实施战略大转移抵达和龙青山里一带时,日军出动多达5000人的讨伐部队试图一举消灭独立军。当时独立军以金佐镇领导的北路军政署军、洪范图率领的大韩独立军、安武指挥的国民会军为主,兵力达2000余人。在人数和武器装备上均处劣势的情况下,他们充分利用有利地形,采取游击伏击战术,边走边打,6天进行6次战斗,杀伤1000余日军后,胜利转移。在青山里战斗中受到沉重打击的日军迁怒于无辜的韩国移居百姓,在两个月内杀死上万人,焚毁2500多幢民房、30多所学校,史称"庚申惨案"。

1925年,日本朝鲜总督府派警务局长三矢宫松与东北军阀张作霖签署《三矢协议》,不仅要求东北军限制韩国独立军的活动,而且还要把抓捕的独立人士引渡给朝鲜总督府。尤其到了"九一八事变"以后,日本侵占东北,韩国独立军的活动受到很大限制和打击,在东北的活动逐步被淡化,很多人转移到中国关内参加临时政府继续活动,一部分人则留下来加入中国共产党领导的东北抗联,继续坚持战斗。

五、朝鲜半岛光复

随着第二次世界大战的纵深发展,德、日法西斯的败象日益显现。在欧洲战场,英勇的苏联红军不仅把来犯的德国法西斯赶出苏联领土,以秋风扫落叶般的气势追赶节节败退的德军,解放东欧大地;英美联军成功登陆诺曼底,开辟第二战场,完成了对德军的战略合围。在太平洋战场,美军通过中途岛战役彻底扭转战局,正以跳跃式的攻势步伐逼近日本本土。

为迎合国际斗争形势的变化,1944年,大韩民国临时政府在重庆召开会议,改组政府,选出以金九为主席、金奎植为副主席的新内阁。新内阁续办政府机关报《独立新闻》,介绍国内外斗争形势和胜利战果,呼吁国内民众积极参与;加强外交活动的力度,争取列强的外交承认;尤其是集中精力进行光复军的建设,准备迎接祖国的解放。为配合太平洋正面战场,临时政府组织一支国内挺进军,在美军的指导下接受特工训练,计划于1945年9月空投到本土,开展敌后武装斗争,但因日帝的提早投降,未能付诸实施。

1945年8月15日,日本宣布无条件投降,第二次世界大战结束,韩国也从日帝的殖民统治下挣脱出来,获得了祖国独立、民族解放。

第二章思考题

1. 简述韩国各朝代的历史发展阶段。
2. 如何理解韩国各朝代政权与中国相应王朝的关系。
3. 简述新罗与唐的经济文化交流情况。
4. 简述实学兴起的背景、内容及其作用。
5. 简述"甲申政变"、"甲午更张"、独立协会。
6. 简述韩国"三一"运动的历史意义和作用。
7. 简述大韩民国临时政府的历史作用。

第二章参考文献

[1] 金富轼. 三国史记. 李康来, 校译. 首尔: 韩吉社, 1998
[2] 一然著. 三国遗事. 长春: 吉林文史出版社, 2003
[3] 郑麟趾. 高丽史. 首尔: 亚细亚文化社, 1990
[4] 朝鲜王朝实录 1~48. 果川: 探求堂, 1955~1958
[5] 高丽大学民族文化研究所编. 韩国文化史大系 1~14. 首尔: 文正社, 1964~1972
[6] 朴真奭等. 朝鲜简史. 延吉: 延边大学出版社, 2007
[7] 李基白. 韩国史新论. 首尔: 一潮阁, 1999
[8] 武田幸男. 朝鲜史. 东京: 山川出版社, 1985

第三章 韩国的政治

第一节 《宪法》和宪法法院

一、《宪法》

韩国的第一部《宪法》颁布于1948年7月17日,先后经过8次修改。现行《宪法》是1987年10月27日颁布实施的,包括序言、130项条款和6个补充规定。《宪法》共分10章,即总纲、公民的权利和义务、国会、行政、法院、宪法法院、选举管理、地方政府、经济和修改《宪法》。

韩国《宪法》的基本原则包括国民主权、三权分立、寻求南北和平民主统一、寻求国际和平与合作、依法治国以及国家负责促进国计民生等。韩国《宪法》的核心要点包括四个方面:第一,确立"国民主权";第二,实行"三权分立"和"总统中心制";第三,增加国民的民主权利;第四,实行违宪审查制度,如宪法法院制。《宪法》规定了自由民主的政治秩序,在序言中阐述要"进一步加强基本自由与民主秩序",而且要使三权分立和依法治国制度化。

《宪法》第十条指出,"《宪法》确保所有公民作为人的价值和尊严,以及追求幸福的权利。国家有责任确认和保护个人的基本的、不可侵犯的人权"。根据这一基本条款,《宪法》赋予国民个体以公民的、政治的和社会的权利,使之成为国家的准则。这些权利包括法律面前人人平等、人身自由、要求快速公正审判的权利、居住自由、择业自由、隐私权、宗教信仰自由、言论和结社自由,以及享有诸如选举权和担任公职在内的参政权。国家还保证国民享有各种社会权利,如受教育权、结社权以及享有健康和愉快的环境权。

《宪法》第三十七条规定,公民的基本权利不得因《宪法》未加详细规定而被忽视。该条款还规定,公民的基本权利只有在维护国家安全、遵守法律、维护公共秩序、不危害公众福利之时才会受到保护。

《宪法》还明确规定了公民应履行的基本义务,即纳税义务、工作义务和国防义务。

《宪法》通过国家确保个人财产,鼓励企业与个人通过创造性的劳动享受自由市场经济的成果。《宪法》规定,国家可以调整和协调经济,以保持国民经济稳定和协调发展,实现经济民主化。

修改《宪法》需要总统或国会多数议员的提案,而经过修改的《宪法》须经国会2/3以上议员和半数以上合法选民的公决方能生效。

韩国在追求民主化的过程中历经了多次政治动乱,现行《宪法》体现了韩国在走向民主化道路上的进步。历次修宪的内容包括削减总统权限、加强立法权力以及保护人权措施等(参见表3.1)。独立的宪法法院的设立和运作,为保护《宪法》和保障公民的基本权利起了重要的作用。

表 3.1 韩国历次修宪概要

修(立)宪	主 要 内 容
1948 年立宪	主要参考《日本和平宪法》和美欧宪法制定,实行总统制
1952 年修宪	实行总统直选制和国会两院制,但未能真正实行
1954 年修宪	总统李承晚要求修宪为"首任总统可以连任一次以上",不设总理,提案以135 票/203 票(2/3议员通过)通过,史称"四舍五入"修正案
1960 年修宪	李承晚下台后,过渡政府进行广泛修改。强化公民权利;由总统制改为责任内阁制,总统由国会议员选举,任期5年;成立中央宪法委员会
1962 年修宪	总统朴正熙要求国民投票通过修宪案,废责任内阁制,重新实行总统制、总统直选制,国会改成一院制
1969 年修宪	朴正熙两届任期已满,修宪要求继续担任总统
1972 年修宪	史称《维新宪法》,对《宪法》修改70多处。总统任期由4年改为6年,取消限制连任的条款;国会之外再设"统一主体国民议会",权力高于国会,由总统担任议长;总统选举由选民直选改为由"统一主体国民议会"选举;国会议员中2/3由选民直选,1/3由"统一主体国民议会"根据总统提名选举
1980 年修宪	取消"统一主体国民议会",总统任期改为7年,但不可连任,选举方式改为由选民先选出5278人的"总统选举团",再由"总统选举团"选举总统的间接选举方式
1987 年修宪	在野党与执政党达成妥协,修改《宪法》,总统选举改为选民直选,大赦政治犯(金大中被特赦),保证基本人权法制、新闻自由,实行地方自治

资料来源:著者整理。

最近一次的修宪议案是2007年3月8日韩国政府公布的修宪草案,即修改总统任期制的修宪草案,建议将韩国总统任期由现行的5年改为4年,并允许连任。这是按照前总统卢武铉的提议提出的。其主要依据是,按照现行《宪法》,总统任期5年,国会议员每届任期4年,这导致总统大选和国会选举不一致。但修宪草案最终没有获得通过。

二、宪法法院

韩国宪法法院(宪法裁判所)建立于1988年9月,是根据《宪法》设立的独立的司法机构。宪法法院的职责是通过建立特别的《宪法》裁决程序对有关《宪法》的问题进行裁决,以保护《宪法》和保障国民的基本权利。宪法法院拥有判决对总统、总理和法官的弹劾,决定解散政党,审查立法与《宪法》的一致性,解决国家机关之间、国家机关与地方政府之间或地方政府之间的权限纠纷以及裁定有关《宪法》的申诉等5个方面的司法权。宪法法院由9名法官组成。法官都由总统指派,但他们当中的3人必须是由国会提名的人选,另3人必须是由最高法院大法官提名的人选。法官的任期为6年,可以连任。

韩国立宪以来,前任总统卢武铉是唯一一位以违反《选举法》等理由险遭弹劾的总统,但弹劾请求最终被宪法法院驳回。根据《宪法》规定,一旦弹劾总统议案在国会表决通过后,宪法法院的宪法法庭将组成审判庭,由9位法官合议,并最终做出判决。最终判决结果由9名法官投票产生,只要有6名法官投赞成票,弹劾议案即可通过。依照规定,宪法法庭必须在接受弹劾议案后180天之内做出判决。

第二节 政治体制

一、总 统

1. 总统的职能

《宪法》规定,韩国实行三权鼎立、依法治国的体制,即行政权属于以总统为首的政府,立法权属于一院制的国会,司法权属于由法官组成的法院,但总的来说,仍是以总统为核心的体制。总统的主要职能有:总统是国家的元首,是国家的象征;总统是首席行政长官;总统是武装力量总司令;总统是最高外交官和对外政策制定者;总统是主要决策者和首要立法者。

韩国总统任期5年,不得连任。总统通过由15~30人组成并由其主持的国务会议行使行政职能。作为总统主要行政助手的国务总理由总统任命,须经国会批准。总统无权解散国会,但国会可用启动弹劾程序的方式对总统进行制约,使其最终对《宪法》负责。

韩国总统府青瓦台位于首尔市钟路区世宗路一号。青瓦台主楼为总统官邸。

2. 历届总统

1948年8月15日大韩民国宣告成立以来,迄今为止历17届,共10人就任总统。

第一任总统李承晚:任第一届至第三届(1948—1960年)韩国总统,美国普林斯顿大学政治学博士。"二战"以后,美国扶植李承晚在朝鲜半岛南部成立了大韩民国,史称第一共和国。李承晚受美国式民主的熏陶,但在韩国难获成功。李承晚为了谋求连任,曾两次推动修宪。

韩国曾经是世界上最贫穷的国家之一。1962年人均GNP仅有87美元。教育水平低,文盲率达78%。社会骚乱不断,社会民主不成熟,国家经历了巨大的政治和经济困难。1960年的"四一九"学生运动推翻了李承晚独裁政权。李承晚的主要业绩是:在日本帝国主义统治时期通过外交手段展开独立运动;反对美苏信托统治,为建立大韩民国政府起主导作用;开展主体建国外交;教育立国,培养人才。

第二任总统尹浦善:任第四届(1960—1962年)韩国总统,英国艾登堡大学毕业。尹浦善致力于改革政治体制,民主化改革的方向明确,但对政局控制不力,导致社会秩序混乱。这一时期公共物品供应不足,政府绩效不佳,失去了社会的支持。尹浦善的主要业绩包括有计划地开展国土开发(如修建大型水库)、确立经济发展长期计划等。

第三任总统朴正熙:任第五届至第九届(1963—1979年)韩国总统,日伪满洲军官学校毕业。1961年5月16日,少壮派军官朴正熙发动军事政变,建立"国家再建最高会议",接管了立法、行政和司法权力。当时韩国政治的实质是以军人专政和个人独裁为特征的威权政治。政治上的反动并没有阻碍经济起飞,威权体制实现了社会秩序相对稳定。时代赋予了朴正熙实行"政府主导型"的现代化建设的机会,韩国进入了"汉江奇迹"的时代。

朴正熙政府致力于快速实现工业化,同时对人民政治权利和公民自由加以严格限制。朴正熙政府的战略是"发展经济第一",回避政治改革和民主化要求,并以经济绩效换取社会对威权体制的认可。韩国经济从朴正熙时代开始起飞,在全斗焕时代保持持续快速的发展,经过近30年的发展,韩国终于步入了新兴工业国的行列。1962年,韩国GNP总值23亿美元,1985年为897亿美元,居世界第十八位;同期人均GNP由87美元增到2194美元。1979年10月朴正熙遇刺身亡。朴正熙的主要业绩包括实行输出主导型政策、发展重工业、开展国土开发、开发中东市场、开展新农村运动、确立自主国防体系、促进南北对话(达成《"七四"声明》)等。

第四任总统崔圭夏：任第十届（1979—1980年）韩国总统，日伪满洲大同学院毕业，曾任汉城大学教授。朴正熙于1979年10月遇刺身亡，韩国实行戒严，崔圭夏任过渡时期总统。他是韩国最短命的总统，只任249天，是两个军事政权的见证人。崔圭夏被誉为行政官僚的"教科书"。他是有关韩日关系、韩美关系主要政策的制定者和执行者，韩国输出立国政策的主要策划者之一。崔圭夏于1980年8月辞职，强有力的军官集团的领袖全斗焕由统一主体国民会议（选举团）选为总统。

第五任总统全斗焕：任第十一届、第十二届（1980—1988年）韩国总统，韩国陆军士官学校毕业。1980年12月，全斗焕操纵修改《宪法》，登上总统宝座，标志着韩国进入独裁专制的第五共和国时代。韩国人民抗议、示威、罢工等反对军事独裁专制的运动风起云涌。1980年5月政府颁布"非常戒严令"，随后又制造了死伤达数千人的"光州惨案"。这一事件使全斗焕、卢泰愚政权及其本人背上了沉重的历史包袱。全斗焕卸任后因军事政变、镇压民主、贪污等罪行被判死刑，后被赦免。全斗焕的主要业绩包括经济高速成长、解除紧急状态、举办1986年亚运会、南北离散家属同时访问汉城—平壤（1985年）等。

第六任总统卢泰愚：任第十三届（1988年2月至1993年1月）韩国总统，韩国陆军士官学校毕业。1987年6月29日，卢泰愚发表著名的8点民主化宣言（即《"六二九"宣言》）。其核心是承诺修改总统选举法，变间接选举制为直接选举制。《"六二九"宣言》是韩国政治发展进程中的一个里程碑，它标志着韩国的政治实现了重大突破，从此开辟了结束威权体制、创建和巩固民主政治体制的新阶段，为32年来选举第一位文人总统打下了基础。卢泰愚卸任后因贪污等罪行被判22年刑，后被赦免。卢泰愚的主要业绩是：颁布《"六二九"宣言》，促进民主化；举办1988年汉城奥运会；推行北方政策（达成《"七七"宣言》），同中国、俄罗斯、东欧国家建交；韩国、朝鲜同时加入联合国（1991年）；举行南北高级会谈，签署《南北和解、互不侵犯以及相互交流的基本协议》。

第七任总统金泳三：任第十四届（1993年2月至1998年1月）韩国总统，政治家，首尔大学哲学系毕业。1954年，26岁的金泳三第一次当选为国会议员，后多次连任。1979年，因反对美国对朴正熙政权的支持，其议员资格被剥夺。全斗焕时期金泳三曾被软禁两年。1992年年底金泳三当选为总统，在韩国宪政史上建立了第一个文民政府。金泳三当政期间韩国遭受亚洲金融风暴的冲击，经济急速下滑。他卸任前赦免了全斗焕、卢泰愚两位前总统。金泳三的主要业绩是：清算第五共和国时期的独裁政治；明确了"五一六革命"（朴正熙军事政变）、"双十二事变"（全斗焕、卢泰愚军部夺权事件）、"光州惨案"（镇压光州民主化运动事件）等历史事件的性质；促进民主化；拆迁日伪时期的总督府，扶正历史；签订南北和平利用原子能协议；实行金融实名制；加入经济合作与发展组织（OECD），提高了韩国的国际地位；等等。

第八任总统金大中：任第十五届（1998年2月至2003年1月）韩国总统，政治家，木浦商业学校毕业。1997年，反对党领袖金大中当选为总统，组成韩国宪政史上第一个由执政党向反对党和平移交政权而产生的政府。金大中经历坎坷：1973年在日本东京被劫持；1976年因发表《"三一"民主宣言》被判入狱；1980年被新军部判死刑，全世界都呼吁全斗焕不要执行死刑；1982年流亡美国；1985年回国再次从政。金大中1997年底当选为总统，任职期间韩国经历金融危机。2000年6月他访问平壤，首次实现南北首脑会晤。金大中2000年获诺贝尔和平奖，2001年获世界政治领袖奖。金大中的主要业绩是提出"三阶段统一论"、克服经济危机等。

第九任总统卢武铉：任第十六届（2003年2月至2008年1月）韩国总统，律师，釜山商业高中毕业。1975年通过司法考试，长期任人权辩护士，曾任国会议员、政府部长等职。卢武铉政府提出了三大施政目标："国民共建民主主义"，"建立国民共享、均衡发展的社会"和"迎接和平与繁荣的东北亚时代"。卢武铉政府是国民力量的产物，珍视原则和公理的国民自愿筹集资金开展选举活动，从而使卢武铉在竞选中获得胜利。最为重要的是，卢武铉政府是在国民普遍参与的基础上建立起来的。因此，在政府的运作过程中，国民的参与起关键作用。摆脱传统、正视现实，抛弃权威、接近于民，洁身自好、取信社会是卢武铉政府的重要特征。

第十任总统李明博：任第十七届（2008年1月至今）韩国总统，高丽大学商学院毕业。李明博出身贫寒，凭借个人努力考入大学。1965年毕业，后加入现代建设会社。1977年36岁的李明博成为公司最年轻的领导人，被誉为"工薪族的神话"。1992年李明博当选国会议员，开始步入政界。2002年李明博当选为首尔市长，他在任期内实施改造清溪川项目和公交体系项目，改变了首尔风貌，树立了"能干成事"的形象。他在竞选纲领中提出"747经济发展计划"，即经济年均增长率7%、10年后人均GDP达4万美元、使韩国跻身世界七大经济强国行列。在外交方面，李明博主张巩固韩美同盟、发展韩日友好、加强韩中和韩俄合作。

从韩国的学者和市民对历任总统驾驭经济能力进行的评价（图3.1）中可以看到，朴正熙的分数显著高于其他人。这与当时韩国的经济开发模式和政治局势相关。政府主导型发展模式是朴正熙时代的典型特征，它使大企业、大财阀获取了经济发展的主要成果，从而有利于官商合作，联手统驭社会。同时，经济绩效维护了威权政府的合法性，人们更多地想到的是朴正熙时代给他们带来的实惠，而对这一时代的独裁政治的批判是后来的事。

20世纪90年代前的世界是两极格局和美苏关系主导的世界，韩国的政治与经济要受这些主导势力的影响。韩国作为面对中苏两大社会主义阵营的桥头堡，其依赖力量是美国。"冷战"时期的韩国政治均留下了受大国的政治影响的烙印。

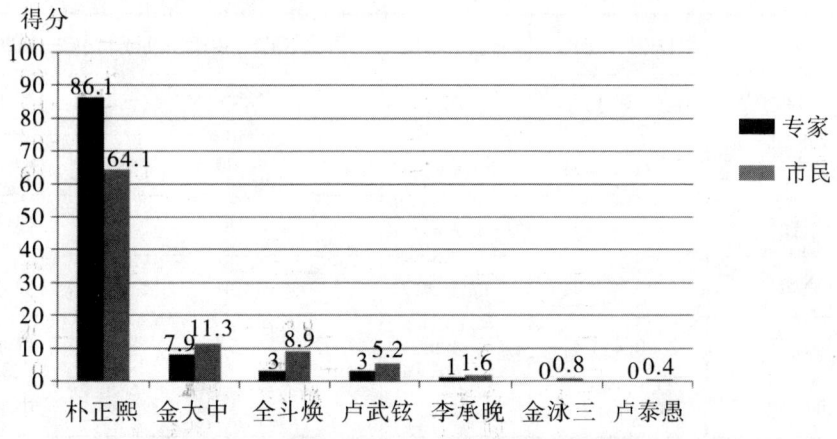

图 3.1　对韩国历届总统驾驭经济能力的评价

资料来源：http：//economyplus.chosun.com/special/special_view_past.php?board-Name=%C4%BF%B9%F6%BD%BA%C5%E4%B8%AE&t_num=2640&img_ho=37。

二、政　党

韩国的政党活动始于 1946 年美国军政时期。1962 年 12 月正式颁布了《政党法》，后经多次修改。现行的《政党法》第二条规定：政党是为了国民的利益，促进负责任的政治主张和政策，推荐或支持公职候选人，以参与国民的政治意识的形成为目的的国民自发组织。韩国《宪法》第八条保障政党的自由成立和复数政党制。国家依法保护政党活动，提供必要的政党运营资金。如果政党的行为违背民主的基本秩序，政府可以通过宪法法院裁决令其解散。

韩国历届政党的社会阶层基础比较薄弱，很难说某一个政党就代表某一个社会阶层。多数政党常被指责缺乏明确的纲领和一贯的政策，而只有执政的和在台党、在野党的区别而已。

韩国的政党特征显示：其一，政党的命运往往与"党首"的政治历程紧密相连，表现出强有力的"人物中心主义"和以领袖周边的干部为中心的"干部政党"的政治形态；其二，缺乏党内民主，选举时尤为如此；其三，从战后韩国史看，没有允许完全对立的政党存在，缺乏相互牵制力；其四，政党有地区化趋势。"二战"以来，虽然韩国的政党政治逐步向成熟的方向发展，但仍需一段艰难的调整和改革之路。

目前在韩国，具备政党基本属性的、在国会占有议席的政党有大国家党（执政党）、民主党、自由先进党、亲朴联盟、民主劳动党、创造韩国党等（表 3.2）。

表 3.2 韩国政党基本概况（2008 年）

政 党	成立日期	代表人物	国会议席（共 299 席）	政治倾向
大国家党（执政党）	1997 年 11 月	姜在涉	153	保守中道右翼
民主党	2008 年 2 月	孙鹤圭	81	中道左翼
自由先进党	2008 年 2 月	李会昌	18	保守右翼
亲朴联盟	2008 年 3 月	徐清源	14	保守右翼
民主劳动党	2000 年 1 月	千永世	5	进步左翼
创造韩国党	2007 年 10 月	文国现	3	中道左翼

资料来源：著者整理。

从表 3.2 中可以看出，韩国的政党成立史都比较短暂，且实际上主流政党只有两个，即大国家党和民主党。在韩国，政党改名是常有的事，这也是韩国政治与其他国家不同之处。政党更名一般在选举之前，更换党名能给人以面貌一新的感觉，这有助于加强党内团结，赢得国民的信任。在韩国政党中，党名使用寿命最长也不超过 20 年。

韩国的政党系列大致可分为三类：保守政党系列，民主政党系列和进步政党系列。保守政党系列的代表是现在的大国家党，党的历史可追溯到自由党时代（1951 年）；民主政党系列的代表是现在的民主党，党的历史可追溯到韩国民主党时代（1945 年）；进步政党系列的代表是民主劳动党，但该系列的政党的主流不明确，历史不连续，历史最长的是现在的民主劳动党，也只有 9 年。

大国家党（Grand National Party, GNP）在它的党纲中指出，"大国家党主导着过去 60 年韩国飞跃发展的历史，它继承和坚持'前瞻性'保守和'合理性'改革的历史传统，同时毫无保留地清算那些'倒退性'残渣余孽"。虽然大国家党强调"向前看"，但总体上被评价为保守政党。

民主党（Democratic Party, DP）的五大纲领是"民主、繁荣、统一、和平、环境"。党内派系既有保守派，也有改革派，成分复杂。这是多次分合以及重组的结果，但总体上被评价为以改革势力为主导的政党。

韩国的政党分化组合多出现在 20 世纪 80 年代末军人独裁统治结束之后。目前基本上实现大国家党和民主党两大政党分庭抗礼、轮班执政的局面。这种局面也已得到韩国国民的基本共识和认可。从表 3.3 中可以看出，赞成和反对的立场变化由这两个主要政党主导。

表 3.3 韩国六大党派对外交与安全议题的立场差异

外交与安全议题	大国家党	民主党	自由先进党	亲朴联盟	民主劳动党	创造韩国党
继续向伊拉克派兵	赞成*	反对	赞成	赞成	反对	反对
废止《国家保安法》	反对*	赞成*	反对	反对*	赞成	赞成
援助朝鲜与人权挂钩	赞成	反对	赞成	赞成	反对	反对
批准《韩美自由贸易协定》	赞成	赞成*	赞成*	赞成	反对	赞成*

说明：* 附带某种条件。
资料来源：著者整理。

三、国 会

1. 一般概况

韩国的国会是立法中枢，是代表国民的团体，由大韩民国的国会议员组成。年满19岁的韩国国民具有国会议员的选举权，年满25岁以上的韩国国民具有国会议员的被选举权。国会议员任期4年。国会设议长1名、副议长2名，任期2年。

1948年5月10日，韩国设立制宪议会，同年7月17日颁布《宪法》。在第二共和国时期（1961—1963年）曾实行过两院制，即民议院（下院）和参议院（上院）。现实行一院制。

现行国会是第十七届国会，于2004年4月15日选举产生，由299名议员组成。新的国会选举首次采用一人两票制，一票投给候选人，一票投给参选政党，由国民通过直接投票选出243名地区议员，各政党根据政党得票分配余下56名比例议员的名额。韩国国会按职能分设法制法务、外务、内务、财政等17个常设委员会，即国会运营委员会、法制司法委员会、政务委员会、财政经济委员会、统一外交通商委员会、国防委员会、行政自治委员会、教育委员会、科学技术信息通讯委员会、文化观光委员会、农林海洋水产委员会、产业资源委员会、保健福祉委员会、环境劳动委员会、建设交通委员会、情报委员会、女性家庭委员会等。委员会主席从各委员会成员中选举产生，委员会成员人数按国会规定配置。

2. 国会会议

国会会议分定期会议和临时会议两种。根据法律规定，定期会议于每年9月至12月间召开一次，临时会议应总统要求和国会1/4以上的议员要求召开。定期会议的会期不超过100天，特别会议的会期不超过30天。如总统要求国会召开临时会议，则必须明确会期和说明要求开会的理由。

3. 立法权

国会最重要的职能是立法。议员和政府均有权提出法案。《国会法》规定，议员提出法案时必须得到 20 名议员的赞同或共同发起，政府提出的法案必须事先通过国会会议。

国会有权讨论和决定所接受的法案。国会议长先向议员大会报告预议法案，然后交付相关常设委员会审议，最后由议员大会再次复议表决。议员大会必须有半数或半数以上议员出席会议及出席会议的半数以上议员投票同意，法律方能生效。若投票结果出现平局，该法案视为被否决（参见表3.4）。

表 3.4　韩国国会的议事原则

议事原则	内　　容
会议公开性原则	向一般国民开放国会会议的议案审议过程，确保决策的民主性和公正性
会期持续性原则	本次会议没有讨论的议案延迟到下一个会期继续讨论，以免重复提案
一事不再议原则	在一次会期内，不再议被否决的议案，以防少数派妨碍议事日程

资料来源：著者整理。

国会通过的法案必须在 15 日之内以总统令的形式颁布实行。如果没有其他异议，即使总统没有签署颁布令，20 日以后法律将自动生效。总统有异议时可以要求国会复议。如果再议获得 2/3 以上出席议员的通过，法律生效；若未获通过，该法案将被废弃。

4. 修宪权

半数以上在职议员的集体或总统均有权提出修宪案。不管谁的提案，如果 2/3 以上在职议员赞成修宪，在 30 日之内进行全民公决。

5. 批准缔结条约权

根据《宪法》，国会有权审批有关互助或共同安全条约，有关国际组织条约，商务、捕鱼及和平条约。

6. 财政审批权

国家的税收和支出是国计民生之大事,国会根据《宪法》实行财政议会主义,议会审批税种和税率。

7. 预算审批权

政府按会计年度制定预算案,在进入新的会计年度 90 日之前提交国会。国会要在新的会计年度 30 日之前作出议决。

8. 其他权限

国会有权审议国家预备费,国家发行国债时须经国会同意。计划外缔结条约,须事先获得国会的同意。审计院的税务调查结果须向总统报告,同时要向下一年度的国会会议报告。国会具有广泛的权力,监督和批评政府的日常工作。国会还有要求国务总理和国务委员出席会议和质问、对国务总理和国务委员的建议免职、财政经济应急处理命令和应急命令事后追认、要求解除戒严、对外宣战和军队海外派遣、国情监督调查、弹劾总统等权力。

9. 法院

韩国的法院共分三级,即大法院、高等法院和地方法院,还有专门性的专利法院、家庭法院和行政法院。大法院是最高法庭,审理下级法院和军事法庭的上诉案件。大法官由总统任命,但须经国会同意,任期为 6 年,不得连任,年满 70 岁必须退位。高等法院审理地方法院和家庭法院所作出的关于民事、刑事和行政案件裁决的上诉案件,以及法律规定的特殊案件。汉城和以下 12 个城市都设有地方法院,这些法院在本地区行使行政法院的职能。除上述各类法院外,还有军事法庭,负责审理武装部队成员及其文职雇员犯罪的案件。

10. 交涉团体和政党的国会议员议席数

按照现行的《国会法》,拥有 20 名议员以上的政治团体,可以组成国会交涉团体,作为国会党派协商中的主体。无党派议员如人数超过 20 人可以组成单独的交涉团体。各交涉团体选出自己的代表和组织秘书,负责与其他交涉团体谈判和磋商。目前的各政党国会议员议席数参见表 3.5。

表 3.5　韩国不同政党的国会议员议席数（2008 年）

交涉团体	政党	地区议员席位数	比例代表席位数	合计
大国家党	大国家党	131	22	153
民主党	民主党	66	15	81
共同交涉团体	自由先进党	14	4	18
共同交涉团体	创造韩国党	1	2	3
非交涉团体	亲朴联盟	5	8	138
非交涉团体	民主劳动党	2	3	5
非交涉团体	（创造韩国党）	—	—	—
非交涉团体	无党派	26	—	26
合　计		245	54	299

资料来源：著者整理。

四、政　府

1. 中央政府

根据韩国的总统体制，总统通过由 15～30 人组成并由其主持的国务会议行使行政职能。总统单独负责决定政府的各项重要政策。国务总理由总统任命，但须经国会同意。作为总统的主要行政助手，国务总理在总统的领导下监督各部的工作和管理国务调整室的工作。国务总理有权参与制定重要的国家政策，并出席国会举行的各种会议（韩国政府机构参见图 3.2）。

国务会议成员由总统根据国务总理的推荐任命。国务会议成员有权领导和监督自己的行政部门，筹划重要的国家事务，代表总统出席国会会议并说明自己的观点。国务会议成员集体和个人仅对总统负责。

除国务会议外，还有几个直接由总统本人掌管的部门制定和推行国家政策，这便是监查院、国家情报院、中央人事委员会和防止腐败对策委员会。这些部门的领导人由总统任命，但总统对监查院院长的任命须经国会认可。

监查院有权审查中央和地方政府机关、国营企业和有关组织的账目，有权检查政府部门滥用职权和政府官员的渎职行为。尽管监查院仅对总统负责，但调查的结果须向总统和国会报告。

国家情报院搜集国内外的战略情报及有关颠覆和国际犯罪活动的信息，策划并协调政府的情报和安全活动。

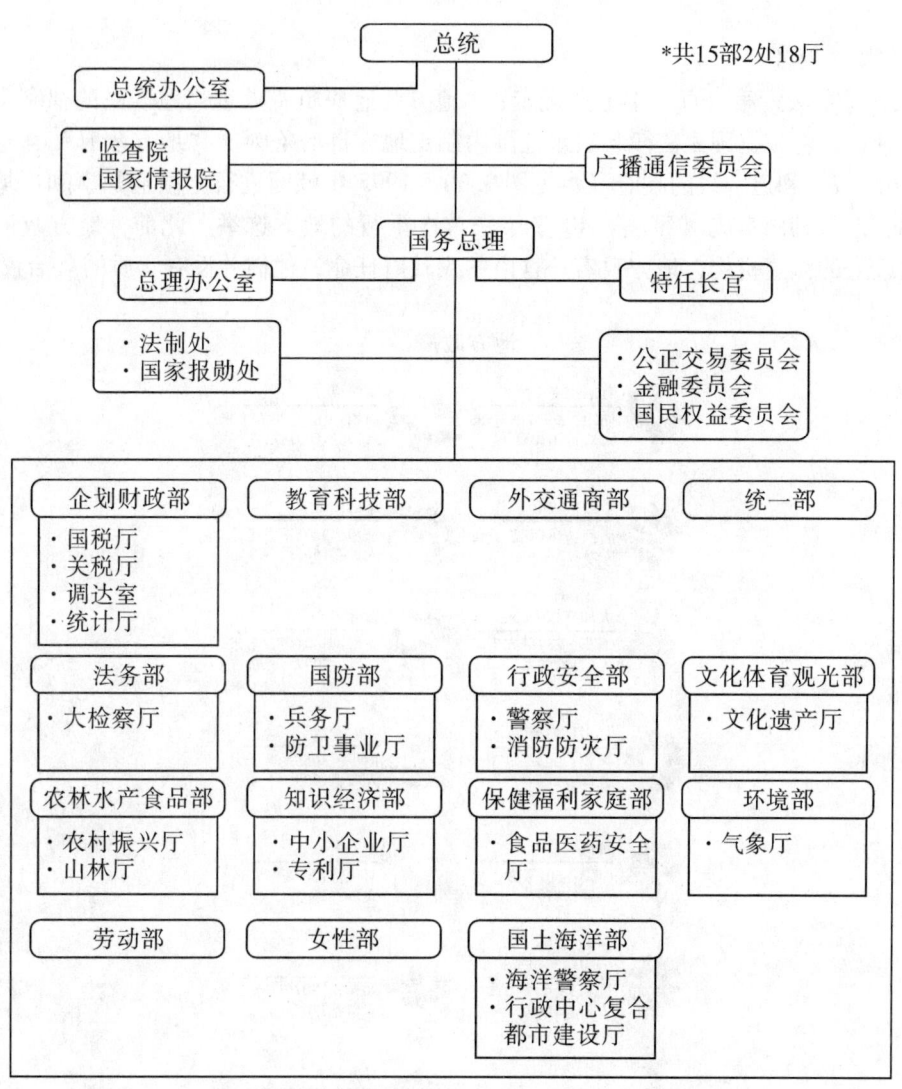

图 3.2 韩国政府机构

资料来源：韩国驻华使馆网站（http://chinese.korea.net/exploring.do）。

2. 地方政府

韩国《宪法》第一百一十七条规定："地方政府应负责处理当地居民的福利事务和财产管理,并将根据国家法律和法规范围内制定地方自治条例。""地方政府"在这里泛指16个广域市和道一级的政府(参见图3.3)。1995年韩国进行全国道知事和广域市长的选举,这是韩国实施《宪法》40多年来首次举行的地方选举。此前,地方政府仅仅是中央政府的派遣机构,地方政府长官由中央政府任命,他们并没有实质的自治权力。

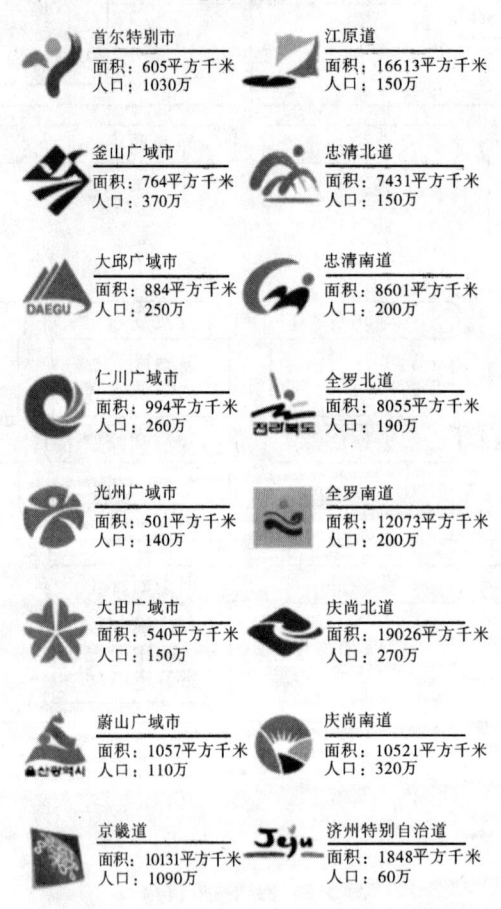

图 3.3　韩国地方政府
资料来源:同图3.2。

高度中央集权化的政府一直是韩国的固有传统，可以追溯到 600 多年前朝鲜王朝时期（1392—1910 年）。此后，虽然开始实施地方分权制和地方政府选举，但是经过漫长时间的发展，才实现了相当于当今众多先进国家的地方自治程度与范围。

1995 年第一次地方选举之后的第三年，在 1998 年 6 月举行了第二次全国地方选举。这之后，开始每 4 年进行一次地方选举。

根据《宪法》选举出的地方长官的职能包括：中央政府所赋予的职能，管理公共财产和设施的职能，评估和征收地方税费的职能，向地方国民提供各种服务和物品的职能，管理各种行政事务的职能。每个地方政府下设教育委员会，负责管辖范围内的教育文化事务。

3. 行政机制

目前韩国共有 16 个道级政府以及 230 个下一级地方政府（市级政府），包括 75 个市政府、86 个郡政府和道级广域市下的 69 个自治区政府。道级政府尽管具有一些独立职能，但基本上发挥着中央政府与市政府之间的中间作用。事实上，下级政府行政单位组织可与中央政府各部门一一对应，因此中央政府具体部门实行的政策与计划可以由道政府的相应部门进行处理。市政府的行政机制与道政府的行政机制类似。包括市政府下属的非自治行政区在内，各级政府的行政机制特点都可以用"统一"与"全面"两个词来概括。

市政府通过行政区机制向国民提供服务。这一机制由郡政府下设的邑与面和市政府所属的区政府下设的洞组成。每个市政府下面设立数个区，作为处理具体行政事务的地方办事处。根据管辖区域范围的大小，每个区的人口从 5000 人到 20000 人不等。区办事处主要具有从事例行和简单的行政管理和社会服务的职能，特殊和复杂的事务由市政府直接处理。还有一些公共安全、道路标志、防火和公立学校等基本职能将由中央或道政府通过各区办事处进行处理。另外，一些公共保健福利等其他职能也由道政府通过单独的移交机制进行处理。

截至 2000 年，地方政府公务员占政府公务员总数的约 35%，与 1998 年 32% 的比例相比略有增加。行政自治部在人员与预算方面发挥主要的监督与控制功能。地方政府雇员的甄别、录用、晋升与报酬全部与中央政府官员相同。中央政府确定的政策统一适用于全国。

4. 政府之间的关系

地方政府在关于地方政府的作用与职能、组织与人员和预算的决策方面极大地依赖于中央政府。地方政府的主要职能是根据中央政府各部门与机构的指导与导向，落实中央的各项政策与计划。地方政府不具备司法、执法、警察或教育机制。中央政府制定所有相关政策并在全国范围内实施。

在组织与人事方面,根据法律,地方政府次官由中央政府(行政自治部)任命。次官具有管理地方政府全部行政事务的权力。重大组织与人事结构调整需要通过上一级政府批准。录用、提升、业绩评估、工作环境与报酬等全部相关政策都由中央统一制定,以避免出现差异。

地方政府在财政方面也极大地依赖于中央政府。这主要是由于在中央与地方政府之间税收渠道分布不均造成的。

5. 改革努力

地方政府问题一直以来是改革的主要领域之一,这一状况今后数年将继续存在。由中央政府启动的重要改革措施将包括下列内容:通过减少人员和机构调整,对行政机构、地方公共企业和经济上得到地方政府支持的其他组织进行精简并引入高效管理机制。

根据行政自治部起草的改革计划,市政府行政区域办公室(邑、面和洞)将在总数上大量减少并转换为地区服务中心。电子居民注册卡制度将很快得到实施,以取代目前的纸制文件系统。现在由政府进行管理的污水处理厂、文化中心和体育设施也将并入到民营部分。行政与文职人员、体力劳动者、安保人员、垃圾清理人员、道路清扫人员与道路维护人员等绝大比例的非技术性工作将减少或解约。所采取的全部措施预计将精简87000名雇员,占全国地方政府工作人员的30%。此外,地方公共企业也将减少工作人员。

除了进行组织与人力缩减外,行政自治部正在计划引入一系列业绩管理新机制,以提高地方政府的效能。根据这一计划,政府将聘用更多专家进行评估,取代此前的年度检查。

第三节 政治转型(民主化)

一、威权政治的成因

从李承晚的专制政体、朴正熙的政府主导型改革、"维新体制"到金泳三的"文民政府"再到金大中的"国民政府",韩国在民主化的道路上步履维艰。韩国现代政治的发展历程就是民主不断推进的历程。1945年光复后,韩国现代化的启动就有与众不同的背景:美国在韩的军事存在和重要的政治影响力成为韩国立国的基础,韩国本身带有深重的儒教传统印记，还存在着日本殖民统治的"遗产"。

韩国前总统金大中总结到，"韩国的民主政治经过了许多艰难曲折。李承晚的威权主义和独裁政治统治了韩国 30 多年。后来，国民通过'四一九'学生运动和'六月抗争'，使国家重新走上了民主道路"。韩国的威权主义政权的产生和持续具有它自己的独特的成因。

（1）经济因素。现代化首先是经济的现代化。威权政治在韩国的产生和持续，无疑具有经济方面的深厚根源。韩国的现代化是一个"压缩式"的现代化，它意味着要在较短的时期内完成发达国家历经 300 余年的现代化任务。在现代化进程中，韩国政府的"专制"不仅介入国家的经济开发过程，而且也使国民的经济行为直接或间接地受政府强制性政策的摆布。这一现象虽然在 90 年代初期随民选政府的产生而消除，但韩国的市场经济制度在"开发专制"下逐步形成了一种以政府为中心的经济模式，政府几乎成了万能的指导者。

（2）历史因素。韩国历史上实行与中国相类似的集权主义统治，国家权力集中在中央。有人把韩国的这种权力结构称为"寡头集权官僚制"。

（3）文化因素。韩国具有儒家的意识形态和君主制的历史传统以及相应的政治文化。儒家政治文化的基本特征在于皇权主义、清官思想、等级观念、集团意识等，其核心是信奉"大一统"，要求实行中央集权。韩国是典型的儒家政治文化国家，甚至是"比中国还完善的儒教国家"。韩国以忠孝为支柱的儒教秩序，经过长期的体验和教化后，形成了一种独特的"整体号召机制"，这是韩国走上威权主义道路的文化基础。

（4）民主政治的尝试。1948 年，在美国的扶植下大韩民国政府成立，确立了西方式三权分立的制度框架，实行以李承晚为总统的总统中心制。美国将其政治文化移植到韩国，"输入了现代行政国家的概念"。但事与愿违，民主并没有完全落根于韩国，而是让位于威权主义政权。也就是说，西方议会民主制在战后的韩国未能发挥政治整合和政治稳定的功能，而是"水土不服"，韩国转而急速实行极权的"独裁统治"，李承晚政权颇为典型。李承晚最终在 1960 年的"四一九"学生运动中被推下权力宝座。

（5）国际因素。在"冷战"氛围下，特别在美国等西方国家长期大肆渲染下，韩国面临所谓"共产主义威胁"，成为美国反苏、反华的最核心的军事盟友或保护对象。

二、政治转型的标志

所谓"政治转型"是指由威权政体向民主政体的飞跃过程，一般也称为"民主化进程"。自 20 世纪 80 年代中期以来，韩国的威权政治体制步入转型期，开始了政治民主化的进程，形成了一股民主化潮流。韩国威权主义政治转型的标志大体如下。

（1）军人政府向文官政府转变。1993 年，金泳三作为第一个民选的文人总统上台，结束了军人长期主导韩国政治的历史,实现了从军人政府到文人政府的转变,开创了文人执政的新时代。金泳三内阁总共 25 位成员中,除国防部长是军人出身外,其他成员均是民间人士,这与历届内阁由军人把持的局面大相径庭。在这些新内阁成员中,有 5 名教授、学者,2 名律师,以及一些有改革倾向的议员、公务员,基本上排除了那些职业官僚、政客。金泳三政权对军队的成分也作了较大幅度的调整,相继撤换了国防部长、参谋长联席会议主席、陆海空三军总参谋长、各集团军司令,更换了 73.3% 的中将和 68.3% 的少将,以此清除全斗焕、卢泰愚安插在军内的"一心会"(指全斗焕以岭南出身、陆军士官学校学员为核心成立的军内秘密组织)成员。通过改革,军队与国家的政治活动实现了分离。因而,金泳三的上台被认为"是韩国历史上第一次政权和平过渡"。

(2)多党政治迅速发展。1962 年 12 月,韩国制定颁布《政党法》,但韩国政党在军政统治时期名存实亡,在野党多遭到军政当局的镇压。1979 年朴正熙政权结束之后,韩国政党活动才开始活跃起来。实际上韩国国民始终倾向于两党政治,而不是多党政治。

(3)立法机构的作用得到加强。韩国在 1987 年的新《宪法》中加强了立法和司法的权力,对总统权力进行了一定程度的限制,规定:总统任期只能一届;总统无权解散国会;只有经过司法认可,总统才可采取紧急措施;如果国会多数议员同意并提出要求,总统有义务解除紧急措施;等等。

(4)国民和利益集团的参政活动空前活跃。在 80 年代后期,韩国利益集团的政治参与也达到空前的水平,韩国大财团的政治参与在东亚国家中是比较少见的。大财团采取与政府合作的方式来影响政府的决策。此外,学生示威在韩国不断发生,工会的参与也日趋活跃。

(5)总统让权以及直选制度。韩国的国家权力结构也发生较大变化。总统由间接选举改为直接选举,缩小了总统的权限范围,如取消了总统的非常措施权和对国会的解散权,只赋予总统以紧急财政权和紧急经济权,并明确规定了使用这些权力的前提条件。

三、政治转型的推动力

韩国的政治转型的根本动力在于,经济现代化发展已取得相当成就,改变了韩国社会阶级结构,形成了市民社会及其相应的政治参与意识,为威权政治的转型提供了坚实的物质基础和前提条件。一个庞大的都市中产阶级是迫使韩国政治步入民主的最重要因素。从 1981 年到 1991 年,韩国全国高等院校在校生人数由 602 万人增加到 1340 万人。韩国适龄青年的大学入学率已经超过 50%,仅次于美国和日本而居世界第三位,进入了高等教育的"大众化时代"。现代化市场经济的发展和教育水平的提高无疑也有利于促进国民民主权利的形成，激发和强化公众的政治参与意识。人们为了自身利益、国家前途和民族的昌盛积极地参与竞争，力图对政治施加自己的影响，参与型民主政治的文化也就在这一过程中逐渐孕育和成长起来。

四、政治转型的特点

韩国跨入新兴工业化国家的行列，经济发展水平明显高于其他发展中国家。韩国的学者解释为：民主与经济发展密切相关，国家越是富裕，坚持民主的可能性相对越大。韩国从威权政治到民主政治的转型具有以下特点：

（1）渐进性与初级性。所谓渐进性，指政治转型并非一步到位，而是一个渐进的过程；所谓初级性，指韩国转型后的民主政体尚处于初级阶段，还不成熟，其政治转型还在继续中。

（2）民主化进程将经历长期过程。原因在于：现代民主在西方发展、演变和成熟的过程历经100多年，韩国政治转型的任务远未完成，正处在实现由威权体制向议会民主政治体制的转变之中，与真正意义上的现代民主政治尚存距离。

（3）有别于西方民主的"亚洲民主"模式。韩国的政治体制是以西方议会多党民主制为蓝本的。但任何一种政治体制都不是孤立存在的，它必须与一定的经济、历史、文化等多种因素有机契合，才会有生命力。民主可以被人为移植，但它必须适合自己的土壤，否则必将会枯萎、死亡。韩国前总统金大中提出了"探究亚洲社会的传统力量如何为更好的民主政体制造条件"的问题，包括："集体意识"，即认为个人是团体或社会的一分子，而非说"个人是民主和社会的中心部分"；强调共同的利益而非个人权力；接受和服从权威和等级制；虽然有时反对现政权和当权者，但它不是一个常见现象；实行"统治政党制度"，即指一个占主导地位的政党可掌权20～30年甚至更长；存在一套中央集权的官僚机构和一个有强大的干预能力的国家政府。

第四节　选举制度

现代韩国选举制度始于1948年5月的普选，选举法体系主要包括《总统选举法》、《国会议员选举法》、《地方议会议员选举法》、《地方自治团体首长选举法》。为了保证选举的公正性与选民的自由意志，消除选举不公正及选举过程中存在的各种腐败现象，同时为了创造一种健康、民主而和谐的选举文化，1994年3月韩国国会制定并颁布了《公职选举及选举不正当防止法》，现行选举制度即依此法而确立。

一、总统选举

大韩民国总统由全国范围内的平等、直接和无记名投票选举产生。19岁以上的国民赋予总统选举权,40岁以上的国民有被选举权。被选举人必须在国内连续居住5年以上。候选人需要政党或选民的推荐,选民推荐人数需达2500~5000人。总统候选人的参选登记费为5亿韩元。如果是唯一的候选人,需1/3以上选民投票当选。如果出现票数相等的两位以上候选人,须半数以上在籍国会议员再次投票,得票多数者当选。《总统选举法》第二百二十二条和二百二十三条规定,在选举有效日起30天内,如果对选举结果有异议,可以向法院提出诉讼。

在不同的历史时期,随着各国的政体和政府运营形态的不同,选举政府首脑(总统)的方式也不同,如国民的直接选举(法国)、通过选举人团的选举(美国)、议会的间接选举(土耳其)等。韩国也实施过国会的间接选举和国民的直接选举等不同选举方式。至2007年止,韩国共举行18次总统选举。其中国民直接选举11次,国会、统一主体国民会议、总统选举人团的间接选举6次,议院内阁制下的国会间接选举1次。

1948年7月20日,韩国实施的第一届总统选举是通过国会的间接选举,第二届至第四届总统选举是国民的直接选举。不过,1960年3月15日实施的第四届选举被判定为不正选举,选举结果无效。同年8月15日改间接选举为直接选举,重新实行全民投票选举总统。之后的7届均采用直接选举的方式。第一届至第七届总统的任期为4年。

第八届(1972年12月23日)至第十一届(1980年8月27日)总统选举均由国民直接选举产生的"统一主体国民会议"的议员间接选举,总统任期6年。第十二届(1981年2月25日)总统选举则采用通过选举人团的间接选举方式,总统任期7年。第十三届至第十五届总统选举均为国民直接选举,总统任期5年。此选举方式延续到现在。

第一任总统李承晚曾两次改宪,企图长期执政。1960年3月15日的不正选举成为导火索,引发了"四一九革命",导致了李承晚的下台。第三任总统朴正熙三次改宪,后任总统全斗焕实行7年任期制,卢泰愚在民主化宣言条件下的军部执政,金泳三文民政府的上台,金大中的在野党和执政党的政权交替等均在韩国选举史上具有重要意义。

韩国的总统选举投票率比较高,第一届至第十六届总统选举的平均投票率为86.6%,1960年的第四届总统选举的投票率高达97%,而2007年的第十七届选举的投票率只有63%,为历届最低。

二、国会议员选举

1. 选举方法和议员名额

目前韩国采用的选区制是小选区制与比例代表制并用的制度,以小选区制为主,比例代表制为辅。全国区国会议员的选举部分采用比例代表制，即政党向中央选举管理委员会提出候选人名单，按照政党所获得票的比例分配议员名额。符合以下 3 个条件之一的政党可获得全国区国会议员议席：在地区国会议员选举中获 5 席以上席位，获有效投票 5% 以上的票数，获 0.3%~5% 得票时分配 1 个席位。

市、道议会议员人数的规定是：国会议员地域选区或自治区、市、郡的基数是 3 名，超过 30 万人口的区域，人口每增加 20 万，基数增加 1 名。1991 年选举时，市、道议会议员总人数为 866 名，自治区、市、郡议会议员的人数是：每个邑、面、洞基数为 1 名，超过 2 万人口的邑、面、洞，人口每超过 2 万，基数增加 1 名。

2. 选举程序

《国会议员选举法》规定，凡年满 20 周岁的国民享有国会议员的选举权。享有选举权与被选举权者必须按照选举法的有关规定，参加选民登记，以获得选民资格。

在地方（自治区、市、郡）议会选举中一个选区所选议员人数没有统一的规定，由地方自治团体根据条例来确定。一般来说，80% 的地方采用一选区选一人的小选区制。

根据《国会议员选举法》规定，候选人必须得到政党或选民的推荐。其中市以下地方选举只有选民推荐一种形式，道以上地方选举有政党和选民推荐两种形式。一般来说，候选人只能在本人所在选区参选。但若有其他选区 200 名以上的选民联名推荐，也可在该选区参选。

候选人应按照中央选举管理委员会的规定，向管辖选区选举管理委员会缴纳保证金（表 3.6），其目的是防止乱提名候选人和保证候选人的诚实性。如果参选人半路退出选举或登记无效，以及候选人所得票数未达到法定票数时，除选举所用费用外保证金均上缴国库。当候选人被当选或死亡，或取得有效票数的 15% 时，在宣布选举有效之日起 30 天内退还全额保证金；当仅取得有效票数的 10%~15% 时，退还 50% 的保证金。

表 3.6　韩国参选保证金

参选目标	金额/韩元	参选目标	金额/韩元
总统	5 亿	广域自治团体议会议员	300 万
国会议员	1500 万	基础地方自治团体首长	1000 万
广域自治团体首长	5000 万	地方议会议员	200 万

资料来源：著者整理。

3. 竞选活动

《宪法》第一百一十六条规定了两项竞选活动的基本原则，即机会均等和选举公营制。选举法把《宪法》原则进一步具体化,规定了竞选活动自由原则、无报酬竞选活动原则与自由的竞选活动方法原则。

竞选活动自该候选人结束登录之日起到选举日前一天进行。法律禁止事前进行竞选活动。选举法对竞选活动中采用的不同竞选活动方法也作了非常详细的规定,主要有:宣传壁报、选举公报、小型印刷品以及其他宣传品;利用新闻广告,宣传候选人所属政党的政纲、政策及候选人的政见;利用集会,如政党演说会与公开场所的演说、座谈等形式进行竞选活动。

4. 投票程序和投票率

韩国选举法规定的选举程序主要包括投票、计票、开票、当选、宣布当选结果等步骤。从第一届到第十五届国会议员选举的平均投票率是 78.7%。除总统选举和国会选举外,道、市、郡等地方各级选举都是按照选举法的统一规定进行的,每 4 年举行一次。

5. 选举的管理

为了有效地组织和管理有关选举事务,韩国建立了自上而下的选举管理委员会:中央管理委员会,特别市、广域市、道选举管理委员会,区、市、郡选举管理委员会,投票区选举管理委员会。根据《选举管理委员会法》的规定,上级选举管理委员会有权取消、变更下级选举管理委员会与选举有关的违法或不当的处分。中央选举管理委员会的经费是独立的,单独列入国家预算。

对选举过程和选举结果有异议的政党、候选人与选民可以依据法律规定的程序,向上级机关或法院提起争讼,以维护自己的合法权益。在韩国,提起争讼的方法有两种,即选举诉请与选举诉讼。

第五节 南北关系

一、南北军事分界线("三八线")的由来

20 世纪初的日俄战争后,日本于 1910 年吞并朝鲜并实行殖民统治。朝鲜人民遭受日本殖民统治和奴役的情况,受到"二战"反法西斯同盟的关注。1943 年 12 月 1 日,由中、美、英三国发表的《开罗宣言》指出:"我三大盟国稔知朝鲜人民所受之奴隶待遇,决定在相当时期,使朝鲜自由与独立。"

1945 年 2 月,同盟国首脑聚会雅尔塔,商讨战后世界的安排等问题。会议期间,美

国总统罗斯福与苏联领导人斯大林在私下讨论了朝鲜问题。罗斯福认为：朝鲜没有自治能力，须由苏、中、美三国共同托管 20~30 年。1945 年夏季，同盟国首脑举行波茨坦会议。会后发布的《波茨坦公告》在朝鲜问题上重申了《开罗宣言》的内容。由于美苏两国在政治上的分歧和朝鲜半岛民众的激烈反对，朝鲜的托管问题未能实现。

1945 年 8 月 8 日，苏联政府对日宣战，向在中国东北的日军大举进攻，并越过中朝边境进入朝鲜半岛。美国政府对此反应迟缓，心里不安。于是美国提出在朝鲜半岛划出一条美苏分别接受日军投降的分界线。地理上，北纬 38 度线大致位于朝鲜半岛南北中央位置，美方就此建议以"三八线"为界，该线以北作为苏军对日受降区，该线以南则作为美军对日受降区。这样，原本统一的朝鲜半岛就被"三八线"人为地一分为二，长达 65 年之久。

1950 年 6 月 25 日，朝鲜战争爆发。美、苏、中三国不同程度地卷入这场战争。1953 年 7 月 27 日签署《朝鲜半岛军事停战协定》。由于没有签订和平协议，这场战争实际上仍然没有结束，只是出于休战状态。南北军事分界线也因此具有休战线的意义，同时又是"寿命"最长的"冷战"遗物。

二、南北统一问题

1948 年 8 月 15 日，在朝鲜半岛南部，李承晚组成了以自己为总统的大韩民国政府。同年 9 月 9 日，在半岛北部，组成了以金日成为首相的朝鲜民主主义人民共和国政府。虽然朝鲜半岛被分裂为两个政治实体，但双方均承认原本统一的国家、历史、民族、语言、文化传统等，并表示最终能达成统一目标，把朝鲜半岛还原为一个国家。

随着两极"冷战"格局逐渐淡化，南北关系也随之显现出和解的迹象。20 世纪 80 年代，南北双方分别提议"和平统一方案"，使"和平统一"的议题表面化。1980 年 10 月，朝鲜劳动党总书记金日成正式提出"高丽民主联邦共和国统一方案"，并提出了统一的三大原则，即自主、和平、民族大团结。1989 年 9 月，韩国总统卢泰愚提出"韩民族共同体统一方案"，统一方案要遵从三大原则，即自主、和平、民主。1991 年 12 月 13 日，南北双方达成《南北和解、互不侵犯及合作交流协议书》，双方同意将"自主、和平、民族大团结"作为统一的基本原则。虽然统一方案未达成一致，但超越"冷战"，双方寻求和平统一之路，是历史的进步。1991 年 9 月南北双方各自以独立的主权国家的身份共同加入联合国。

2000 年 6 月，韩国总统金大中访朝，第一次实现了分裂之后的南北首脑会晤，并签署了《"六一五"共同宣言》。双方一致认为，"南方和北方认为旨在实现统一的南方联合之统一方案和北方初级阶段的联邦制方案互有共同点，双方将朝着这一方向推进统一进程"。这是南北双方第一次互相认可对方的统一方案。

朝鲜政府一直坚持联邦制统一方案，核心内容有两点：一是朝鲜半岛将以一个民族、一个国家、两个政府、两种制度的方式实现统一，国号为高丽联邦共和国；二是统一后的高丽联邦共和国将永远是一个中立国家，没有外国军队驻扎，也不与任何国家结盟。韩国的邦联制统一方案即三阶段统一方案：第一阶段，南北结束目前的对峙状态，开始建设和解合作关系；第二阶段，南北双方依据交流、合作和相互信任原则建立和平机制，并在此基础上南北联合；第三阶段，南北通过民主程序建立立法机关和制定《宪法》，在此基础上通过大选建立统一国会和统一政府。尽管上述两种方案存在着诸多相似之处，但是"两个政府，两种制度"和"一个政府，一种制度"的目标还是存在着较大的差别。

2007年10月韩国总统卢武铉访朝，实现了第二次南北首脑会晤，并发表了《南北关系发展与和平繁荣宣言》，"朝鲜半岛统一"成为一个议程，但尚未进入实质性阶段，有待双方共同探索。

影响南北统一的因素有内因，也有外因。内因，诸如南北经济差距大，长期的敌对情绪一时难以消除，韩国国内的保守势力和进步势力对"统一方案"的立场的对立等；外因主要包括周边四大强国（中、美、日、俄）对南北双方及其相互关系的影响等。

虽然和平统一的进程艰难，但南北双方没有放弃过具体的努力（参见表3.7）。在国际场合，诸如在国际运动会双方派出单一代表队参与开幕式，包括2000年悉尼奥运会、2004年雅典奥运会，以及2006年都灵冬季奥运会，但比赛仍分队进行。1991年，在日本千叶举行的世界乒乓球锦标赛中，双方以单一联合代表队的名义参加。

表3.7 韩朝关系日志

时间	内容
1953年7月	朝中方面和以美为首的联合国军在板门店签订停战协定，为期3年的朝鲜战争结束
1971年8月	离散家属会面南北红十字会谈
1972年7月	《"七四"南北共同声明》
1972年8月	红十字会谈
1978年5月	南北体育会谈
1984年9月	朝鲜支援韩国水灾
1985年9月	离散家属艺术团互访平壤、首尔
1990—1992年	南北总理级高级会谈，签署《南北基本协议》
1992年12月	南北签订《离散家属基本协议》

续表 3.7

时间	内容
1994 年 7 月	金日成去世,南北最高会谈未实现
1995 年 6 月	韩国支援朝鲜 15 万吨大米
1997—1998 年	四方会谈建立和平与缓和机制
1998 年 4 月	北京南北副部长级会谈
1998 年 11 月	朝鲜向韩国开放金刚山观光
2000 年 6 月	金大中访问平壤,发表《"六一五"共同宣言》
2007 年 10 月	卢武铉访问平壤,发表《南北关系发展与和平繁荣宣言》
2007 年 12 月	韩国汶山站至朝鲜板门店站之间的货运列车开通,56 年来首次列车运行

资料来源:著者整理。

韩国历届政府均出台对朝政策,如金大中政府的"和解合作"的"阳光政策",卢武铉政府的"和平繁荣"的"包容政策",李明博政府的以"共生共荣"为目标的"实现以自由民主主义为基础的统一"政策。20 世纪 90 年代,卢泰愚政府和金泳三政府也曾提出以韩国式的自由民主主义实现朝鲜半岛统一的政策。

三、六方会谈

六方会谈是指由朝鲜、韩国、中国、美国、俄罗斯和日本六国共同参与的旨在解决朝核问题的一系列谈判。会谈于 2003 年 8 月开始,到 2007 年 10 月止,共举行过 6 轮会谈。

1993 年 3 月朝鲜退出《防止核武器扩散条约》是朝鲜半岛核危机的开端,国际社会开始对朝鲜施压,要求朝鲜弃核。这造成了 20 世纪 90 年代中期朝鲜半岛紧张局势的加剧。2002 年,朝鲜宣布要发展核武器,希望和美国有双方会谈。美国拒绝这个会谈方法,觉得会谈应该包含所有有关的国家。两国最后同意六国方法,但是也同意在会谈中间有朝鲜和美国直接会谈的可能。

会谈的前 3 轮以表示基本立场为主(参见表 3.8),第四轮开始接触实际问题。其中第四轮六方会谈第二阶段会议(2005 年 9 月 13—19 日)各方一致通过《第四轮六方会谈共同声明》(《"九一九"共同声明》)。朝鲜在声明中承诺,放弃一切核武器及现有核计划,早日重返《不扩散核武器条约》,并回到国际原子能机构保障监督下;美方在声明中确认,美国在朝鲜半岛没有核武器,无意以核武器或常规武器攻击或入侵朝鲜;朝鲜和美国在声明中承诺，将采取步骤实现关系正常化；朝日双方在声明中承诺，根据《朝日平壤宣言》，在清算不幸历史和妥善处理有关悬案基础上，采取步骤实现关系正常化；各方尊重朝鲜和平利用核能的权利，同意在适当时候讨论为朝鲜提供轻水反应堆的问题。这是一个里程碑式的文件，具有指导方向的意义，大家知道今后要做什么，而且还能放心地做事了。

表 3.8　六方会谈前三轮各方基本立场

会谈方	第一轮（2003年8月27—29日，北京）	第二轮（2004年2月25—28日，北京）	第三轮（2004年6月23—26日，北京）
朝鲜	美国必须改变对朝政策	要求与美签订互不侵犯条约	提出关于实施核冻结的具体方案
美国	朝鲜必须首先放弃其核武计划	坚持没有第三者在场，不与朝鲜举行双边会谈	不对朝鲜实行敌对政策，并首次提出解决核问题的全面方案
韩国	呼吁会谈各方保持对话势头	朝鲜应该完全放弃核计划，美国必须保证朝鲜的安全	首次提出了朝鲜弃核过程第一阶段具体实施方案
日本	对朝鲜进行援助要附加条件	日本敦促美国在朝鲜准备攻击日本时，能够对朝鲜实施打击	首次表示在一定条件下对朝鲜实施核冻结提供能源帮助
俄罗斯	对朝核问题提出"一揽子"解决方案	应当保证朝鲜半岛的无核地位，保持整个东北亚地区的和平与稳定	应该分阶段实现朝鲜半岛的无核化进程，最终解决朝核问题
中国	希望各方在北京可以谈出结果，谈出和平	希望看到一个无核化的、和平与稳定的朝鲜半岛	需要照顾朝鲜方面对国家安全方面的关切
会谈成果	达成一项主席声明，就下一轮会谈的时间进行商议。没有签署任何协议	达成一项包含七点内容的主席声明，内容主要包括：促成朝鲜半岛的无核化；强调与会各国应在和平共处、相互协调的前提下，积极采取措施解决朝鲜半岛核危机；原则同意在2004年第二季度在北京举行第三轮六方会谈	达成一项包含八点内容的主席声明，内容主要包括：确认承诺朝鲜半岛无核化地位；原则同意在2005年9月以前在北京举行第四轮六方会谈

资料来源：著者整理。

第五轮六方会谈第三阶段会议（2007年2月8—13日）通过共同文件《落实共同声明起步行动》（《"二一三"共同文件》）。根据该文件，朝方同意关闭和封存宁边核设施，并邀请国际原子能机构人员重返朝鲜进行必要的监督和验证。同年7月，朝鲜关闭并封存宁边核设施。10月3日，第六轮六方会谈第二阶段会议通过共同文件《落实共同声明第二阶段行动》。根据这一文件，美国和朝鲜同意继续致力于改善双边关系，向实现建立全面外交关系迈进。11月，朝鲜开始对宁边的三个核设施实行"去功能化"。后因朝美在核计划申报问题上产生分歧，该文件未能得到有效落实。2008年以来，有关各方就此进行多次磋商，以推动全面、均衡落实这一行动方案。6月26日，六方会谈发表主席声明，表示六方会谈落实共同声明第二阶段行动取得积极进展。朝鲜26日正式向六方会谈主席国中国提交核计划申报书。美国白宫在确认朝鲜提交核清单的同时宣布，美国将部分解除对朝鲜的贸易制裁，以及着手将朝鲜从"支持恐怖主义国家"名单中删除。

朝核问题取得重要的进展，和中国在会谈中的作用紧密相关。中国在会谈中积极、主动地协调各方关系，会谈全部在北京举行，中国又是多数重要文件的起草者，始终引导会谈向正确的方向发展。国际社会对中国在六方会谈中的作用评价很高，多数评价可归纳为：一是中国希望朝鲜半岛无核化，这既有利于中国的和平发展环境，又有利于亚太地区的和平和安全；二是中国希望朝美改善关系；三是中国应显示和平外交的力量和大国外交的能力。

第六节　国际关系

韩国自1948年建国以来，对外关系发生了重大变化。"二战"结束后，以美苏为中心的东西方对峙发展成了"冷战"。韩国在对外关系上大体与西方国家保持一致，尤以美国为重心。朝鲜战争结束后，韩国为了摘去贫穷国家的帽子，推行了以出口为先导的经济发展政策，同时扩大在世界各地的外交影响（参见表3.9）。韩国的地缘政治学位置（国家关系位置）和战后的发展历史表明，韩国的外交政策是在适应世界和周边形势的变化和国内政府的交替过程中演化的。

表3.9　韩朝建交情况

地区	韩国	朝鲜	同时建交国
亚洲	36	25	25
美洲	34	24	23
欧洲	53	49	48
中东	19	17	16
非洲	46	45	45
合计	188	160	157
与韩国未建交国：古巴、叙利亚、马其顿、科索沃			

资料来源：韩国外交通商部网站（http://www.mofat.go.kr/help/search/index.jsp），2009年。

一、外交政策沿革

1948年建国以后,韩国共经历了6个共和国时期和4届政府。韩国的"共和国"是指通过选举(或政变)出现的政权交替,或通过改宪建立起来的政权单位。

1. 第一共和国时期(1948年8月至1960年4月)

第一共和国是建国后的第一个共和宪政体制,总统李承晚。建国之初,虽百废待兴,但"确立国基"处万事之首。为此,韩国政府把政策目标确定为:维护社会治安,谋求国民经济的安定,开展取得国际社会承认其为"主权国家"的外交活动,争取美国的多方支援,等等。

"反共"的民主主义路线是当时韩国国家政策的主流。1948年12月制定颁布了《国家安保法》,以此限制和制裁反对国家的行为。这一时期又称为"反共安保外交期"。1950年1月26日,韩国和美国签订《韩美相互防卫援助协定》,这是第一共和国重要的外交事件和成果,这一协定成了后来美国参与朝鲜战争、给予韩国军事和经济援助以及建立韩美同盟关系的重要基础。美国、英国、法国等国家先后与韩国建交。韩国于1951年11月在联合国设立代表处。"反日"、"防日"也是韩国主要外交路线之一,对朝鲜则确立"北进统一"的路线。

2. 第二共和国时期(1960年4月至1961年5月)

第二共和国被评价为战后在韩国建立民主体制的起始政权,总统尹潽善,总理张勉。第二共和国在保障公民的基本权利,实行内阁制责任制、国会两院制、地方政府官员直选制和警察中立化等方面得到正面评价。第二共和国实行内阁责任制,所以又称张勉内阁政府。

在外交政策上,对美外交是国家外交的主线。为了缓解国内的经济困境,张勉政府要求美国加大经济支援的力度,并争取到了带有附带条件的3500万美元的特别支援。与第一共和国有所差异的是,此时韩国对日谋求关系正常化,对朝鲜政策由"北进统一论"转向"和平统一论"。

3. 第三共和国(1962年12月至1972年10月)、第四共和国(1972年10月至1981年3月)

第三、第四共和国都是朴正熙政府时期。这一时期的外交特点是"对美依赖"和"自主外交"共存。

第三共和国最主要的国家目标是大力发展民族经济,尽快摘掉贫穷的帽子。由于国内资金不足，所以实行了依赖于海外资本市场的"出口导向型"经济政策。这一时期韩国外交的主线是积极开展对美外交，争取美国在政治、军事、经济上的支持：政治上与美国的"反共"、"冷战"体系保持一致；军事上首先考虑本国的安全，保持与美国的同盟关系，允许美国驻军，支持美国的越南战争，并于1964年10月向越南派兵；经济上争取美国支援和贷款。

朴正熙时期韩日关系有了重大改善，于1965年12月实现了两国关系正常化。由于韩国被认为不是"二战"参战国，所以没有战争索赔权。被日本奴役了35年之久的韩国，后来以"独立祝贺金"（韩国称"对日请求权"）的形式得到了日本政府无偿支援3亿美元、政府贷款2亿美元和民间商业贷款3亿美元。浦项钢铁（POSCO）就是用这一资金建造的。韩朝关系也有了和解的迹象。1970年8月朴正熙发表《"八一五"和平统一宣言》。1972年，朴正熙派遣密使访问朝鲜，面见金日成主席，并发表了以自主、和平、民族大团结为原则的和平统一纲领，即《"七四"南北共同声明》。但是南北军事对峙状况和双方交流没有明显的改善。

1972年10月，朴正熙实施改宪，废除总统直选制和连任制，为自己当"终身总统"铺平了道路。韩国称这一事件为"10月维新"（维新《宪法》、维新体制），是以总统为中心的"独裁体制"，即第四共和国。

1972年2月，美国总统尼克松访华，决定从亚洲撤出一部分军队，也从韩国撤出一个师2万名兵力。这对韩国一个尚处休战状态的国家造成了紧张的气氛，同时也深感"对美依赖"外交之难处，决心走"自主外交"的路线。走"自主国防"之路，即国防现代化就是实例。在对日关系上，韩国对日经济依赖性加大。1962—1976年的三次"经济发展五年计划"实施过程中，平均26%的资金来自日本。其间，1973年8月在东京发生的"金大中绑架事件"曾给韩日关系造成了一定的负面影响。南北关系除了紧张的对峙外，大体上没有其他进展。

4. 第五共和国时期（1981年3月至1988年2月）

1981年3月，全斗焕出任韩国第十二届总统，开启了第五共和国时代。80年代中苏、中日关系缓和，美日对苏关系则趋于紧张。在这样的国际环境中，韩国奉行的外交政策是扩大和平与繁荣的基础，加强与美日的传统友好关系，在确保国家的安全的条件下加强经济外交。申奥成功和与社会主义国家的广泛接触，提高了韩国在国际上的外交地位。

全斗焕多方开展"首脑外交"，他在任期内访问过17个国家（其中访美两次），有48个国家的59名首脑和政要访问过韩国。全斗焕的"首脑外交"被称为"实利主义的多元化外交"。通过"首脑外交"，国际社会可以认识韩国为世界和平所作的努力，树立韩国在国际社会中的正面形象，更重要的是使韩国融入世界自由贸易体系，为国家带来实利。

这一时期的韩国积极主动地改善与日本的关系。1983年日本首相中曾根康弘访韩,签订了40亿美元的经合贷款协定。1984年9月,全斗焕访日,这是韩国政府首脑第一次正式访问日本。同年11月,美国总统里根访韩,废除美军的撤军计划,并答应为提高韩国军队的防御能力给予更多的支持。

5. 第六共和国时期(1988年2月至1993年2月)

1988年2月,卢泰愚出任韩国第十三届总统,韩国进入第六共和国时期。这一时期是韩国内政和外交的转换期。国内实现民主化,而国际局势发生了重大的变化,即"冷战"终结。第六共和国的外交理念可归纳为"民族自尊、民主、统一"。韩国国力的增强、申奥成功等大大高扬了民族自尊心。1987年6月,作为总统候选人的卢泰愚发表《"六二九"民主化宣言》,结束了韩国威权政治时代。

卢泰愚在外交上取得了巨大的成功。首先,与美国建立了"成熟的伙伴关系"。根据国际局势的变化和国内安保形势的要求,停止了1992年的"韩美协作精神(Team Spirit)"联合军事演习,这对缓解南北关系具有重要意义;在国内实行民主化,极大地迎合了美国的政治口味,这一政治举动充分加速了韩美关系的成熟;在经济通商领域,美国始终保持韩国第一贸易伙伴的地位。其次,卢泰愚推行"北方政策",全面改善与社会主义国家的关系,1990年与俄罗斯建交,1992年8月与中国建交。卢泰愚时期的这一外交成果一直延续到现在。再次,1991年9月,韩国和朝鲜共同加入联合国,这对朝鲜半岛南北之间的对话、交流以及相互制约具有非常重要的意义。在南北关系问题上,双方先后发表了《韩民族共同体统一方案》(1989年)、《南北基本协议书》(1992年,以"和解、互不侵犯、相互交流和合作"为主要内容)、《朝鲜半岛无核化共同宣言》等具有积极意义的文件。

6. 金泳三政府(文民政府,1993年2月至1998年2月)

从金泳三政府开始,韩国政权的交替是以和平的方式实现的,不是通过"政变"或"改宪"的方式转变的。所以,韩国的政权单位也不再使用"共和国"这一称号。金泳三政府又是三届军人政权之后的文人政权,又称"文民政府"。

金泳三政府的外交政策的重点可归纳为两点:在经济领域,韩国努力适应经济全球化,使韩国在世界经济舞台上确保一席之地;在安保领域,要解决因朝核问题而引起的自身的安全问题以及理顺由此产生的多方国际关系。韩国分别于1995年1月和1996年12月正式成为WTO和OECD的成员国,这是"世界化"政策的重要成果。同时,金泳三的"世界化"政策为提高韩国国民的全球意识做出了贡献。

1993年3月,朝鲜宣布退出《不扩散核武器条约》,朝核问题摆在了韩国外交的重要议事日程上。1994年6月，美国前总统卡特访问朝鲜，与金日成主席达成协议，建立"朝鲜半岛核能源开发机构"，朝核问题暂告一段落。卡特访朝之后，原定7月份举行南北首脑会谈，因7月8日金日成主席的突然逝世而未能实现。从总体上看，这一时期的韩国政府在解决朝核问题上缺乏主导性作用。

在韩美关系问题上，是否重新举行韩美协作精神军事演习和归还"作战统制权"等问题成了韩美之间的主要议题。在对日外交上，金泳三政府推行强硬路线，清算日帝残留，拆迁日伪时期的"朝鲜总督府"，强烈主张"独岛"的领土主权等。在金泳三政府时期，中韩关系有了新的发展，主要表现在"首脑外交"、经济交流、围绕朝核问题的紧密协作关系上。

7. 金大中政府（国民政府，1998年2月至2003年2月）

在韩国的宪政史上，金大中政府是第一次实现朝野政权交替的政府。在外交政策上，金大中政府提出了四大目标：克服经济危机，构筑再次腾飞的基盘；确立朝鲜半岛的和平安保体系；利用文化外交，提高韩国的国际地位；保护和支援海外同胞的权益和自立。

1997年1月，虽然韩国遭受亚洲金融风暴袭击，但金大中政府积极开展与WTO、OECD、APEC等国际经济组织的外交活动。诸如在多哈发展议程（DDA）谈判中，韩国为消除不公平贸易惯例做出了不懈的努力。金大中认为，21世纪是文化的世纪，一个国家的文化的力量直接与国力相关。金大中政府积极展开诸如签订文化协定、支援海外韩国学研究活动、向海外派遣艺术使团、鼓励地方政府开展与国外的文化外交等文化外交。文化外交又促进了韩国的对外贸易，吸引了更多的外国直接投资。金大中的文化外交堪称"文化富国"的典型实例。

在对朝政策上金大中认为，要实现朝鲜半岛的和平，必须得到周边国家的协作和参与，中、俄、日与韩的关系尤为重要。"首脑外交"、"外相外交"、国际会议等都成了加强协作关系的途径。"阳光政策"是金大中政府对朝政策的核心。其要点是：韩国不容忍朝鲜任何武力挑衅，韩国不接受任何被朝鲜吞并的方案，韩国主动寻求与朝鲜进行合作。虽然"阳光政策"遭到一些异议，但具有更多的积极意义，推动了南北关系的发展。2000年6月，金大中访问平壤，实现了第一次南北首脑会谈，并发表了《"六一五"南北共同宣言》。该宣言的主要内容包括自主实现统一大业、解决离散家属和战俘问题、加强各方面的交流、加强政府间对话等。同年，金大中获诺贝尔和平奖。金大中访朝以后，大量离散家属会面、京义线和东海线铁路开通、金刚山观光、韩日共同举办世界杯、克服经济危机等都是这一时期的外交成果。

韩美关系是韩国对外关系的基石。在克服经济危机和对朝实行和解政策的过程中，金大中政府始终保持与美国的对话，寻求美国的理解和支持。两国在钢铁、汽车、知识产权以及扩大投资等问题上维持紧密的伙伴关系。韩日关系在迂回曲折中向前发展。日本的教科书问题、参拜靖国神社等问题对韩日关系产生很大的负面影响。2002年，韩日共同举办世界杯，为改善两国关系提供了契机，两国分别举办"国民交流年"活动。中韩关系方面，1998年11月，金大中访华，两国最高领导人同意建立面向21世纪的合作伙伴关系；2000年10月，朱镕基访韩，宣布将中韩友好合作关系推向全面发展的新阶段。中韩政治、经济、文化交流进入全面发展阶段。

8. 卢武铉政府（参与政府，2003年2月至2008年2月）

在韩国，卢武铉政府的出台被评价为"市民社会的胜利"，因为是民众把没有政治背景的卢武铉推上了总统宝座，使之成为韩国历史上第一位"平民总统"，"参与政府"的意义也在于此。卢武铉政府提出了三大施政目标：实现国民参与的民主主义，建设和谐的均衡发展社会，开启和平、繁荣的东北亚时代。

在对朝政策上，卢武铉政府大体上继承了"阳光政策"的基干，以经济援助换取和平与稳定。2006年10月，朝鲜举行核试验，朝鲜半岛的紧张关系达到了顶点。之后的韩朝关系的协调，基本上是在六方会谈的框架之内进行的。2007年10月，卢武铉徒步越过"三八线"访问平壤，实现了第二次南北首脑会晤，并发表了包括8项条款的《南北关系发展与和平繁荣宣言》。卢武铉首次经陆路跨越韩朝军事分界线，是要向全世界表明，他要把"最后一个'冷战'地带"转变成为"和平地带"的意愿和决心。

2003年5月，韩美举行首脑会谈，并发表共同声明。其主要内容是：将韩美同盟关系扩展到所有领域，加强面向未来的合作，把同盟关系提升到"综合型、动态型"同盟关系。之前的韩美同盟关系多显军事同盟的成分，而这次声明包括了政治、经济、文化等诸领域，真正达到了扩大和深化两国关系的目的，结成了完全的伙伴关系。卢武铉政府时期与美国主要的外交事件还有：2003年，韩国出兵伊拉克；韩国没有参与美国的导弹防御（MD）体系；要求归还韩美联合司令部的"战时作战统制权"；2007年4月，两国签订《韩美自由贸易协定》。

卢武铉政府在对日关系上立场强硬。特别在独岛问题上，卢武铉总统亲自发表国民谈话，强烈谴责日本的挑战行为，称"日本对独岛的领土要求是对韩国的解放和独立的否定行为"，韩日关系被评价为"刻薄的外交战争"。虽然日本政府的更迭为韩日关系带来了一些缓和的迹象，但没有什么重大的突破。

在对华关系上，2003年7月，卢武铉就任之初访华，同中国最高领导人胡锦涛确定了发展中韩两国全面合作伙伴关系。2005年11月，胡锦涛访韩时，同卢武铉就进一步扩大和发展两国关系达成了共识。2006年10月，卢武铉第二次访华，进一步深化了两国间发展全面合作伙伴关系的协议。卢武铉是首位在任期内两次访华的韩国总统。卢武铉政府在对待朝核问题上，努力与中国采取协调的立场，争取中国在朝核问题上发挥更加积极的、肯定的作用。卢武铉认为，中国加入 WTO、申奥成功、上海申博成功等对韩国产生积极的影响。他对中、韩、日的合作前景也有比较乐观的估计。

9. 李明博政府（2008 年 2 月至今）

李明博在外交安保政策上标榜"实用主义"，包括对朝鲜的政策均以"实用主义"应对，其潜台词可理解为加强韩美同盟、促进朝鲜的改革开放。为了确保国家经济的发展，李明博重视"资源外交"，把"资源外交"的行动半径扩大到中东、中亚、非洲等地区乃至全球范围。

李明博对朝鲜的政策要点是"弃核、开放、3000"：如果朝鲜弃核，推行改革开放政策，韩国可以帮助朝鲜实现 10 年后人均 GDP 达 3000 美元。朝鲜方面并未对此给予积极的回应。对朝核问题李明博坚持"需要本着耐心和谨慎的态度推动（朝鲜弃核）进程，我关注加强与美国、日本、中国和俄罗斯等六方会谈其他相关方的合作"。

虽然"牛肉风波"使韩美关系有所冷却，但对韩美关系的基调并无大的伤害。李明博曾对此表示，"将尊重并进一步加强传统的韩美关系"。自 1948 年韩国政府成立以来，韩国政府的外交政策始终以韩美关系和南北关系为主轴展开，在维护韩美同盟关系基础上展开对中关系、对日关系、对俄关系等。李明博政府也不例外。李明博曾表示积极参与美国 PSI 公司的精确空投系统（PADS）项目和 MD 计划，继续保持在韩美军。

李明博政府对日关系的立场是"不要过分纠缠过去历史，要面向未来，要向前看"，但对独岛问题等具体问题则采取强硬的路线。

李明博就任后先后访问美国和日本。2008 年 5 月李明博访华，将中韩全面合作伙伴关系提升为战略合作伙伴关系，这标志着两国关系进入了新的发展阶段。李明博强调，韩方愿成为中国真正的伙伴，与中方共同努力，推进两国关系向更深、更广、内涵日趋丰富的方向发展，并为促进东北亚地区的和平稳定做出积极贡献。

二、外交政策基干与主要成果

"冷战"时期，韩国被视为西方集团一员。20 世纪 70 年代以来，韩国外交政策的基点是促进朝鲜半岛的独立与统一，奉行"亲美一边倒"外交政策，同时也表现出"灵活、自主的实利外交"的特点。80 年代后期，韩国提出"北方外交"政策，积极发展与社会主义国家的关系，实行"主动、积极、多边"外交政策。90 年代初，韩国与朝鲜同时加入联合国，韩国还先后与苏联、中国等国建交。韩国现行的外交政策基干可归纳为：维护东北亚的和平与安全，坚持朝鲜半岛的无核化；实现南北和平统一；积极开展跨入先进国家行列的经济外交；积极开展与中美日俄的"能动外交"，同时拓展与欧盟、东盟及中东、非洲、拉美等地区的政治、经济关系，并积极参与国际和地区事务。

2007年，韩国外交政策强调"经济通商外交"，视确保稳定的海外市场和提高国际竞争力为国家外交政策重点之一。为适应全球经济区域化，韩国积极参与和促进与美国的自由贸易协定，并于2007年4月签署该协定。韩国进一步促进与欧洲、加拿大、印度、墨西哥等的自由贸易协定谈判。资源外交始终是韩国外交的重要内容，2007年韩国总统对中东三国的访问以及与伊拉克的能源部长级会议都是为其能源外交所做出的努力。总体上韩国的外交具有"实用主义"走向，外交成果颇丰（表3.10）。

表 3.10 韩国在外交舞台上的主要成功事例

年份	成功外交事例
1988	举办第二十四届奥运会
1991	加入联合国
1995	被选为联合国安理会非常任理事国
1996	加入经济合作与发展组织（OECD）
2002	韩日共同举办世界杯
2005	10月止与185个国家建立外交关系
2005	进入世界十大贸易国行列
2006	10月14日韩国外长潘基文当选为联合国秘书长

资料来源：著者整理。

1988年韩国举办第二十四届奥运会。汉城申办奥运会，是韩国政府"和平统一外交政策"的一个重要步骤。韩国为提高本国的国际形象和国际地位，于1973年制定和实施"和平统一外交政策"，倡导"门户开放"，措施之一就是积极进行体育文化外交，并争取主办1986年亚运会和1988年的奥运会，韩国政府给予了大力支持。通过成功举办奥运会，韩国的国际地位大大提高，增强了国民的凝聚力，坚定了向先进国家迈进的信心。朝鲜没有参加该届奥运会，而以中、苏为首的大多数社会主义国家均参加了这次奥运会。

1991年9月18日，在第四十六次联合国大会上韩国和朝鲜同时被接纳为联合国成员国。1969年日本学者神谷不二首先提出中、苏承认韩国，美、日承认朝鲜的交叉承认方案，1974年美国副国务卿P. C. 哈比卜也主张这一方案。1975年9月美国国务卿基辛格在联合国大会上再次提出类似的主张，但没有得到南北双方的积极回应。1988年10月，韩国总统卢泰愚积极促进南北双方同时加入联合国，并于1991年9月得以实现。这是韩国积极推行北方政策、改善与中国和苏联的关系的结果。1992年朝鲜也开始与美国的高位外交官接触，商谈战时美国军人遗骸问题、核武器接触等。

1996年11月韩国加入被称为"富人俱乐部"的经济合作与发展组织（OECD）。这有利于韩国迅速把握世界经济动向和变化，能动地参与世界经济秩序的形成，促进韩国的经济先进化。

2006年10月，韩国外交部长潘基文（图3.4）当选联合国秘书长。潘基文是联合国历史上的第八任秘书长，也是继缅甸的吴丹之后第二位来自亚洲国家的联合国秘书长。韩国政府和韩国国民视潘基文当选联合国秘书长为国家外交的大事和胜利。潘基文（Ban Ki-moon），1944年6月13日出生于韩国忠清北道忠州市的一个农民家庭。他从小就立志成为一名外交官，并为此刻苦学习英语。高中二年级时，他曾作为韩国全国选拔出的4名获美国政府奖学金的学生之一，前往美国学习。1970年，他以优异成绩从韩国国立首尔大学外交学专业毕业。

图3.4 现任联合国秘书长潘基文

大学毕业后，潘基文又以优异成绩通过外交部高级公务员考试，开始走上长达36年的外交官生涯。除了在外交部工作外，潘基文还曾在韩国多位总统和总理身边担任要职。1985年，潘基文在美国哈佛大学获得行政学硕士学位，回国后即被推荐前往国务总理秘书室负责礼宾事务。1996—1998年，他出任金泳三总统的外交安保首席秘书官，负责外交和安全事务。2003—2004年，他担任青瓦台总统府外交助理。作为一名职业外交官，潘基文勤奋、沉稳，具有出色的口才和非同寻常的记忆力。

第三章思考题

1. 简述韩国《宪法》的基本原则和核心要点。
2. 为什么对朴正熙驾驭经济能力的评价高于其他韩国总统？
3. 简述韩国的政党特征。
4. 韩国国会的主要权限有哪些？

5. 韩国多次改宪的目的是什么？
6. "三八线"是如何形成的？
7. 简述朝鲜政府的联邦制统一方案的核心内容。
8. 简述韩国政府邦联制三阶段统一方案。
9. 试论述中韩关系发展特点。

第三章参考文献

1. 韩国外交通商部．外交年表（2006年）
2. 韩国外交通商部．外交白皮书（2008年）
3. 金兴奎．韩中战略伙伴关系的形成与韩中关系．外交安保研究院，2008
4. 郑判龙．韩国简明百科全书．牡丹江：黑龙江朝鲜民族出版社．1999
5. 韩国国家政策网（http：//blog.korea.kr/intro/intro.html）
6. 韩国东亚日报（http：//www.donga.com/）
7. 韩国朝鲜日报（http：//www.chosun.com/）

第四章 韩国的经济

第一节 经济发展战略

一、经济发展特点

1. 汉江奇迹

韩国是第二次世界大战后崛起的新兴工业化国家。1910年"韩日合并",韩国遭受日本殖民统治长达35年,原是一个贫穷落后的农业国。韩国从1962年开始实施"经济开发五年计划",到1996年已实施了7个五年计划。

建国60年以来,韩国经济飞速发展,取得了举世瞩目的成就。1953—2007年,韩国国内生产总值(GDP)从13亿美元增长到9699亿美元,增长745倍;人均国民收入(GNI)从67美元增长到20045美元,增长298倍(图4.1);除1956年、1980年(石

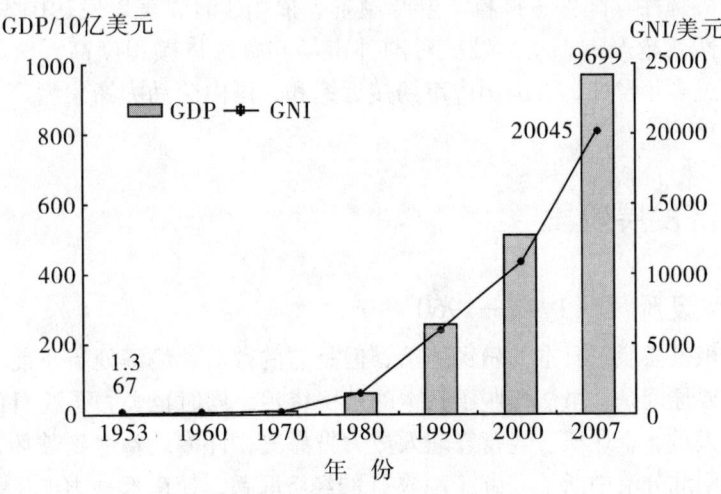

图4.1 韩国GDP和GNI变化
资料来源:《韩国统计年鉴(2008年)》。

油危机)、1998 年（金融危机）3 个年份之外，韩国经济增长率一直保持正增长，平均达 6.8%。韩国经济长期保持如此高的发展速度，在世界经济发展史上也是罕见的，不负于"汉江奇迹"之美名。

2. 政府主导、大企业集团唱主角的经济

政府在韩国经济发展过程中发挥了主导作用，主要表现在两个方面：第一，建立政府主导的金融体系，通过配置资金来控制经济发展；第二，政府设立经济企划院，负责制定经济发展计划和经济政策，成为政府干预经济的强有力的手段。大企业作用举足轻重，三星、现代、SK、LG 等大企业集团数量虽少，但创造的价值在国民经济中所占比重超过 60%。

3. 产业结构迅速升级

韩国服务业和制造业比重不断上升，农林渔业比重日益降低。重化工业在制造业中占较大比重，尤其是造船、石化、汽车、电子等行业发达，并在世界范围内具有较高的市场占有率和影响力。工业结构迅速升级，第一、二、三产业结构由 28∶26∶46（1970 年）转变为 3∶40∶57（2003 年），向发达国家型转变。

4. 辅助产业的高度对外依赖性

韩国的技术优势总体上在于组装加工等生产领域，基础技术的研究与新产品研发能力尚较落后。关键性零配件、材料、生产设备等依赖于日、美等发达国家，出口越多，对进口的依赖性就越严重。经济发展对国外市场和资源依赖程度高，贸易依存度高达 60% 以上。经过多年发展，韩国国内市场接近饱和，国内劳动力密集型产业正逐步向中国等国进行转移。

二、经济发展阶段

1. 战后恢复阶段（1945—1960 年）

战后韩国虽然摆脱了日本的殖民统治，但是它的政治、经济处于空前混乱与极度衰退之中。其主要原因是：虽然摆脱了日本的殖民统治，同时也失去了往日的经济运营机制；日本技术人员、企业家、经营管理人员大批撤离，许多设备遭到破坏，致使大批企业陷入瘫痪；南北分治中断了"北工南农"的经济联系，使南部动力、矿藏和其他原料及设备得不到供应；通货膨胀引起物价急剧上涨，导致社会动荡。

战后初期，韩国处于美国军政统治时期（1945 年 9 月至 1948 年 8 月）。为了稳定战

后混乱的社会经济局面，美国通过占领区救护资金和经济协助处（ECA）资金，向韩国提供了相当于5.3亿美元的救护物品和其他生活必需品，包括粮食、衣服、固体燃料、石油、原棉、纺织品、通讯运输器械、建材等物资，还向韩国出口小麦、面粉、砂糖等农产品，一定程度上缓解了韩国物资供应紧张状况。

1948年8月，大韩民国成立，制定了第一部宪法，规定了自然资源的国有原则、重要产业的国营原则和土地改革原则。为健全经济管理体制，韩国政府成立了经济企划处，作为经济计划的统一管理机构，同时成立经济委员会，作为经济企划处的咨询机构。此外，为消灭封建土地所有制，实现耕者有其田，1949年6月国会通过了土地改革法案，规定每一农户拥有土地最高限额为3町步（约合44.3市亩），超出部分和一切非自耕部分由当局作价收购，有偿分给无地或缺地农户。美国继续执行对韩经济援助政策。1948年12月至1950年6月，美国向韩国提供了相当于1.5亿美元的物资援助。这一时期，韩国经济政策的重点是控制通货膨胀，稳定物价，发展农业和日用消费品工业。1950年3月公布的"稳定经济15项原则"更集中地反映了当时的政策措施，后因战争爆发而未能实施。

1950年6月25日，朝鲜战争爆发。历时3年的战争使正在恢复的韩国经济又一次遭到严重破坏，直接经济损失达31亿美元。从1950年至1953年，韩国得到美国5.2亿美元的援助，其中"战时经济援助"1.1亿美元，"韩国民间救护"2.3亿美元，"联合国赠与救护"0.8亿美元。这些援助对维持韩国战时经济起了一定作用。

1953年7月，朝鲜战争结束，韩国经济在外援条件下开始恢复。1953—1960年期间，联合国韩国复兴团和美国分别提供了1.2亿美元和17.45亿美元的援助，基本上都是无偿援助。这一时期韩国的政策目标是：通过对战争灾害的扶救，恢复生产能力；维持强大的军事力量；提高民间消费水平。从1957年下半年开始，韩国实施了强有力的"财政安定计划"，取得了明显的效果，通货膨胀率、粮价大幅度下降，物价相对稳定。同一时期，韩国在教育投资、人才培养、农地改革、进口替代等方面取得了一定的成就，为日后的经济发展打下了一定的基础。

2. 经济开发与高速发展阶段（1961—1979年）

1960—1965年是韩国经济政策的转变时期。韩国政府放弃了以往的"经济安定"政策，把经济发展战略重点转向工业化，由进口替代战略转向出口主导型战略，以此实现经济快速增长。作为实现这一战略目标的手段，政府开始实施"经济开发五年计划"，经济以出口为主导，实现了连续30多年的高速增长。这一阶段，韩国成功地实施了3次"经济开发五年计划"，并取得了惊人的成就。1962—1979年，年均经济增长率高达9.8%，国民生产总值由23亿美元增加到385亿美元，国民人均收入由87美元增加到1640美元，出口年均增长40%，出口商品由5480万美元增加到151亿美元。经济的快速增长使经济结构发生了巨大的变化，矿业和制造业占国民生产总值的比重由 16.3% 增加到 30.3%，农、林、渔业占国民生产总值的比重由 36.6% 降到 19.1%。经济结构的这种变化标志着韩国实现了产业结构的提升，逐渐趋向现代产业结构。韩国的国民生活水平也发生了质的变化。绝对贫困的人口比率由 1965 年的 40% 减少到 1980 年的 10% 以下，非农部门的失业率由 1963 年的 16.3% 下降到 1979 年的 5.6%。

这一时期，韩国充分利用了较有利的国际政治经济环境，加快了本国经济与国际经济的接轨，积极参与国际分工，发挥比较利益优势，争取后发性利益，加速了产业结构的不断升级。1962—1972 年，韩国重点发展劳动密集型产业，加强基础设施建设。1973—1981 年，韩国集中发展了以钢铁、造船、有色金属、石油化工、汽车制造、电子产业为重点的重化工业，并制定了一系列发展重化工业的计划和措施，如《汽车工业综合培育计划》（1964 年）、《电子工业振兴法》（1969 年）、《造船工业振兴法》（1969 年）、《钢铁工业培育法》（1970 年）、《石油化学工业培育法》（1970 年）、《四大核电站建设计划》（1970 年）、《重工业出口产业化 10 年计划》（1972 年）、《肥料工业培育计划》（1973 年）、《非金属工业培育计划》（1973 年）、《水泥工业培育计划》（1973 年）、《纸浆工业培育计划》（1973 年）和《产业基地开发促进法》（1974 年）。总之，韩国在政府主导下，采取一系列刺激经济与发展出口的财政、金融政策，通过实施出口主导的经济开发战略，实现了经济的高速发展，创造出"汉江奇迹"。

3. 调整经济结构与稳定增长阶段（1980—1996 年）

20 世纪 60—70 年代，韩国由于扩大外延性的经济规模，偏重于出口产业，忽视了内需产业，尤其 70 年代的重化工业的过快发展使经济结构失去平衡，加上第二次世界石油价格波动，造成了国民经济的比例失调。1980 年，韩国经济出现 1956 年之后的第一次负增长，结构性通货膨胀加剧，国际收支赤字达 53 亿美元。此外，随着经济规模的扩大和市场机制的不断完善，政府主导经济的能力和效率下降，要求民间主导经济的呼声越来越高。面对这些问题，韩国不得不进行政策调整和结构转型，使经济由政府主导型转向民间主导型。

1980 年，韩国政府采取强有力的行政手段，促进了经济安定化和自由化，调整了经济结构。通过不断的调整、改革、转型，从 80 年代初开始物价趋于稳定，经济发展速度有所加快。从 1986 年起，韩国经济在调整的基础上，利用国际上"三低"（低利率、低汇率、低油价）的有利条件，出现了连续 3 年高涨的局面。1986 年经济增长率达到 12.9%，消费品物价增长仅为 2.8%，国际收支首次出现 46 亿美元的黑字。1988 年人均国民生产总值达到 4127 美元。这一年，韩国还成功地举办了第二十四届奥运会。

1989 年以后，虽然外部环境发生了变化，韩国减缓了内部调整的速度，经济出现回落，但年均经济增长率一直保持 5% 以上。总之，从 60 年代开始的经济高速增长促进了韩国经济的快速发展，使韩国经济上了一个新台阶。进入90年代，韩国面临着如何跻身于发达国家行列这一新的挑战，政府为此制定了一系列面向21世纪、跨入发达国家行列的规划和措施。1992年，在野党领袖金泳三当选为总统。他在就职演说中说："韩国正患着'韩国病'，世人称道的'勤劳'和'创造意识'正在消失，价值观变得越来越模糊，社会基础正在发生动摇。"他还指出："我们需要走一条种崭新的道路，这条路将是质的飞跃之路。"金泳三提出的"质的飞跃之路"，就是要建立一种新的经济机制，旨在政府主导的原则下，将资源分配给企业，企业利用低工资和引进的先进技术生产商品，然后销售到国际市场。金泳三政府提出了"新经济百日计划"和"新经济五年计划"，推行新的经济政策，建立新韩国，其主要目标是到2000年使韩国跨入发达国家行列，成为东亚经济大国和世界经济大国。

4. 金融危机和再起飞阶段（1997年至今）

1997年7月爆发的亚洲金融危机曾使韩国经济濒临崩溃，给韩国经济和社会带来了深远的影响。这场危机表面上看是由于外汇储备不足、短期外债过多、金融机构坏账和企业负债经营等原因引发的。但韩国经济界普遍认为，政府过度干预导致市场机制失灵和企业轻视经济效率才是导致韩国在金融风暴面前不堪一击的根源。

韩国一直推行国家主导型经济发展模式。政府通过制定产业政策、扶植重点企业、影响银行信贷等手段，在经济中发挥着决定性作用。这种模式忽视市场效率和透明度，缺乏有效的市场制约和调节机制，使企业在政府支持下不计成本地盲目扩张，为韩国经济埋下了隐患。由于缺乏透明度，这一模式还导致了"政经勾结"腐败现象的泛滥，违背了公平竞争的市场原则，进一步加剧了经济发展的失衡。

金融危机爆发以后，韩国政府决定转变职能，由经济发展的具体参与者逐步转变为政策制定者和协调者。政府减少了对企业经营和银行的直接干预，把重点放到规范市场竞争和依靠市场机制上。

在金融领域，韩国政府采取了推动银行重组、实行银行信息公开制度、向外资开放金融业等措施，并成立了金融监督委员会、金融监督院等机构对金融业依法进行监督和管理，割断了以往政府、银行、企业之间的三角关系，提高了金融业的效率和透明度。经济效益取代政府意志成了韩国银行经营的准则。韩国银行的不良债权率也从1998年的9.8%下降到2006年的1.9%。

20世纪90年代中期，韩国前十大财阀拥有的财富相当于韩国全年国民生产总值的77.3%。财阀经济在推动韩国经济发展的同时，普遍存在过度负债经营、盲目扩张、暗箱操作、内部交易、效率低下、竞争优势不明显等诸多问题。金融危机爆发后，韩国政府认识到财阀体制的弊端是引发危机的重要原因，韩国经济需要的不是财阀，而是管理健全、实行透明化经营和具有竞争力的企业。因此，韩国政府一方面促使财阀"瘦身"，进行以保留核心产业为特点的产业重组;另一方面,韩国政府通过制定法规迫使财阀企业打破家族式经营,引进外部资本和外部经营管理人员,提高经营透明度。韩国政府不再充当财阀的"保护神",改变了一味扶持大企业的政策,鼓励中小企业发展。"政经勾结"等财阀体制下的腐败现象在政府的严厉打击下逐渐成为历史。

金融危机的爆发,使韩国看到了产业升级的必要性,促使韩国产业结构向高新技术转型。近年来,韩国政府一直积极支持通信技术、生物技术等高新技术的发展。韩国制造业也提升了技术水平,完成了由劳动密集型向技术密集型和高附加值产品生产的过渡。通过科技创新和产业升级,韩国的造船、电子、汽车和钢铁产业实现了新的飞跃。

曾经在金融危机面前摇摇欲坠的韩国经济,经过近10年的调整和改革,再度焕发出了旺盛的生命力。韩国的国民生产总值已从1998年的3177亿美元增加到2006年的7684亿美元,同期人均国民生产总值从6700美元增长到1.8万美元。另外,韩元对美元汇率已从金融危机时期的约1800:1(1998年1月)回升到目前的约930:1,韩国的外汇储备也从金融危机时期的88.7亿美元增长到目前的1300多亿美元。

三、经济发展战略

20世纪60年代以来,韩国经济一直保持着高速发展,使韩国从世界上最贫穷、落后的国家一跃跻身于中等发达国家的行列,而韩国新的目标是进入发达国家行列。纵观韩国经济发展的轨迹,可知其迅速发展的根本原因在于适时地采取了符合本国实际的经济发展战略。

1. 实行政府主导下的市场运行机制

政府主导下的市场运行机制主要表现在以下方面:一是政府介入资源分配和投资活动。政府通过制定经济发展战略和社会经济发展计划,运用产业政策诱导经济运行,以行政、法律和经济杠杆来干预经济,对全国的经济进行宏观控制。这种机制的特点是依靠政府的力量培育市场机能。二是政府的经济计划具有非指令性、诱导性和可调性。三是随着市场机制的逐步完善,逐步改变政府的经济职能和对经济的干预程度、手段和方法。政府从80年代开始逐渐减少对经济的干预,目前经济界要求政府继续放宽限制的呼声越来越高。总之,自从实行了政府主导下的市场运行机制以来,国民经济得到了健康而协调的发展,大大加快了韩国经济发展的历史进程。

2. 以出口为主,实现经济高速增长

韩国从本国缺乏资金、技术和资源,国内市场狭小,劳动力资源丰富等实际出发,在60年代中期适时地把进口替代政策转向为出口主导型经济发展战略。从此,韩国利用自由贸易及这一时期发达国家调整产业结构的有利环境，积极参与世界市场和国际分工，以出口带动了整个国民经济的增长；同时，运用产业政策、财政金融政策、税收政策和其他相关政策，逐步地实现了出口产业合理化和高级化。从发展阶段看，韩国60年代大力发展劳动密集型出口加工业，通过轻纺产品的出口带动经济发展；70年代继续扩大轻纺工业产品的出口，同时有选择地发展进口替代的工业，1973—1980年重点推行发展资本技术密集型的重化工业的政策，不断调整产业结构；90年代克服过快发展工业带来的后遗症，加速发展高科技产业。

3. 采取"不均衡发展"战略

在经济发展步骤上，韩国选择了不均衡发展理论，也就是优先发展对国民经济联动效果较大的部门。所以，韩国在不同时期选择了不同的发展重点，如：以牺牲农业优先发展工业；先发展轻工业后发展重化工业；先发展劳动密集型产业，逐步向资本技术密集型产业，再向知识密集型产业过渡；抑制内需，集中力量发展出口产品；先发展首都圈和东海岸，以先进工业区带动其他地区等。

另外，随着经济的发展，不均衡发展战略加剧了国民经济各部门之间的不平衡状况。因此，韩国政府在80年代开始着手解决这一问题，制定了均衡发展经济的一系列政策措施。

4. 充分利用人力资源

韩国的出口主导型经济发展靠的是相对丰富而廉价的劳动力资源。20世纪60—80年代，制约韩国实现工业化进程的因素是资本和技术，所需资本和技术需要从海外大量引进。所以说，这一时期韩国实现经济高速增长是外资和韩国人力资源相结合的产物。

然而，随着经济的发展，从80年代后期开始，韩国从劳动力剩余转为劳动力不足。1987年《"六二九"民主化宣言》发布后，劳资纠纷四起，工资大幅度上涨，靠廉价劳动力高速发展经济的政策就显得不合时宜，从而转向要依靠加大科技投入来实现经济增长。

5. 先增长后分配

从50年代到80年代初，韩国实行的是"先增长，后分配"的经济发展政策，即重经济增长而轻分配，主要反映在先加速发展经济，后实现社会发展。韩国从第五个"经济发展五年计划"（1982—1986年）开始才把社会发展提上议事日程。其一，在中央政府的预算中，社会开发费用所占比重，60—70年代大体为7%~8%，80年代后期开始逐步增加，90年代初达到20%；其二，有些社会发展硬性指标，诸如自来水普及率、电话普及率、家用汽车等，在80年代迅速上升；其三，1988—1989年全国实行医疗保险制度，1987年实行最低工资制，1988年实行国民年金制，1995年7月开始实行失业保险制度。这些进展充分说明韩国在经济发展过程中以经济增长带动了分配。

6. 扶植大企业

韩国在产业化过程中，不断采取和发展扶植民间大企业的政策，使大企业在政府的保护下迅速发展壮大。例如，政府处理所属财产时廉价处理给大企业，分配外援资金时向大企业倾斜，低利息为大企业提供资金，等等。由于政府对大企业的扶植政策，资本集中在大企业手中，30家财阀企业在工矿业总产值中所占的比重从32%（1971年）上升为40%（1985年）。由于大企业集团过于膨胀，经济力量过分集中，从80年代中期开始韩国政府通过《垄断限制及公正交易法》，对大企业集团的一些经济行为进行了一定的限制。不过，在国际市场竞争越来越激烈的情况下，如果没有强有力的企业集团就不能与外国跨国公司竞争。韩国采取限制政策只是为了防止财产过分集中在少数股东手中。

7. "教育立国"，优先发展教育

坚持发展教育、开发社会智力资源是韩国的基本国策。为此，韩国不断增加教育投资，大力扩充教育设施，改革中小学校和大学的教育体制，实行开放式教学，并注意培养国际型高层次专门人才，强化技术教育、职业培训和终身教育。

综上所述，韩国的经济发展战略符合韩国的基本国情，是成功的。随着经济的深入发展，也出现一些政治、经济与社会矛盾，但均属于"高度化"过程中的问题。韩国政府正在采取有效措施进一步调整相关战略，使之更符合国家的实际。韩国今后经济发展的战略趋向是：坚持出口为主的外向型经济；坚持稳定，均衡增长；逐渐减少政府对经济的干预，发展民间主导型经济；由资本密集型经济转向技术、知识密集型经济；提高国民生活质量；加速民主化进程；加快实现经济的自由化和世界化。

第二节 经济开发计划

韩国的经济开发计划由总量计划、部门计划、投资计划、社会发展计划等构成，政府主导、依赖出口、依赖外资、依赖廉价劳动力是计划的基本骨架。20世纪50年代，李承晚政府曾实施过经济开发三年计划，而从张勉政府开始确立了经济开发五年计划（1962—1966年）。但是真正付诸实施的是朴正熙政府以后的事。到1996年止，韩国共

实施过 7 次"经济开发五年计划",每个时期都提出主要的政策课题(表 4.1)。到了金泳三政府时期,"新经济计划"和"经济开发五年计划"重叠实施,实际上终结了"经济开发五年计划"的历史使命。

表 4.1　韩国经济开发计划的主要政策课题

时期	政 策 课 题
"一五"时期	・扩大农业生产,提高农业收入,改变国民经济的不平衡状况。 ・发展电力工业和煤炭工业,确保能源供应。 ・扩充基础工业和铁路、港湾等社会基础设施。 ・扩大就业,开发国土。 ・增加出口,改善国际收支。 ・振兴科学技术
"二五"时期	・力争实现粮食自给,发展森林绿化事业和水产业。 ・重点发展化学、钢铁和机械等基础工业,奠定高度化工业基础,促进工业生产迅速发展。 ・扩大出口,1971 年出口总额要达到 7 亿美元,发展替代进口工业,为改善国际收支打好基础。 ・扩大就业,同时推行家庭计划,控制人口增长。 ・提高国民收入,实行农业多种经营,提高农户收入。 ・振兴科学,提高经营技术,大力培养技术人才,提高科技水平和劳动生产率
"三五"时期	・增加粮食产量,实现粮食自给,增加农渔民收入。 ・增加和扩大农渔村的保健和文化设施,发展农渔村电气化和公路网建设。 ・1976 年出口总额要达到 35 亿美元,改善国际收支状况。 ・迅速提高科技水平,扩大教育设施,培养科学技术力量。 ・最大限度地扩大就业。 ・均衡发展电力、交通、通信等社会公共设施。 ・开发四大河流,合理开发土地,建设出口基地,促进地区经济发展,合理分散生产和人口布局。 ・扩大住宅、卫生设施及其他社会福利设施,改善劳动环境,提高国民福利和生活水平
"四五"时期	・将国内和各地区的积累作为主要投资来源。 ・实现国际收支平衡。 ・进行产业结构改革,使其达到高级化。 ・扩大农业现代化事业。 ・扩大科学技术投资。 ・实现充分就业

续表 4.1

时期	政 策 课 题
"五五"时期	·摆脱通货膨胀。 ·恢复重化工业的竞争力。 ·调整农业政策。 ·克服能源的制约因素。 ·改善金融制度。 ·重新建立政府职能和合理利用财政。 ·建立竞争体制和促进开发政策。 ·振兴教育和科学技术。 ·确立新的劳资关系。 ·扩大社会开发事业
"六五"时期	·建立和健全健康的社会经济制度,实现秩序先进化。 ·调整产业结构,实现"技术立国"。 ·协调地区社会发展,提高国民生活质量。 ·维持适当的增长速度,扩大就业。 ·奠定国际收支盈余的基础,缩小外债负担
"七五"时期	·适应现代产业社会发展的需要,改革教育和人才培养制度。 ·促进技术革新和信息化。 ·扩充社会间接资本,提高运输体系的效率。 ·提高产业组织与企业经营效率,强化中小企业的竞争力。 ·改善农渔村结构,实现地域均衡发展。 ·解决国民住宅困难,抑制不动产投机,推进环境发展。 ·充实社会保障制度内容,振兴文艺,保障国民生活安全。 ·提高经济自律程度,转变政府职能。 ·扩大经济开放。 ·大力推动南北交流,奠定统一基础
金泳三时期	金泳三时期以"新经济五年计划"取代了老的"经济开发五年计划",并提出各个年度目标: ·第一年,为了打好经济基础、提高国际竞争力、振兴国家经济,着手改革制度和更新观念; ·第二年,完成与国内经济活动有关的制度改革; ·第三年,真正促进经济国际化; ·第四年,落实旨在提高住宅、环境、交通、老人、福利等国民生活质量方面的政策; ·第五年,达到新经济五年计划的最终目标

续表 4.1

时期	政 策 课 题
金大中时期	金大中在亚洲金融危机冲击韩国的最困难时刻接任韩国总统。他以"民主主义和市场经济并行"为施政理念，推行强有力的改革措施： · 实行坚决有力的金融改革； · 实行高强度的企业结构调整； · 实施符合国际标准的企业透明化和以减少负债率为主要内容的紧缩政策； · 培育中小企业和风险企业，使之具有国际竞争力； · 活化消费，扩大内需； · 加强知识经济和信息化产业建设； · 促进分配和参与的社会平等

资料来源：著者整理。

一、经济开发计划及其特点

1. 第一个经济开发五年计划（1962—1966 年）

1962 年，韩国政府开始实施第一个经济开发五年计划（简称"一五"计划，以下各个五年计划按此简称）。其主要目标是重点发展电力、煤炭等能源产业，加强基础设施建设，打好经济发展的基础。此外，扩大农业生产和收入、扩大出口、平衡国际收支、技术振兴等也是"一五"计划的重要目标。

"一五"计划确定的 GNP 年均增长率为 7.8%，年均投资增长率为 22.6%。在"一五"期间，韩国经济的实际发展速度超过了计划指标，同时也大大超过了 50 年代的经济增长速度，GNP 实际增长率达到 7.9%，人均 GNP 从 1962 年的 87 美元增加到 1966 年的 125 美元，出口总额从 1962 年的 4000 万美元增加到 1966 年的 2.19 亿美元，进口总额由 1962 年 4.12 亿美元增加到 1966 年的 6.72 亿美元。

2. 第二个经济开发五年计划（1967—1971 年）

"二五"计划的主要目标是：粮食自给，森林绿化；重化工业的产业提升；实现国际收支平衡；扩大就业；振兴科技，提高生产效率。"二五"计划确定 GNP 年均增长率 10%。"二五"期间，韩国经济发展速度更加迅猛。GNP 实际年增长率达到 9.6%；1972 年人均 GNP 达到 289 美元；出口总额增长近 5 倍，到 1971 年达到 11.3 亿美元；进口总额也增加了近 3 倍，使得贸易收支连年出现巨额逆差。韩日邦交正常化和越南战争特需为韩国经济发展提供了有力的外部条件。

3. 第三个经济开发五年计划（1972—1976年）

"三五"计划的基本方针是：发展重化工业，保持均衡和稳定发展；确立自主经济结构；实现地区间均衡发展。"三五"计划确定GNP年均增长率为8.6%。"三五"期间，尽管韩国遭受1973年10月开始的世界性石油危机的冲击，但GNP年均增长率仍高达9.7%，1976年人均GNP增长到803美元，出口年均增长率达到47.1%，1976年商品出口总额为78亿美元。在此期间，钢铁、运输机械、家用电器、造船等部门的生产有了突飞猛进的增长，为后来韩国重化工业的全面振兴打下了坚实的基础。1973年的石油危机和美元汇率的变化都对韩国经济的发展产生了负面的影响。

4. 第四个经济开发五年计划（1977—1981年）

这一时期的经济发展目标是：实现自立成长结构，促进社会的平衡发展，技术革新和提高效率。"四五"计划确定GNP年均增长率为9.2%。由于1979年第二次世界石油危机的冲击和国内经济危机的影响，"四五"计划期间实际经济增长率只达到5.8%，未能实现计划目标。但1981年人均GNP仍达到1734美元，比"三五"时期翻了一番多。产业结构进一步优化，1981年重化工业在制造业中的比重达到53%。但由于原油进口负担加重，经常收支的赤字加大，到1981年外债总额达到325亿美元，韩国成为世界第四大债务国。1979年的第二次石油危机导致1980年韩国经济出现负增长，但很快于1981年得到恢复。

5. 第五个经济开发五年计划（1982—1986年）

进入80年代，韩国"出口优先"的政策受到国际经济环境的有力挑战。60年代和70年代，韩国逐渐丧失经济增长的有利条件，经济的脆弱性日渐显露出来。因此，"五五"计划降低了经济增长率，强调"安定、效率、均衡"的发展。"五五"计划的经济年均增长率目标为7.5%，实际年均增长率达到8.6%。1986年人均GNP达2274美元，通货膨胀得到控制，零售物价年均增长率为3.6%，失业率维持在4.0%。国际收支摆脱了长期赤字局面，开始出现盈余，1986年国际收支盈余达46.54亿美元。稳定物价和国际收支平衡是这一时期的主要成果。

6. 第六个经济开发五年计划（1987—1991年）

"六五"时期的中心目标是把效率和平衡作为基础，实现经济现代化和提高社会福利。"六五"计划确定的经济年均增长率为7.5%，但实际年均增长率达到9.9%，1991年人均GNP达到6265美元。1990年和1991年由于内需扩大、货币升值等原因，国际收支又出现了赤字，1991 年赤字额达 88 亿美元；但因前 3 年国际收支有盈余，到 1991 年净外债由 1986 年的 325 亿美元减少到 125 亿美元，只占当年 GNP 的 4.6%。

7. 第七个经济开发五年计划（1992—1996 年）

"七五"计划提出了三大战略任务：强化产业的竞争力，实现全社会均衡提高与发展，提高经济国际化、自律化程度，奠定南北统一基础。"七五"时期的经济年均增长率目标为 7.5%，到 1996 年人均 GNP 达到 10440 美元。

1993 年金泳三当选为总统，同年 7 月公布了"新经济五年计划"，取代了"七五"计划。"新经济五年计划"于 1998 年结束。

"新经济五年计划"的主要指标是：保持年均增长率 6.9%，到 1997 年韩国的 GNP 达到 6480 亿美元，人均 GNP 达到 14076 美元，出口贸易额年均增长率为 8.2%，进出口贸易额年均增长率为 7.4%，经济收支由 1992 年的 45 亿美元赤字转化为 1998 年的 53 亿美元黑字。从计划指标的比较中可以看出，金泳三的"新经济五年计划"与卢泰愚的"七五"计划在总量上虽有高低，但实质上并无多大差别。也就是说"新经济五年计划"仍然保持了"七五"计划中较高的增长速度，但经济增长率略有降低。这体现了金泳三政府"在稳定中求增长"的基本思想。实行"金融实名制"和加入 OECD 等都是这一时期的主要成果。

8. 金大中政府的经济发展计划（1998—2003 年）

1997 年，亚洲爆发金融危机，使韩国最早遭受严重冲击。韩元大幅度贬值，韩元对美元汇率从 800∶1 下降到 2000∶1。政府为了保持汇率稳定而动用外汇储备，引起外汇储备急速下降。银行呆账如山，几近瘫痪。国内经济疲软，出口大幅下滑，经济严重收缩。这条从 70 年代到 90 年代经济年均增长率一直保持在 7% 的亚洲"小龙"正在变成一条"小虫"，1998 年竟出现 6.9% 的负增长（GDP），不得不向 IMF 请求巨额应急贷款 195 亿美元。金大中正是在这种情况下接任总统。

金大中以"民主主义和市场经济并行"为施政理念，推行强有力的改革措施，短短几年韩国经济便发生了惊人的变化。2001 年 8 月，韩国全部偿还了 IMF 的 195 亿美元的巨额贷款，外汇储备从 1997 年的 30 多亿美元增加到 1000 多亿美元，外国直接投资过去 4 年累计达 520 亿美元。金大中任期 5 年内 GDP 年均增长率为 5.1%，2002 年人均 GDP 达 9800 美元。在国际市场上，韩国产品的市场份额也在迅速扩大。金大中的经济哲学是：在经济全球化的时代，只有竞争力才是生存根本。金大中虽然在上任的第一年就遇到了亚洲金融危机，但他把危机看成机会，并利用这个机会进行彻底的结构调整，解决了长期束缚韩国经济发展的一些问题。

9. 卢武铉政府的经济发展计划

2003年2月卢武铉政府上台。卢武铉的经济政策基调是"稳定中求改革",坚持结构调整的"5+3"原则,绝不采取冲击经济的过激措施。5个原则是:提高企业经营透明度;解除相互债务担保;彻底改善债务结构;强化核心产业,提高竞争力;提高责任经营。在此基础上,还要坚持3项补充原则:改善第二金融圈的经营支配结构,断绝循环出资和不当内部交易,防止违规、违纪、财产转移以及馈赠。卢武铉说,"执行结构调整的'5+3'原则,为的是建立一个具有透明性、公正性和预测性的市场经济体系"。在进行结构调整的过程中,他许诺,"为不给中长期的经济运营带来负担,绝不采用人为的短期过激措施"。卢武铉政府时期经济年均增长率为4.42%,外汇储备达2619亿美元。

10. 李明博政府的经济发展计划

2008年2月,李明博开始执政。他在竞选公约中提出"747经济发展计划",即实现国民经济年均增长7%,10年内实现人均收入4万美元以及使韩国跻身全球七大经济强国之列。具体措施可归纳为"减税、松绑、法制",增长优先、缓解企业管制、增加投资以及减免税收等是其措施的基本内容。李明博还提出与大企业的"亲和关系",要求大企业扩大投资和就业;缓和金融企业的管制,实现先进的金融体系;提倡"亲和环境"的可持续发展;推行争取"资源和能源"的实用主义外交;确立"科学技术发展577计划",到2012年跻身于世界七大技术强国行列,把研发投入提高到5%(占GDP),优先开发七大技术领域。为了实现"有朝气的市场经济",改善投资环境、"零管制"改革、确保新的增长动力、服务业先进化以及扩大就业等都是目前政府的努力方向。

二、经济计划的主要特点

从韩国成功地实施7个"经济开发五年计划"以及后续政府的经济计划的实践看,韩国的经济计划具有如下3个突出的特点:

1. 指导性

韩国经济是建立在市场经济法则基础上的资本主义经济,价值规律和自由竞争是经济运行最基本、最主要的调节者,企业自主经营、自主决策是市场机制赖以发挥作用的基础。因此,政府制定的经济计划对企业不具有强制性的约束力;企业不分担任何计划指标,企业在生产经营和投资决策时可以考虑国家计划,也可以不考虑。但是,由于在国家的经济计划中有明确的产业倾斜指向性和与之相适应的优惠的财政、金融政策,企业在决策时，往往趋利避害，按国家指明的计划方向调整资产存量或增量，以求获取近期和远期的最大利润。

2. 连贯性

国内市场狭小和资源贫乏的客观条件，把韩国经济推上了出口导向型的经济发展道路。在不利的国内条件下，韩国政府为了寻找经济自立的出路，以提高国家的综合经济实力，根据不同发展阶段，有针对性地增加某些产品的出口，带动整个经济的增长。通过增加出口为经济自立打开出路，这始终是韩国政府的重要政策基调，历次计划的制定都鲜明地体现了这一点："一五"时期，把扩大出口看做解决国际收支问题的手段；"二五"时期，通过扩大出口促进工业化；"三五"时期，发展以重化工业为主导的出口产业；"四五"时期，为了改善出口商品结构，发展技术密集和劳动密集型产业；"五五"时期，提出把一般机械工业、电子工业和造船工业发展为出口产业，在汽车工业中重点发展零部件工业，实现出口产业的结构高级化；"六五"时期，提出"技术立国"口号，出口以电子、机械、零部件等技术密集型商品为主。

3. 灵活性

韩国经济计划的灵活性首先表现在它集预测和政策职能于一体，随着经济环境的变化又有不同的侧重点。一方面，它能为私人企业提供权威性的经济预测，具有预测型计划的职能；另一方面，它又能促进各项经济政策的相互协调和体系化，具有政策型计划的职能。韩国政府依据客观经济形势，在不同时期灵活地突出经济计划的某一职能。如"一五"和"二五"时期，社会面临的主要矛盾是如何估计经济的增长潜力和发展趋势问题，计划的主要任务就是对经济发展做出预测，因而预测职能比较突出；"五五"时期，韩国面临发达国家的贸易保护主义和石油危机的双重挑战，因此，计划的主要任务是如何采取有力的协调政策，实现计划的主要目标和促进经济增长，政策性职能居于主要地位。其次，韩国的经济计划不拘泥于计划形式，而是根据国内外经济环境的变化及时修订计划内容。

三、经济计划的作用

韩国经济计划的实施对宏观经济中期战略目标的实现起了综合调节作用。这主要表现在3个方面：第一，它间接地控制着宏观经济发展的基本方向，并对经济社会的宏观结构起着一定的综合调节作用。这就在一定程度上减轻了经济的无政府状态和盲目性，部分地避免了某些社会问题的恶性发展和经济的比例失调。第二，它对宏观经济的具体进程起着诱导和间接调节作用，并在一定程度上促进经济相对稳定和均衡发展。经济计划对企业经营方向有引导作用，它向企业展示国家的经济发展预测和意图，为企业提供权威性的信息，向企业提供国家中期"政策预报"，诱导企业按照政策调整经营计划，引导企业适应国内外环境的变化，及时调整经营方式。第三，经济计划还微妙地调整着人们之间的社会关系，调动更多人的积极性，从而对宏观经济的协调与国家目标的实现起着积极作用。由于经济计划不仅协调各利益集团之间的关系，而且计划本身包含着人们普遍关心的经济社会问题（如环境污染、失业等）和切身利益（如物价、改善生活设施、提高国民福利等），所以计划目标具有相当的宣传鼓动效果，可以起动员企业投资和鼓动社会舆论的作用。

第三节　工　　业

当人们提到亚洲"四小龙"的经济奇迹时，常常提到"重化工业"一词。一般的重化工业的概念是指生产资料的生产，包括能源、机械制造、电子、化学、冶金及建筑材料等工业。现代意义上的重化工业是指资金和知识含量都较高的基础原材料产业，包括电力、石化、冶炼、重型机械、汽车、造船等，产品市场覆盖面广，为国民经济各产业部门提供生产手段和装备，被誉为一个地区经济的"脊梁"，也是一个国家国民经济实现现代化的强大物质基础。

20世纪70年代，韩国政府推行重化工业化战略，积极发展钢铁、机械、石油化工、汽车等重化工业。重化工业的飞速发展带动了现代、三星等大企业的崛起。韩国重化工业的发展经历可概括为"轻加工业发展阶段→重化工业发展阶段→高加工度发展阶段→技术集约化阶段"，是被普遍认可的工业化进程规律。其中，重化工业有"起飞产业"之称，它已被亚洲"四小龙"的崛起所证明。钢铁、造船、汽车、电子、石化等重化工业部门是韩国经济的主要增长点，也是得到广泛认可的关键性工业（参见表4.2）。

表4.2　韩国主要重化工业部门产量变化

年份	钢铁/万吨	造船订单/万吨	汽车/万辆
1970	131	0	2.9
1980	934	169	12.3
1990	2486	438	132
2000	4310	1938	311
2003	5327	2818	318
2005	5630	1929	369

资料来源：韩国统计厅，2007年。

一、主要工业部门

1. 钢铁工业

1970年成立的浦项钢铁联合企业（POSCO）标志着韩国的现代化钢铁工业发展正式起步。此后，韩国钢铁工业以惊人的速度发展，1981年产量突破1000万吨，钢铁生产能力从100万吨扩大到1500万吨仅用了10年。而在钢铁工业发展史上，以发展速度快而著称的日本用了34年的时间实现了这一飞跃。韩国钢铁工业几乎同步完成了进口依存度的下降和出口依存度的上升的相互交替，1973年完成进口替代，70年代中期出口量占总产量的30%。1996年生产粗钢3890万吨，居世界第六位；2007年达5151万吨，居世界第五位（图4.2）。

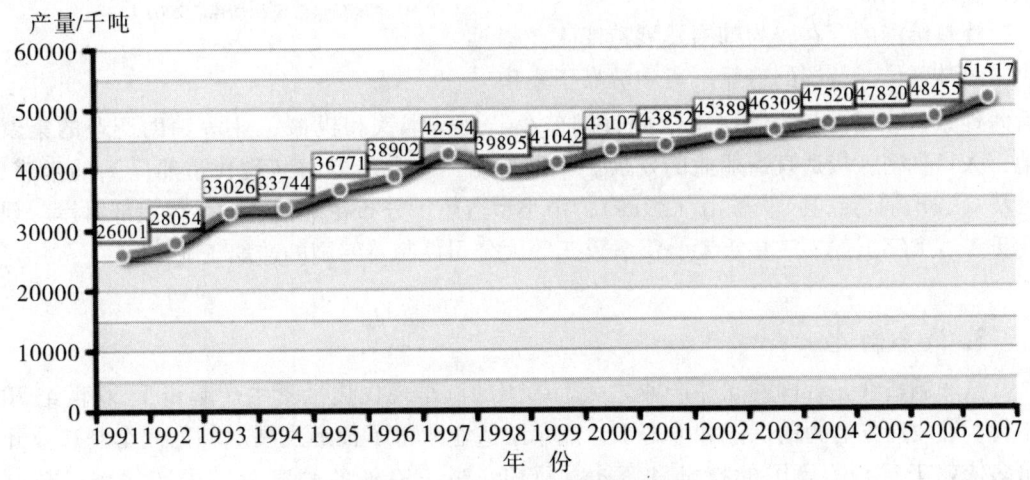

图4.2 韩国历年钢铁产量变化
资料来源：韩国钢铁联合会统计，2008年。

韩国的钢铁生产高度集中在浦项。它是拥有最新工业技术和生产设备的世界规模的钢铁公司，拥有浦项、光阳（又称第二浦钢）两大基地，2007年钢铁总产量为3110万吨，成为世界第四大钢铁公司。为降低运输成本，钢铁工业通常布局在便于进口原料、燃料的沿海地区，濒临东南部迎日湾的浦项和南部光阳湾的光阳因此成为韩国最主要的钢铁工业基地。

2. 造船工业

造船工业是韩国重点扶持的出口战略产业。韩国的造船能力由1975年的100万总吨扩大到1994年的650万总吨，占世界总造船能力的近25%。2006年，世界实际船舶建造总吨数为 7710 万载重吨，高度集中在日、韩、中三国（图 4.3）。韩国已发展成为世界第二大造船国，其新船订货量 1993 年曾一度超过称霸世界 50 年的日本。进入 90 年代后，韩国抓住日本、西欧等传统造船大国价格竞争力不断下降的机遇，一方面致力于新技术的开发，以提高船舶的非价格竞争力；另一方面，在已有的 6 座大型建造设备基础上，着手新建 5 座大型建造设备，到 1997 年造船能力扩大到 900 万总吨。70 年代高峰期建造的船只如今已到更新期，为韩国造船业的再一次繁荣提供了良好机遇。

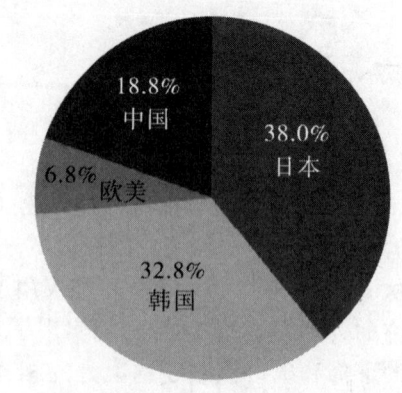

图 4.3　世界造船产能分布（2006 年）
资料来源：中国船舶工业综合经济技术研究院
"国际新船市场行情库（2007 年）"。

优良港湾的存在，为韩国发展造船工业提供了最佳区位。韩国的造船厂集中分布于东南沿海地带，这里良港密集、水深而且潮差小，又是钢铁和机械工业等辅助产业的集聚地，人口稠密，极适宜造船业的发展。大型造船厂集中在蔚山（现代造船厂）的米浦、巨济（长承铺与新县）、釜山（影岛），中小型造船厂分布在统营、丽水等南部海岸。现代重工、大宇造船、三星重工、汉拿重工等大公司控制着韩国的造船工业。

3. 汽车制造业

汽车制造业是韩国的支柱产业之一。韩国的汽车现代化批量生产起步于 20 世纪 70 年代。在政府强有力的保护和培育下，汽车制造业取得了长足发展。韩国汽车制造业开始多依赖于日、美等国的技术和资本，目前，轿车以外各种车辆的国产化率已超过 90%。汽车产量 1986 年突破 100 万辆大关，到 1995 年达 125 万辆（其中轿车占 80%），2007 年达 408.6 万辆，成为世界第五大汽车生产国（图 4.4）。韩国汽车生产高度垄断，现代、起亚、大宇这 3 家公司的汽车产量占全国总产量比重高达 90%。2006 年现代汽车公司的产量达 246.27 万辆，居世界第十位。

韩国汽车的内、外销比率约为 2.3:1。其汽车海外市场不断扩大，1996 年汽车出口额突破 100 亿美元，2006 年出口额为 299 亿美元；出口市场日趋多元化，已从北美、西欧扩大到东欧、拉美和亚太等新兴市场。近些年来，韩国汽车业积极向海外发展，东亚、东南亚等发展中国家是其主要的投资对象。低价格和高品质是韩国汽车所具有的国际竞争力。另外，韩国汽车公司所属的企业集团同时又是电子行业的佼佼者，在汽车电子化倾向日益增强的趋势下，有助于韩国汽车提高竞争力。韩国汽车制造业主要分布在蔚山、釜山、光州、仁川、始兴等地。

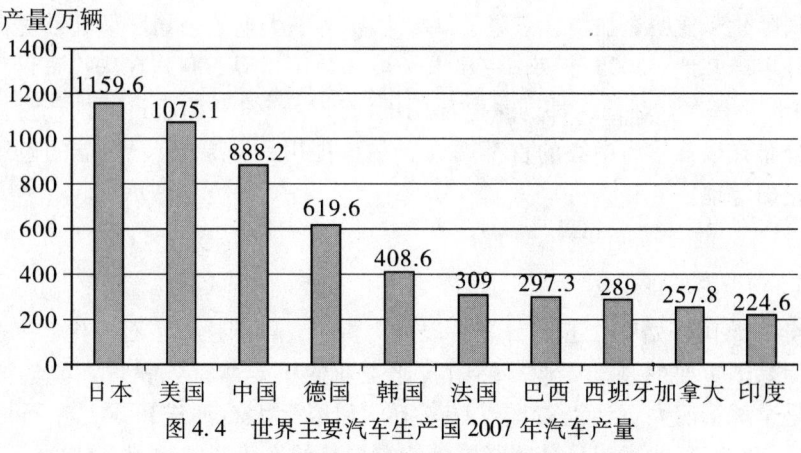

图 4.4 世界主要汽车生产国 2007 年汽车产量

资料来源：中国汽车协会：《世界各国汽车产量明细（2007 年）》。

4. 电子工业

电子工业是韩国起步晚，但后发力最强的工业部门之一。20 世纪 50 年代从进口替代型家电生产起步，而后出口导向型家用电器制造业迅速发展。80 年代起大力发展电子计算机、通讯设备、半导体、集成电路等产业用电子和电子元器件行业，开始在尖端领域与发达国家展开竞争。少数大型财团陆续转向需要巨额投资、产品生命周期较短的半导体、显示器行业。韩国电子产品出口额 1995 年达 436 亿美元，占韩国出口总额的 35%；2006 年达 1157 亿美元，成为韩国最大宗的出口商品（图 4.5）。近年来，韩国电

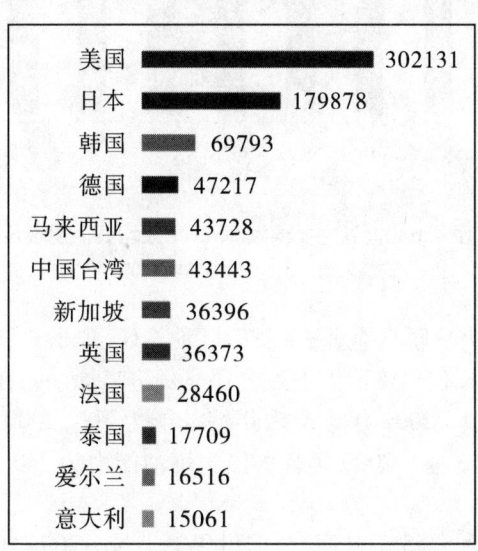

图 4.5 2002 年世界主要国家或地区电子产品产值（百万美元）

资料来源：中国信息产业网（http://www.cnii.com.cn/20020808/ca90354.htm）。

子工业的国际化步伐明显加快,三星、LG、大宇等三大电子公司陆续在欧美、东亚等地区建立海外生产基地。2005年韩国三星电子被评为"世界500强在华投资最佳企业排行榜(主榜)"第一名。目前,韩国家电部门的海外生产量开始超过国内产量。韩国电子工业主要分布在以首尔为中心的首都圈(首尔、仁川、水原等)、内陆的龟尾电子工业团地以及釜山等地。

5. 石油化学工业

1962年,韩国开始"二五"计划。以此为契机,韩国建立了石油化学工业体系,石化工业成为韩国重要的基干产业。韩国石化工业的重要性首先表现在原油全量依赖进口。韩国是全球第四大石油消费国(图4.6)和第七大石油进口国,年石油消费量达1.05亿吨(2005年)。所以,韩国对国际能源形势的变化非常敏感,建立了"国家—企业—消费者"的一系列多层次能源信息网。至2007年,韩国在26个国家参与65个石油开发项目,石油储备量能力为1.2亿桶,已实现60日战略储备。

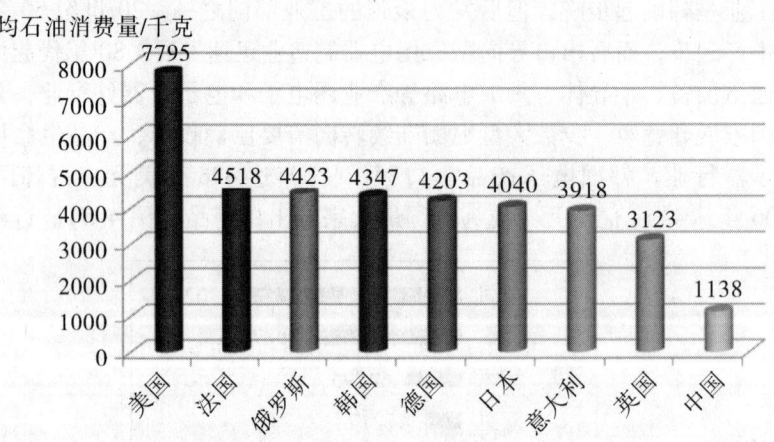

图4.6　世界主要国家2003年人均石油消费量
资料来源:国际能源机构,2003年。

韩国现有五大石油化学联合企业——SK炼油、GS Caltex(湖南炼油)、S-oil(双龙炼油)、现代炼油和SK仁川炼油。上述公司全额进口原油,在国内生产各类石油化工产品,供国内消费和出口。2002年,全球年炼油能力超过2000万吨的世界级大型炼油厂有17座,其中韩国占3座。2006年韩国国内炼油能力为280万桶/日,是世界第五大炼油国。

韩国乙烯生产能力为3255万吨/年,居世界第七位。2002年,韩国蔚山石化(4085万吨/年)和丽川石化(3168万吨/年)分别位居世界大型炼油厂的第二位和第三位。

韩国对石油化学产品的需求急剧上升。石油化学产品的需求量在70年代年均增长

20%，80 年代年均增长达到 15%。由于在过去 20 年里石油工业迅速增长，产品供大于求，因此韩国石油化学工业积极开发出口市场，同时在国内市场开拓新的销路，以解决供求失调问题。

二、工业地带

产业布局的不断集中仍是当前世界产业分布的主要特点。工业化中期更是如此，规模化和集中化是工业化的客观要求，更是重化工业的必然要求。重化工业产业关联度高，产品链条长，辐射带动力强，但投资大，建设周期长，产品科技含量高，尤其需要集团化、规模化的企业组织形式。重化工业有强烈的大城市区位指向，临海工业区是 20 世纪六七十年代兴起的发达国家重要的工业布局特征之一，也是公认的发展大工业的成功路子。

随着重工业化和工业结构的转换，韩国的工业地域结构发生了相应变化。工业首先向首尔、仁川等原有工业中心集中。从 70 年代起，伴随着重化工业的崛起，工业沿着京釜铁路和高速公路迅速向东南沿海地区扩展。西北部首都圈工业区和东南部沿海工业地带内集中了韩国大部分工业，发展成为韩国工业的南北两极。根据区位条件的共同性、工业集中、集聚程度和区域间经济联系等特点，可将韩国的工业区划分为以下六大工业区（图 4.7）。

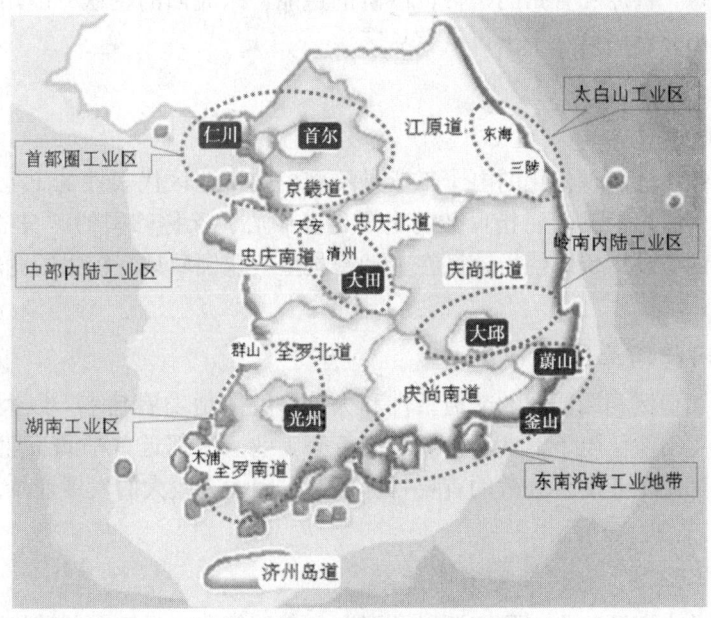

图 4.7　韩国六大工业区

资料来源：著者整理绘制。

1. 首都圈工业区

首都圈工业区由京仁工业区进一步向四周扩展而形成,京畿道大部分地区和江原道、忠清南道的部分地区已被纳入该工业区。这个地区是韩国近代工业的发源地,又是创造"汉江奇迹"的核心区域。受广阔的消费市场和丰富的劳动力、资本、技术的吸引,诸多工业部门在此集聚,形成国内最大的综合性工业地带。靠近内陆地区以轻纺工业为主,向沿海逐渐转向重化工业。首尔是首都圈工业区最大的核心,仁川为该工业区的海上门户,周围有安养、富川、始兴、城南、水原等工业中心。因人口过密、地价昂贵、公害严重等问题,其工业逐渐向安山、松炭等周围地区分散。

2. 东南沿海工业地带

东南沿海工业地带又称岭南沿海工业地带,以釜山为中心,向北延伸到迎日湾,向西扩展到光阳湾,呈带状分布。如果说,首都圈工业区的竞争优势在于集聚经济,那么,东南沿海工业地带的竞争优势在于规模经济。这里有许多天然良港,人口密集,工业用水充足,用地广阔,适宜发展大规模重化工业。战后韩国新建的大型重化工业项目多布局于该地带。这里已发展成为韩国最重要的重化工业地带。釜山是该地带的核心,也是韩国最大的港口和第二大城市。浦项的钢铁,蔚山的石油化工、造船、汽车,温山的有色金属冶炼,昌原和晋州的机械,巨济的造船,东光阳的钢铁,丽川的石油化工等享有盛誉。马山是韩国第一个出口由贸易区。

3. 岭南内陆工业区

传统的纺织工业和现代化的电子工业是岭南内陆工业区代表性的工业部门。纺织工业集中于大邱,龟尾为韩国屈指可数的电子工业中心,又称韩国的"硅谷"。便利的陆上运输和丰富的劳动力资源使得该区在劳动密集型工业领域具有较强的竞争力。

4. 中部内陆工业区

中部内陆工业区利用便利的交通条件和大德研究团地发展起来,以大田、清州、天安为中心发展了纺织、电子、食品、烟、制革等工业。因邻近首都圈工业区,中部内陆工业区成为首都圈工业向外分散的首要目标区域,因而有较大的发展前景。

5. 湖南工业区

丰富的劳动力资源和农产品资源以及群山、木浦等优良港口是湖南工业区得以发展的基础。其北部以群山、全州为中心发展了木材、造纸、纺织等工业,南部以光州为中心发展纺织、汽车、化学等工业。如果西海岸开发计划实施顺利，这里将形成西海岸新兴工业地带。

6. 太白山工业区

太白山丰富的矿产资源、林产资源和东海岸的水产资源是太白山工业区发展的资源基础。东海岸的东海、三陟和内陆的丹阳、堤川、宁越、忠州等多以原料指向型工业为主。

第四节 农　业

一、农业发展特点

农业是韩国仅次于工业的第二大物资生产部门，对国民经济的发展和人民生活有着十分重要的影响。"二战"前，韩国是朝鲜半岛主要的粮仓地带，这里的自然条件有利于发展以水稻生产为主的种植业。"二战"后，韩国进行土地改革，确立了自耕农土地制度，为提高农业生产率和农民的收入打下了基础。战后50多年来，尽管农业发展速度较快，但其在国民经济中的地位不断下降，如1961年农林渔业总产值在国民生产总值中的比重为45.7%，1979年降到17.6%，到1988年又降到11.6%，2008年仅为3.4%。

韩国农业是以私有制为基础，以农户为经营单位的小农业，户均耕地面积小，实行集约化经营，以种植水稻为主。

20世纪80年代，由于只重视发展出口工业，忽视农业生产的发展，致使农业生产基础条件愈加恶化；耕地面积逐步缩小，农业人口不断减少，很难实现大范围的机械化；人口每年大量增加，人民消费构成随着生活水平的提高，加大了对粮食的需求量，而粮食自给率却越来越低，不得不进口越来越多的农产品。90年代开始，韩国政府为了发展农业，进行了一系列的农业结构调整，推出了多项法律和具体政策，如《农业基本法》（1970年）、《农渔民负债减轻对策》（1987年）、《农渔村结构改善对策》（1991年）、《文化村建设方案》（1992年）、《农业基础设施及农地管理基本法》（1992年）、《农渔村调整法》（1994年）、《农渔村住宅改良促进法》（1995年）和《农业、农村基本法》（1999年）。目前韩国粮食年产量为700万吨，2008年的粮食自给率在OECD国家中排第二十六位，除稻米外的农产品均依靠进口。

韩国的农业生产具有如下特点：第一，韩国农场规模较小，这主要是由于控制土地出售和转让，规定最大农场规模不得超过3公顷，土地可以作为家庭财产等因素共同造成的。2000年农场的平均土地规模为1.36公顷。2008年，韩国耕地总面积仅为175.8万公顷，而人口却高达4860万，是世界人均耕地面积最少的国家之一，这不利于实现大农业。第二，专业化经营和兼业生产并存。近年来，韩国农场的专业化程度在畜牧业和温室蔬菜生产等部门有显著提高，专业农户占60%左右（2000年），但仍有相当多的农场是兼业型的。第三，农业劳动力老年化趋向严重。韩国农业劳动力的绝对数量和相对数量都处于快速下降的态势，农业劳动力高龄化趋向严重。1970年农业人口中年龄超过50岁的比例不到20%，而2002年已高达72.6%，而且老年妇女从事农业生产的比重在不断上升，年轻人从事农业生产的人数锐减。第四，城乡收入差距不断加大。韩国农户的收入主要依赖于农产品生产，2002年农产品收入占农业总收入的46.1%。2004年农工收入比为0.84:1，并有逐年扩大的趋势。城乡收入差距将提高年轻农民劳动的机会成本，加快他们离农的速度。

二、种植业

1. 大米

大米是韩国最主要的食品，也是韩国生产的最主要的粮食作物。实现大米自给是韩国农业政策最主要的目标。1999—2003年间，韩国年均大米产量为510万吨，基本实现国产大米自给。政府通过采购计划对粮食价格和农民收入实施调控。1990—1997年，韩国政府大米收购量平均约占每年大米总产量的26%，后来遵守WTO的承诺下降至目前的约17%。根据《乌拉圭农业贸易协议》的要求，韩国年均大米进口量必须达到1986—1988年平均消费量的1%，2004年必须达到4%，大米进口关税为5%；根据与WTO的协议，韩国每年必须按照配额进口大米，2005年为21.7万吨，2006年为24.6万吨，进口大米主要来自美国、中国和泰国。韩国虽然同意逐步增加大米进口，但是政府始终对大米进口实施严格的控制。2005年，韩国根据相关协议向朝鲜援助40万吨大米。

2004—2005年，韩国年终大米库存为100万吨（相当于全国消费量的20%），其中政府储备为82.5万吨，私人储备为17.6万吨。2006—2007年度，韩国水稻收获面积为95万公顷，大米产量为466万吨，进口为22.8万吨，国内消费为421万吨，年终库存为75.3万吨。

韩国农村经济研究所预测，随着经济不断好转，大米的生产将让位于更加有利可图的蔬菜类作物。尽管大米消耗量不断下降和国内库存量继续不断增长，韩国政府还是决心遵守《乌拉圭农业贸易协议》所要求的最低进口量的规定。韩国进口大米的战略是既符合最低市场进入的规定，同时仅仅进口低质大米以避免产生对国内大米的竞争。

韩国水稻种植区主要集中在南海岸地带。全罗南道在产量上占第一位，其次是忠清南、全罗北、庆尚北、京畿、庆尚南、忠清北、江原各道，产量最少的是济州道。

2. 小麦及面粉

韩国几乎不种植小麦，所需小麦基本上依靠进口。2002年，韩国小麦种植面积仅为1808公顷，而且种植面积逐年减少，产量不足5000吨。2005年，韩国小麦面粉消费量为170.8万吨，人均32.5公斤。韩国进口的小麦主要来自美国（占55%）、澳大利亚（40%）和加拿大（5%）。

2006—2007年度，韩国小麦进口为350万吨，国内消费为350万吨，其中用于饲料130万吨。韩国年均小麦产量不足1万吨，2007年产量为7400吨，但是人均小麦消费量仍然以年均1%~2%的速度增长。面粉加工厂的原料小麦全部来自进口。过去4年中，韩国小麦进口量年均达到370万吨。

1990年韩国实行粮食市场化和取消小麦进口配额，韩国面粉加工厂利用两种渠道进口小麦：一是直接与进口商进行谈判，二是通过韩国面粉加工行业协会（KOFMIA）举办的招标交易会。根据2003年进行的一项调查，80%的韩国人反对转基因食品。因此，韩国面粉加工商明确表示，如果美国批准转基因小麦上市，他们将停止进口美国小麦。

韩国用小麦制作的主要食品有面条（占小麦消费总量的48%）、面包（占13%）、糖食（占9%）以及家庭制作的面食（占8%）。

3. 玉米

韩国基本不生产玉米，所需玉米绝大多数依靠进口，主要来自中国、美国、阿根廷、巴西等国。2007年，韩国玉米收获面积为1.5万公顷，产量为7万吨；进口为870万吨；国内消费为880万吨，其中饲料消费680万吨；年终库存为156万吨。

玉米是韩国最主要的饲料粮食，其次是小麦。与其他国家相比，韩国的饲料加工厂对饲料成分的价格特别敏感，随时根据价格情况改变所采用的饲料成分。韩国玉米消费的99%依靠进口，75%的玉米用于生产饲料。韩国玉米的主要产地在江原道、忠清北道和庆尚北道。

4. 大豆

韩国生产大豆，但数量少，国产大豆只占其消费总量的7%，其余部分则都依靠进口，进口主要来自美国、巴西、中国等国家。2001—2002年度，韩国从美国进口大豆120万吨，韩国是美国大豆第八大出口市场。韩国用于生产豆腐、酱油、豆酱、豆奶以及其他食品的大豆中85%来自美国，其余则来自中国。80%以上的进口大豆用于生产豆油和豆粕，其余的20%则用于食品加工。

韩国农业与渔业交易公司（AFMC）拥有配额进口食品级大豆的权限。私人企业进口大豆必须缴纳超配额关税。

5. 水果生产

韩国的气候四季分明，温差大，雨量充足，有利于生产水果。韩国盛产苹果、梨、桃、橘子、葡萄和柿子等多种水果。其中苹果和柑桔分别是韩国第一大宗和第二大宗水果，苹果和梨则是韩国农业的两大出口产品。具有代表性的品种之一"富士"苹果甜美爽口，清香诱人；"新高"和"满三吉"型苹果果实硕大，圆润，多汁，含糖量高，颇受人们喜爱。庆尚北道是韩国主要的水果种植区。橘子盛产于济州道。

三、畜牧业

随着韩国经济的发展，韩国实施了一系列扶持和加强农业和农村经济的政策措施，其重要途径之一就是发展高附加值农业。因此，畜牧业发展受到了政府的高度重视，目前已经成为韩国农业的重要产业之一。

韩国畜牧业主要生产肉牛、奶牛、猪、鸡禽。其收入占农业总收入的比重仅次于水稻生产。随着国民收入的增长，对畜产品的需求也稳定增加，韩国畜牧业收入占农业总收入的比重逐渐增大，农户的养畜规模也在逐步扩大。

韩国政府根据畜牧业的现状与问题，提出一些具体政策，如提高生产力，加强竞争力，稳定畜产品价格，改善市场条件，建立更加灵活、高效的畜牧业市场体系等。

2004年韩国各类牧畜的存栏数为牛216.3万头，猪890.8万头，鸡1.07亿只。同年，韩国肉类产量为155.3万吨，占世界肉类总产量的0.6%，为世界第二十九位。其中，韩国的牛肉产量为20.7万吨，居世界第四十三位；猪肉产量为96万吨，居世界第十八位；家禽肉总产量为38.6万吨，居世界第三十六位。

韩国饲养地区分布较广，主要集中在岭南地区。奶牛饲养场多分布在大城市近郊；养鸡业和养猪业主要集中在大城市，尤其是汉城周围地区。

四、林 业

韩国森林覆盖面积约为646万公顷，占陆地面积的65%，其中林地面积62910平方千米，占森林面积的96%；木材总储量是3.63亿立方米。韩国的森林分为国有林、公有林和私有林。国有林约占森林总面积的21%，公有林约占7%，私有林约占71%。

在韩国，最多的树种是松柏科林，约占森林总面积的48%；落叶林与混合林分别占21%和3%。韩国森林的三大树种是红松、白松（落叶松）和橡树。

20世纪60年代,韩国的森林状况与中国西部相似,但经过30多年的不懈努力,韩国林业已走在世界前列。目前,韩国已经形成了较完备的林业生态体系,并已跨入社会经济可持续发展的良性循环轨道。韩国政府计划到2030年,保持森林覆盖面积560万公顷,木材总储量4.16亿立方米,每公顷立木74.4立方米。

20世纪70年代末,韩国是世界上最大的胶合板出口国之一,1990年生产了113.8万立方米木材。然而韩国的木材工业在很大程度上依靠从外国进口原料。1990年,韩国85%的木材是从海外进口的,主要进口产品是圆木、竹子和松脂。其中圆木进口量最大,占韩国木材总需求量的85%,主要从马来西亚、巴布亚新几内亚、美国、智利和新西兰等国进口。为了确保木材的稳定供应,韩国政府支持本国企业家到上述国家和地区开办私人企业,兴办生产胶合板、锯材和刨花板的林业产品加工厂。2004年韩国的圆木产量为203.7万立方米。

五、水产业

韩国的水产业较发达,是传统的农业产业部门之一,对国民经济和人民生活有着重要的影响。2001年韩国渔业从业人口为31万人,产值占GDP的0.5%。2004年水产品总产量达228.2万吨。1973年开始,韩国水产品总产量一直保持在世界前十位之内。

韩国实行渔业许可制度,海洋渔业的许可渔业有沿岸渔业、近海渔业和远洋渔业。

第五节 交通运输

一、公 路

1961年12月,韩国颁布了《道路法》。之后的《城市交通整备促进法》(1986年)使城市交通管理更加合理化、效率化。"国家基干交通网计划(2000—2019年)"是韩国最主要的交通建设计划,与国家经济、社会发展计划相配套。

20世纪60年代以后,韩国的公路运输不论在数量上还是在质量上都有了迅速的发展。高速公路的建设和开通对韩国外向型经济发展尤为重要。首尔至各道的城镇均通高速公路,所以首尔至国内任何地方均可在1日之内到达。1968年,首尔—仁川高速公路建成,全长24千米,是韩国第一条现代化高速公路;两年后京釜高速公路竣工,全长425.5千米,成为韩国建设现代交通网络的里程碑。2005年末,韩国已有涵盖全国各地的26条高速公路,总长3000多千米。在26条高速公路中,22条由国有的韩国道路公司建设和运营（图4.8），其与4条由民营企业运营。

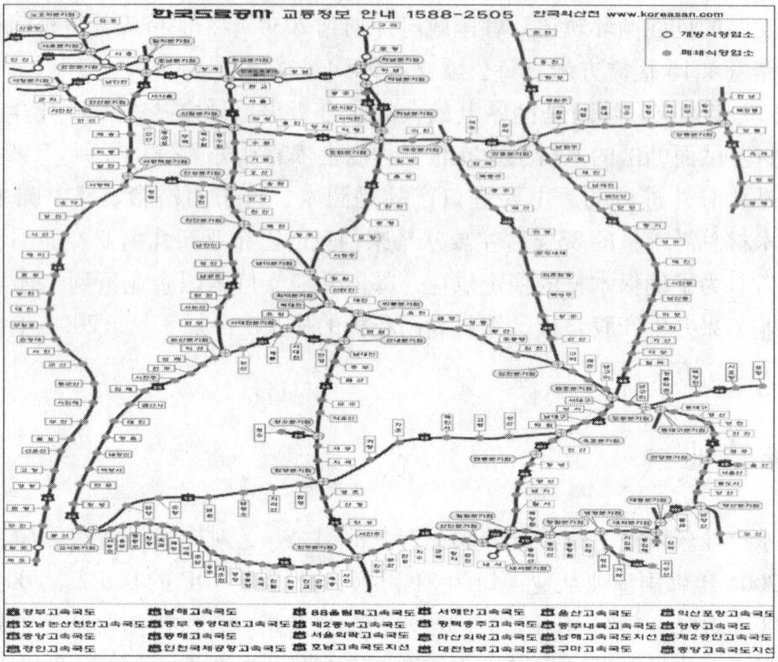

图 4.8　韩国高速公路网示意

资料来源：韩国道路公司网站（http://cfs1.tistory.com/upload_control/download.blog?fhandle=YmxvZzE2MjBAZnMxLnRpc3RvcnkuY29tOi9hdHRhY2gvMC82NC5qcGc%3D）。

韩国在加速建筑高速公路的同时，从70年代中期开始大力开展国道、地方道、市郡道的铺设工程。2005年公路总长度达10.2万千米，其中柏油路铺设率76.8%，公路密度为1.05千米/平方千米。1993年3月韩国政府提出"全国公路干线计划"，到2020年政府将投资46万亿韩元，建设4965千米高速公路和高速国道，这将形成东西9条干线、南北77条干线的格子型全国公路网。

随着公路设施的不断发展，韩国的汽车保有量持续增长。韩国保有汽车总量1961年为2.9万辆，1993年达到627万辆，增加了215倍。2005年韩国四轮以上汽车保有总量为1540万辆。其中1112万辆为轿车；每千米汽车数为150.5辆，每千人小轿车保有量为230.3辆。

二、铁　路

韩国的铁路有100多年的历史。铁路作为韩国的运输大动脉，在现代化过程中起了很重要的作用。特别是在高速公路建成以前,铁路是韩国陆上运输的核心部门。

最早的铁路是济物浦到鹭梁津(现在的永登浦)的京仁线,长33.2千米,于1899年9月18日建成通车。至2005年7月止,韩国铁路共有79条干支线,总营运里程为3389千米。国有的韩国铁道公司拥有近4000辆机车和15062节机车车厢,铁路全程实现电气化。首尔至釜山铁路全程442千米,高速列车"新农村号"运行全程只需要4个半小时。

2004年4月,首尔至釜山的高速铁路投入使用。新的高速铁路又被称为韩国高速铁道(KTE,Korea Train Express),它把首尔与釜山间的运行时间从4个半小时缩短到2小时40分钟;2010年第二期工程完工后,首尔与釜山之间的运行时间将缩短为2小时10分钟。这将缓和高速公路交通堵塞的状况,给人们提供更加方便的交通服务。韩国主要的铁路货运商品有无烟煤、水泥、石油产品、矿石和化肥等。

2001年,韩国成立国有的韩国铁道公司,掌管几乎所有的铁路运输和管理业务,但一直处于赤字状态,而韩国政府计划到2015年扭亏为盈。2004年,韩国颁布了《铁道建设法》,翌年确立了"国家铁道网构筑计划(2006—2015年)",这是一个规模大、系统性强、与国家整体发展计划相配套的一次铁路建设计划。

1990年,韩国制定了《城市铁道法》,其目的是进一步加强地下交通、单轨列车等城市交通能力。首尔地铁是韩国最大的地下交通系统(图4.9),日客运量为560万人次。首尔地铁1号线于1974年开通运行。首尔地铁现有8条线路,全长287千米,共有263个站台,连接首尔地区各个站点。釜山、大邱、仁川、光州与大田5个城市也有地铁。

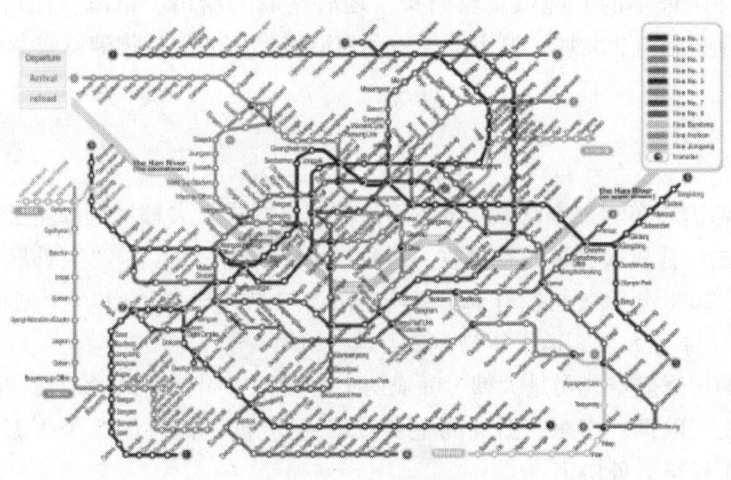

图4.9 首尔地铁系统示意
资料来源:同图4.8。

首尔9号线三期工程正在建设中，釜山3号线二期工程以及仁川、光州和大田二号线一期工程也在筹备中。韩国的地铁宽敞、明亮，服务周到，是具有韩国特色的现代化交通设施，也是世界上规模比较大、管理水平比较高的地铁系统。

三、海　运

韩国三面环海，拥有许多港口，在13200千米的海岸线上有1350多个大大小小的港口，其中大部分是渔港，有42个政府管理的港口。

到20世纪70年代止，韩国海运业规模还很小，主要航行区是日本、东南亚等邻近国家和地区。70年代推行振兴海运业政策以后，韩国海运业得到了迅速的发展。韩国的集装箱船只行驶在通向南美、北美、欧洲、澳大利亚、中东和非洲的许多港口的航线上，外国的远洋航船、游船以及客货轮船也常停泊于韩国港口。1961年韩国港口年吞吐量为900万吨，到2003年增长到5.96亿吨，增长65.2倍。

1976年，韩国政府设立韩国海运港务管理局，作为政府的海运和港务的主管部门，1996年将其升格为韩国海洋水产部。这一变化反映出海洋运输在韩国国民经济发展中日益重要的地位。2005年，韩国海运业外汇收入为191亿美元，仅次于半导体（300亿美元）和汽车（272亿美元），是一个名副其实的"孝子行业"。2001年末韩国的船舶总吨位为1350万总吨，其中外航占89%，总接岸能力为626艘。

1983年，韩国政府为了加强海运业的国际竞争能力，制定、颁布了《海运业法》，使海运业有法可依，确保安全，易于管理和监督。

釜山港是韩国最早的万吨级货轮码头。之后建成的蔚山、镇海、仁川、浦项、玉浦、三日、昌原、温山、北坪、群山港等一系列港口都是大型货物港口或专业港口。

四、航　空

1961年，韩国颁布《航空法》。1962年，政府出资成立大韩民国航空公司（KAL）。1969年该公司的经营权被韩进商社接收，后经"大韩航空公司"、"大韩航空"等阶段得到迅速发展。2008年该公司拥有124架航空器，与39个国家的116个城市开通航线，当年运输旅客2164万人次，运送货物162万吨。

韩国主要的国际航空公司是大韩、韩亚两大公司，每周有1700多个定期直达航班往来于首尔和北美、欧洲、中东、亚洲的主要城市之间。韩国已同85个国家和主要国际航空公司签订了航空服务协定。

1969年，国有的大韩航空公司（KAL）转为民营，成了韩国航空事业国际化时代的重要标志。当政府将该公司交给私人经营时，公司只有两架喷气式飞机。1988年汉城奥运会促使韩国的国际航空能力大大加强。

至2004年止,大韩航空和韩亚航空同世界各地的95个城市开通了航线,年货运量居世界第五位,客运量居世界第十二位。两大航空公司在国内15个主要城市开通了航班:首尔、釜山、济州、大邱、光州、晋州、原州、清州、丽水、蔚山、木浦、群山、江陵、醴泉和浦项。仁川、清州、大邱、釜山、济州等5个机场是国际机场。

仁川国际机场于2001年3月建成启用。该机场设备先进,并为旅客提供先进的交通网络服务。仁川机场的地理位置十分理想,寓意东北亚中心航空港,易于与东西两大航空港战略协作,即与西翼中国的上海浦东航空港、东翼日本的关西航空港协作,促使仁川机场成为东北亚中心航空港和重要的物流中心。仁川机场发展规划包括建立1个自由贸易区、1个国际商务区和1个经济特区。韩国航空港运营主体多样,有国营、民营、军民共营、美韩共营等多种形态。

五、邮电通讯

1884年,韩国开办邮政服务,至今已有100多年的历史。邮政在韩国的现代化进程中扮演了极其重要的角色。1900年韩国加入万国邮政联盟。到2005年底,韩国共有3900多个邮局,每个村至少有一个邮局。2005年,韩国邮件数目达46.8亿件,包裹7500多万件,绝大部分地区的邮件一天内即可送达。韩国从1970年7月开始实行5位数的邮政编码,1974年1月推行标准化信封后,邮件投递效率大大提高。1988年2月邮政编码升为6位数,加快了邮件的机械化管理。

韩国是世界信息技术强国,生产和出口大量信息技术相关产品与新开发的国家级先进技术,并广泛使用大量互联网和移动通信设备。计算机芯片和移动电话等信息技术产品占全部出口的30%。韩国日常生活的各个方面,从外出就餐到公共交通都与计算机有关,高速互联网几乎接入到每一个家庭。而且几乎每位国民都拥有移动电话。

韩国的半导体、移动电话、超薄型液晶显示器、数字电视和网络游戏能够风靡全球市场的原因在于:优质的服务创造了新的市场需求,完善的基础设施建设使这种服务能够得到充分利用,设备创新提高了制造能力。

自2004年开始,韩国信息通信部推出了IT839战略,把重点放在引入8项服务上,包括无线宽带网络或高速互联网服务、数字多媒体广播、家庭网络、远程通信、无线频率识别、码分多址访问、地面数字电视与互联网电话。2005年韩国建设全国地面数字电视网络,2006年拥有400万网络电话用户,并在同一年开始提供宽带互联网商业化服务和数字多媒体广播。截至2008年,韩国1630万家庭住户中已有78.9%安装了宽带网,是全球宽带服务率最高的国家。

无线宽带互联网和数字多媒体广播技术首次在韩国得到开发,并被确定为全球标准。这一成功为韩国主导全球信息通信市场奠定了基础。

2001—2004 年，韩国的信息技术呈现腾飞式发展：宽带互联网用户从最初的 781 万增加到 1219 万，互联网使用人数也从 2400 万增加到 3518 万，计算机从 2250 万台增加到 2620 万台；信息技术产业产值从 150 万亿韩元增长到 230 万亿韩元，占 2004 年 GDP 的 13.8%；信息技术出口额几乎翻了一番，从 484 亿美元猛增到 937 亿美元；固定电话用户的人数几乎保持不变，但是移动电话用户从 2906 万人增加到 3658 万人。

第六节 企 业

韩国企业历史较短，最早的近代工厂包括 1902 年创建的汉城织物株式会社、1915 年建立的京城纺织株式会社和 1924 年创办的三株社等，它们是韩国现代企业的雏形。光复后，韩国企业通过廉价收购日伪资产及依靠美援，以"三白工业（制粉、制糖、棉纺工业）"为中心发展起来。

自经济开发以来，在政府的扶持下，韩国企业在数量上和规模上都有了显著的发展，大企业发展得尤其迅速。20 世纪 80 年代，随着经济民主化的发展进程，韩国企业结构发生了新的变化。公营企业开始向民营化转变，在经济开发时期以大企业为中心的企业发展政策转向为以中小企业为中心。

一、企业家与财阀企业

韩国企业家大体分为两大类：一类是具有商人特征的企业家，他们是光复后利用政治动乱和社会经济变动之际从事商业活动，通过资本积累逐步发展起来的企业家；另一类是有政治背景的企业家，他们和政界有着紧密的关系。

韩国的财阀企业是靠政府的各种优惠和扶持政策创办起来的，财阀和政府有着密切的联系。政府为财阀提供了优惠的金融政策以及允许其在资本和技术上依赖国外的政策，使大企业得以在最宽松的环境和条件下发展，结果形成了政府支配型的经济结构和企业结构。大企业经过 20 世纪六七十年代的奋斗，以惊人的速度扩大其规模。韩国大企业可分为两大类：一类是财阀企业，具有较浓的家庭经营色彩；另一类是由政府投资和经营的企业。

韩国财阀的形成和发展有 50 多年的历史，按发展时期可分为三种类型：一是光复以前的财阀，如由经商、经营农场和水产业起家的三养、和信等企业；二是 50 年代后期地方小商人和手工业者以廉价收购日伪资产以及靠美国援助物资创办起来，通过投机发财的财阀,如三星、乐喜、双龙、东洋等企业;三是60年代以后在经济高速发展时期形成的财阀,他们依靠政府的资源分配、金融政策以及优惠政策兴办化学、纤维、水泥、钢铁、汽车、造船、电子等新兴工业,迅速发展成财阀,如现代等企业。

韩国财阀企业在迅速发展过程中表现出以下结构特点:第一,家族企业,血缘关系密切,资源掌握在少数人手中;第二,经营范围广泛,占GDP比重较大,地位举足轻重;第三,集团内交叉持股,增加企业紧密度,财务透明度低;第四,通常拥有金融业,资金调动方便,可非法借贷;第五,与政府关系密切,介入特许行业获利,透过政治献金干预政治。

美国对韩日财阀使用不同的名词,对韩国财阀用Chaebol,对日本财阀用Zaibatsu,而不用英文的Plutocrat来笼统地论这两国的财阀,以示传统财阀色彩的逐渐递减(图4.10)。

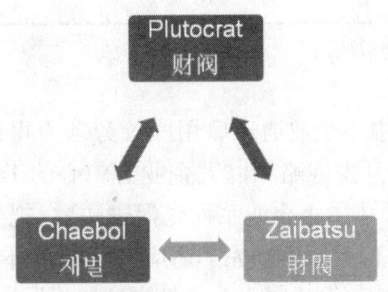

图4.10 美国对韩日财阀的不同表述

20世纪末韩国金融危机之后(1998—1999年),韩国政府进行产业结构调整。其主要目的就是要打破垄断,消除财阀企业的弊病。结构调整的重要措施之一是产业互换与合并,将五大企业集团所属的半导体、石油化学、汽车、航空、铁路车厢、发电设备与船舶引擎、炼油等7个产业进行产业互换或重组。例如,1999年,现代精工、韩进重工、大宇重工业等3家公司的铁路车厢制造部门合并为韩国铁道车辆公司,三星航空、大宇重工、现代宇宙航空等3家公司的机体制造部门合并为韩国宇宙航空公司。

二、中小企业

韩国现有企业320多万个,其中中小企业占99.8%。韩国企业规模的大小是根据产业类别、从业人数、资产规模以及销售额分类的(表4.3)。

表 4.3　韩国中小企业划分标准

行　业	职工人数/人	销售额/亿韩元	资本金/亿韩元
制造业	<300		<80
建筑业	<300		<30
矿业	<300		<30
交通运输业	<300		<30
批发零售业	50~300	50~300	
服务业	50~300	50~300	
矿业、制造业、建筑业、运输业	<50	小企业	
批发零售业、服务业	<10		

资料来源：《韩国 NAVER 百科大辞典》。

20 世纪 50 年代，韩国中小企业通过雇用廉价劳动力得到一定的发展。60 年代，由于韩国政府推行出口导向的开发战略和以大企业为中心的工业化政策，中小企业开始衰退。1976 年韩国政府制定了《中小企业系列化促进法》，把分散经营的中小企业按业种、规模进行重组，使其系列化和专业化。为了适应国际经济环境的新变化和加速中小企业的现代化，政府于 1978 年制定了《中小企业振兴法》，设立中小企业振兴工团和中小企业银行，大大促进了中小企业的组织化和协作化，使其得到较快的发展。80 年代，韩国政府调整了中小企业的发展政策，中小企业的产业重点开始转向石油化学、电子、电气、汽车等工业领域。同时，政府开始调整大企业和中小企业在国内的分工体系。

为了加快实现中小企业的专业化、协作化和现代化，韩国政府制定了有关法规和扶持中小企业的政策。主要政策有：积极促进中小企业的现代化，设立中小企业振兴基金；以法律形式保护中小企业的技术开发，促成技术引进和技术开发运动，制定《中小企业技术促进法》；政府在财政、金融和税制上大力扶持中小企业，并对新技术、新产品开发和出口企业给予鼓励和投资优惠（图 4.11）；加强大企业和中小企业之间的协作；制定中小企业长期发展计划，提高中小企业在国民经济发展中的地位和作用。2006 年，韩国企业专利登记数为 87646 件，其中中小企业占 27.8%，而且有逐年增加的趋势，这是政府支持和鼓励中小企业参与科技研发的结果。韩国中小企业政策、法规比较健全，而且实施历史较早。其主要的政策、法规有《中小企业培育对策纲要》（1956 年）、《中小企业培育综合对策》（1961 年）、《中小企业基本法》（1966 年）、《中小企业振兴长期计划》（1982—1991 年）、《支援中小企业"五一八"措施》（1982 年）、《中小企业创业支援法》（1986 年）、《中小企业稳定经营与结构调整特别措施法》（1989 年）、《风险企业培育特别措施法》(1997年)、《中小企业技术革新促进法》(2001年)、《中小企业结构调整传统市场活化特别措施法》(2002年)、《中小企业产业升级特别法》(2006年)等。

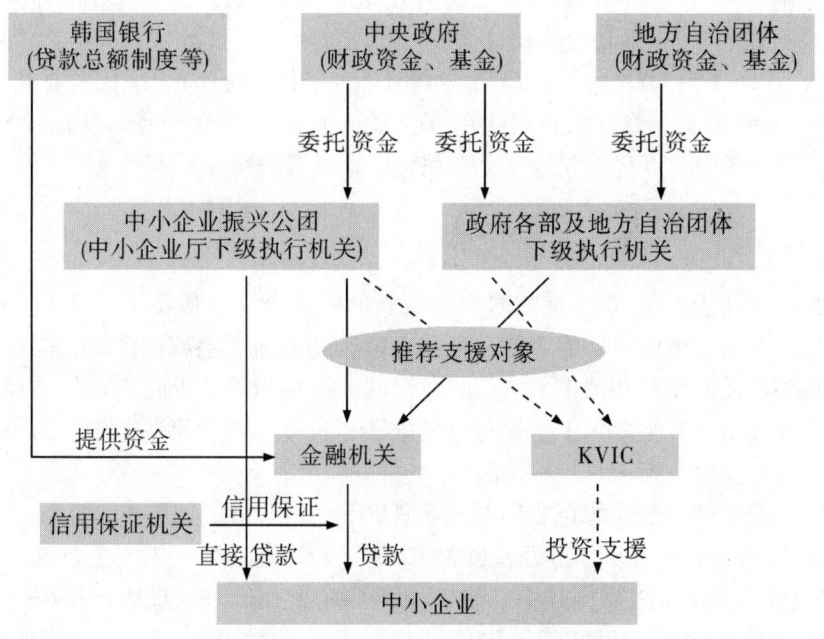

图 4.11　韩国中小企业政策金融体系

资料来源：著者根据曹永三：《中小企业政策金融的主要问题和课题》（KIET ISSUE PAPER, 2008-232, pp. 27-31）重新整理。

三、主要企业集团

1. 现代集团

现代集团成立于1946年，是韩国最大的多元化综合性集团，在汽车、造船、数码电子、重工机械、基建等领域都占有重要地位。现代造船业位列全球造船行业第二；现代汽车是韩国最大的汽车企业，也是世界第七大汽车制造商（2005年）。

现代的发展史就是韩国企业的发展史。创始人郑周永于1946—1951年期间先后建立现代汽车、现代建设等企业，70年代又建立了现代重工业，并大胆投资电子产业，使现代成为以建筑、造船、汽车产业为主，兼营钢铁、机械、贸易、运输、水泥生产、冶金、金融、电子等几十个行业的综合性企业集团。现代以"投资今天，收获未来"为经营理念，凭借先进的管理经验和世界一流的生产工艺，立足国内市场，积极向海外发展。2002年，现代位居世界500强的第二十五位，"现代"品牌价值达到90多亿美元。

2004年现代营业额达到800多亿美元,为韩国五大财团之一。

20世纪90年代,尤其是1997年金融危机之后,韩国开始进行大刀阔斧的结构调整,对企业内部的生产、财产、资本、经营、支配等结构进行重组、拆分、调整。被称为"现代王国"的现代集团首当其冲,被拆分成几个独立的公司。现在的韩国现代只能称为"泛现代集团",包括现代集团(含25个系列社)、现代汽车(含42个系列社)、现代百货(含21个系列社)、HYNIX半导体(含11个系列社)、现代产业开发(含14个系列社)、现代重工(含6个系列社)、现代海上保险(含9个系列社)。2002年,韩国现代汽车在华投资8.6亿美元成立北京现代汽车有限公司。

2. 三星集团

三星集团创建于1938年,是韩国资格最老的财阀企业。1945年光复后,三星最先建立制糖厂,垄断了全国白糖的生产和销售。以后又垄断了毛织、混纺、电视机、电冰箱、调味料等产品的生产和销售。三星的经营模式被称为"百货商店式"的经营,经营领域之广为人称奇。其主要骨干企业有三星电子、三星物产、第一毛织、第一制糖、三星石油化学、三星综合建设、三星保险等。

目前,三星是韩国最大的企业集团,下属26个公司及法人机构,在70多个国家和地区建立了近300个法人及办事处,员工19.6万人。集团旗下3家企业进入美国《财富》2003年世界500强之列,其中三星电子排第五十九位,三星物产排第一百一十五位,三星生命排第二百三十六位。2003年三星营业额约965亿美元,品牌价值高达108.5亿美元,在世界百大品牌中排名第二十五位。2003年三星在美国取得的专利高达1313项,在世界所有企业中排名第九。

1992年8月,三星电子在中国惠州投资建立了三星电子有限公司(SEHZ)。此后,三星电子不断加大在中国的投资与合作,截至2002年,在华累计投资额已达26亿美元,成为对中国投资最大的韩国企业。

3. LG集团

LG集团的前身是1947年靠经营生活用品起家的乐喜化学工业社,后发展成为韩国的一级财阀企业集团。它是以乐喜经营的石油化学工业和金星社经营的电子、电器和半导体产业为基础形成的高技术产业集团,于1982年1月1日改名乐喜金星集团,后又改名为LG集团。LG的生产覆盖化学能源、电机电子、机械金属、贸易服务、金融以及公益事业、体育等六大领域。2002年LG销售额达730亿美元,在171个国家和地区建立了300多家海外办事机构。

LG电子创立于1958年,是韩国电子电器制造业的先驱,经过50年的努力,现已成为科研、生产、销售及服务网络遍及全球每一个角落的大型跨国公司,在10多个国家和地区建立了工厂,并在全球设有 56 个办事处、54 个子公司及 25 个科技中心。LG 商标也已在世界 156 个国家和地区使用。LG 电子还被美国《财富》杂志评为世界 500 强企业之一。截至 2002 年,LG 在华投资累计达 20 亿美元。

4. SK 集团(鲜京集团)

SK 集团创建于 1953 年 10 月,靠接受"继承财产"起家,最初在研制化纤制品等方面在国内取得领先地位,接着在垄断石油化学产业方面获得成功,发展成为大企业集团。

SK 是韩国第三大跨国企业,以能源化工、信息通信为两大支柱产业,旗下有两家公司进入全球 500 强行列。目前,SK 及其附属机构在全球拥有 25000 名员工、112 个办事处和子公司。2002 年,SK 集团收入和税前利润分别达到 450 亿美元和 30 亿美元,人均收入高达 174 万美元,其人均劳动生产率已跃升至韩国国内最高水平。截至 2005 年,SK 在华投资已达 12 亿美元。

5. 乐天集团(Lotte)

乐天集团是韩国五大集团之一,会长辛格浩在日本开始创业生涯。1965 年韩日建交,乐天开始向韩国投资。1967 年在韩国成立乐天制果(株),开拓食品饮料、流通、旅游休闲、石油化学产业领域,已具备世界级竞争力。乐天事业范围已扩大到信息通信、电子商务等尖端数字产业。

乐天全面启动中国发展战略,由乐天制果、乐天七星饮料(韩国乐天)和日本乐天共同投资 8700 万美元的乐天(中国)投资有限公司,2006 年 10 月在上海设立。这是乐天在中国成立的第一家独资公司。

四、主要经济团体

1. 全国经济人联合会

全国经济人联合会是韩国最大的工业联合会组织,各大企业集团和财阀集团均为该会成员。全国经济人联合会于 1988 年初设立了韩国经济交流协议会,由 76 个财团和企业的综合企划室负责人组成。

2. 韩国贸易协会

韩国贸易协会成立于 1964 年,其宗旨为振兴贸易发展。协会的职能是:具体负责会员之间的贸易联系,指导和办理贸易业务;与各国联系贸易事宜;进行贸易调查;向政府提出有关贸易方面的建议和咨询；编辑出版《贸易通讯》、《贸易年鉴》等刊物。该协会是韩国最大的民间经贸组织，有1.6万多家会员企业，具有广泛的代表性。该协会由1969年兴办的高丽贸易株式会社出资，专门负责经办中小企业出口业务，1976年被韩国政府指定为综合贸易商社。

3. 大韩贸易振兴会社

大韩贸易振兴会社根据韩国政府颁布的《大韩贸易振兴会社法》于1962年成立，是一个非营利的半官方贸易促进机构，以拓展海外贸易、促进国内经济发展为宗旨。该会社向政府提出制定通商政策的建议，推进各种经济贸易业务，同时为国内企业提供各国的经济信息、通商制度、商业惯例、市场动向等信息。会社总部内设有13个局室，其中包括海外合作以及研究社会主义国家的课、室等。该会社在国内有10个分社，在世界69个国家和地区设有81个办事处。

4. 大韩商工会议所

大韩商工会议所的前身是1885年成立的汉城商业会议社，1948年改为现名。该会议所是韩国五个主要经济团体之一，其主要任务是商业调查统计、制定计划、向政府提出建议、振兴国际通商等。大韩商工会议所与70多个国家和地区签有合作协定，并同其中的35个国家成立经济协作委员会。现有49个分商会，拥有2万余家企业会员。

5. 中小企业协同组合中央会

中小企业协同组合中央会是1969年根据韩国《中小企业振兴法》建立的非营利组织。该会的宗旨是组织实施有关中小企业的各项计划，促进国民经济的发展。其主要任务是帮助中小企业提高管理水平，推动工厂设备的现代化，增强竞争能力，提供咨询和服务，为中小企业开拓国际市场及进出口业务服务。该会现有各种分会360个。

第七节　对外贸易

一、对外贸易——韩国经济的生命线

韩国国土狭小，人口众多，生产能力大于国内市场需求，大量产品不得不依赖海外市场。韩国政府实行以出口增长为动力的外向型经济发展战略，其根本原因在于国内的

生产能力和市场规模不匹配。正如过去50年的历史所证明的那样，韩国的这一结构性矛盾将持续下去。

出口导向型工业化发展战略极大地推动了韩国的经济腾飞，对外贸易成为韩国经济的生命线。1977年韩国出口首次突破100亿美元大关，出口额从10亿美元到100亿美元仅用了7年时间，而联邦德国和日本分别用了11年和16年。2007年，韩国外贸总额达到7305.84亿美元，外贸规模居世界第十一位（图4.12）。

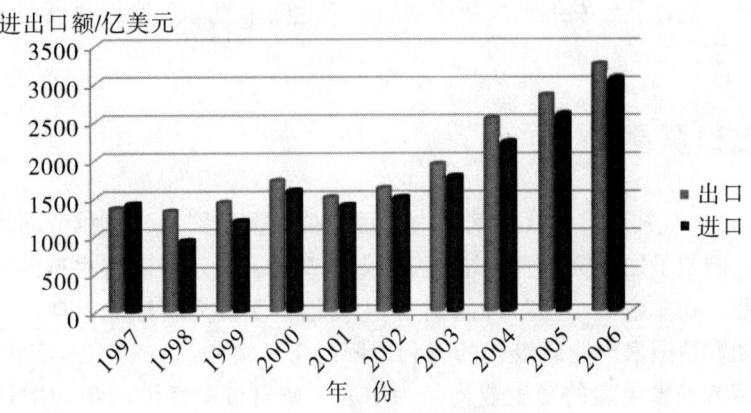

图4.12　韩国进出口额变化

资料来源：韩国统计厅；《国际统计年鉴（2007年）》。

韩国的对外贸易依存度比较高，国民经济的对外贸易依存度（贸易额/GNP×100%）从1970年的35%提高到2002年的66%（图4.13）。出口商品结构日趋高级化，

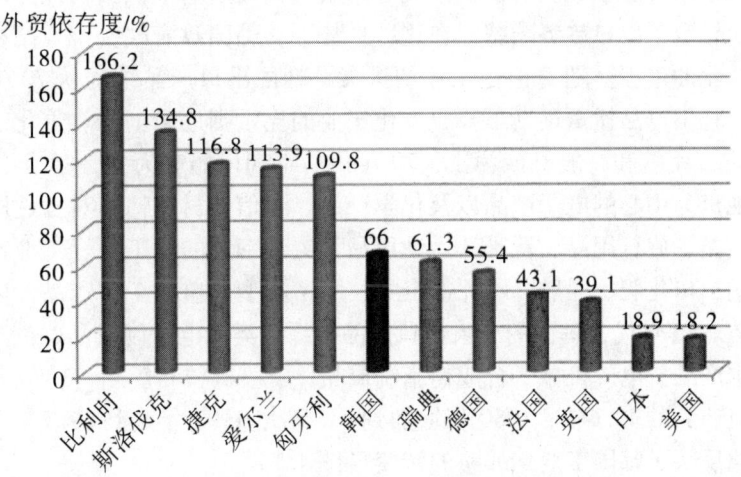

图4.13　各国外贸依存度

资料来源：国际货币基金组织，2003年。

60年代以出口劳动密集型轻纺工业品为主，1983年重化工业品出口超过轻纺工业品，1988年电子产品出口首次超过纺织品而据榜首。目前，电子、纺织、石油化工、钢铁、汽车和船舶成为韩国最主要的大宗出口商品。进口产品结构也发生了相应变化。在重化工业发展初期，以进口石油、天然气等矿物性燃料为主，但80年代中期以后，电子工业发展所需的中间产品和一般机械的进口迅速增加。目前在进口总额中，工业用材料约占50%，用于设备投资的机械类产品等约占40%。进出口商品结构的上述变化，反映韩国参与国际分工的性质已发生重大变化，即从产业间垂直分工格局逐渐向产业内部的水平分工方向转变。

二、出口贸易

20世纪60年代初，韩国认识到国内资源稀少、市场狭小、农村劳动力过剩等不利于发展经济，制定了加工贸易型的外向型工业化政策，指定劳动密集型的轻工业部门为主要出口产业。在实施"一五"计划到1974年第一次世界石油危机期间，韩国处于贸易自由主义和发达国家产业高级化的有利国际经济环境中。它利用丰富的廉价劳动力，以纤维制品等劳动密集型的轻工业产品为中心，使出口和经济的年均增长率分别达到40%和10%左右，出口额由5500万美元剧增至44.6亿美元。1964年11月30日，韩国出口贸易额突破了1亿美元，韩国政府将这一天定为"出口日"，作为国家的对外贸易纪念日。

从70年代后半期开始，韩国的劳动力价格急剧上涨，第一次世界石油危机以及发达国家因经济不景气加强新贸易保护主义等因素，大大削弱了韩国的纯劳动密集型产业的比较优势，导致了出口趋势减缓。在这种形势下，韩国政府改变产业结构，集中力量促进重化工业化的进程。随着重化工业的进展，韩国出口产品结构从70年代后半期开始发生变化，轻工产品比重逐渐下降，重化工业的比重则逐渐上升。重化工业品的出口70年代前半期以钢铁和一般机械为主，70年代后半期以船舶为主，80年代则主要是以半导体、电视机为中心的电子产品以及化学产品、通信器材。韩国对发达国家的出口仍以鞋类、服装类、旅行用品、玩具、运动用品等劳动密集的加工型轻工业产品为主，对发展中国家则出口化肥、船舶、水泥等资本技术密集型的重化工业产品，以保持出口产品的比较优势。80年代，韩国的十大出口产品是纤维类、电子制成品、汽车、鞋类、钢铁制成品、水产品、电气机械、合成树脂制成品、一般机械和船舶。1970年，重化工业产品仅占出口产品的13.6%，1980年增加到41.6%，1993年达到67.7%。出口产品结构的这种变化反映了韩国工业化战略的转变（图4.14）。

从出口市场结构看，韩国在经济开发初期偏重于美、日市场，逐步走向多边化。虽然出口市场结构的多边化缓和了少数发达国家对韩国出口产品的限制，但是目前发达国

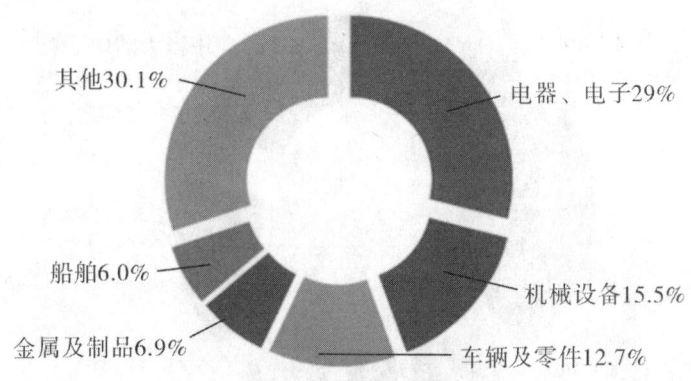

图 4.14 韩国主要出口产品结构

资料来源：韩国海关，2005 年。

家市场，尤其是美、日市场的比重仍然偏高，韩国还没有摆脱对美、日市场的依赖（表 4.4）。对美国市场依存度的加深是引起贸易摩擦的主要原因，这有待于通过进一步开拓发展中国家的市场来解决。

表 4.4 韩国出口市场变化

年份	美、日	欧洲发达国家	发展中国家
1970	75.3%	11.4%	13.3%
1980	43.7%	21.3%	35.0%
1993	36.2%	16.0%	47.8%

资料来源：著者整理。

出口地区结构趋于多元化。80 年代后期开始，由于韩国积极开拓欧美发达国家市场、新兴的东亚市场和原社会主义国家市场，以往高度依赖于美、日两大市场（1970 年占韩国出口总额的 75.3%）的出口格局得到明显改善。1995 年，美、日虽仍为韩国的第一、第二大出口国，但其比重已大大降低，分别占 19.3% 和 13.6%。2004 年，韩国最大的出口国是中国，对中国的出口占韩国出口总额的 19.6%（图 4.15）；东亚新兴工业化国家（地区）和东盟已是韩国最大的出口地区（26%），欧盟也占至 10%。对上述三国二区的出口共占韩国出口总额的 4/5。

在进口地区构成中，日、美两国所占比重也在下降，欧盟和亚洲的比重有所提高。1995 年，韩国从日、美和欧盟等发达国家进口额占进口总额的比重达 60%。同年，韩国从中国进口约 74 亿美元。

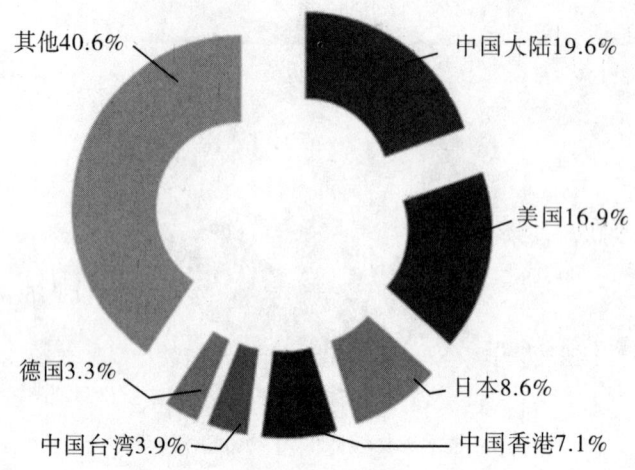

图 4.15 韩国主要出口国家、地区结构
资料来源：同图 4.14。

三、进口贸易

韩国自从推行出口导向型工业化战略以来，生产资料和用于出口的原材料进口比重迅速增长，占进口总额的一半以上。这与出口结构的变化形成对照，说明韩国经济是进口原材料和生产资料，进行加工，再出口的加工贸易型结构。韩国主要的进口品是小麦、大豆、棉花、糖、橡胶、羊毛、皮革、木材、纸、纤维以及原油、煤炭、天然气等能源和铁矿石、铜矿石等矿产品。1993 年韩国的进口额中，原材料为 444.2 亿美元，占进口总额的 53.0%；技术设备为 306 亿美元，占 36.5%；食品及消费品为 87.8 亿美元；占 10.5%。其中出口用进口品比前一年增加 8.3%，内需用进口品比前一年减少 0.2%，由此可见出口用进口品有明显增长趋势。

韩国主要从美国和日本进口商品，1965 年来自美、日的进口额占总额的 77.1%。后来，美、日商品的进口额逐渐下降，1984 年为 47.8%，1993 年降到 45.3%，但仍保持较大的比重。目前，韩国从美国主要进口一般机械和电子零件、农产品，从日本主要引进一般机械、电器、电子、精密机器、化学制品等，从欧共体主要进口运输设备、耐用消费品、电器、电子，从发展中国家主要进口原油、天然气、钢材、农产品等。2004 年韩国四大进口贸易伙伴依次为日本、中国、美国和欧盟，占韩国进口额的比重分别为 20.6%、13.2%、12.8% 和 10.5%（图 4.16）。从进口商品类别看，矿物燃料、电器及电子产品和机械设备是韩国最主要的三类进口商品，分别占韩国进口额的 22.4%、20.3% 和 11.1%。

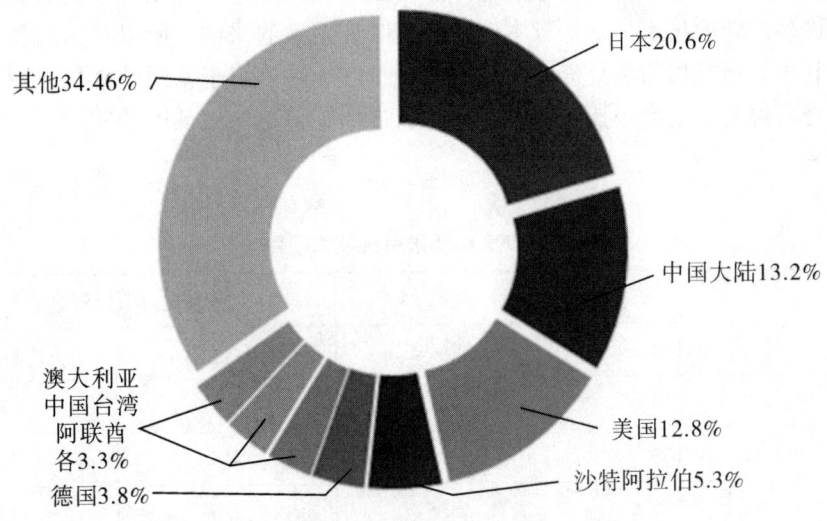

图 4.16 韩国主要进口国家、地区结构
资料来源：同图 4.14。

四、技术引进和对外投资

1. 技术引进

韩国在经济开发初期的技术水平很低，但教育水平较高，因而劳动力的素质也较高，这有助于模仿外国先进技术和培养技术人才。韩国自 20 世纪 60 年代初实行经济开发以来，大量引进技术，通过模仿和广泛普及，实现了技术进步。

韩国政府实施重化工业化的过程对先进技术产生了大量的需求，于 1960 年制定了《外资引进促进法》，从发达国家引进了大量资本和技术。从 1978 年开始，韩国政府阶段性地推进了技术引进自由化，并且从 1984 年 7 月开始，把过去的技术引进认可制改为申请制，使技术引进活动更加开放。

韩国在"一五"计划期间仅引进了 33 项技术。随着经济的发展，技术引进项目逐年剧增，在"五五"计划期间已达到 2078 项。到 90 年代，韩国技术引进有减少的趋势。1989 年引进 763 项，价值 8.88 亿美元；1991 年引进 582 项，价值 8.5 亿美元。技术引进趋于减少的主要原因是韩国本身的技术能力和发达国家的技术保护主义所致。

同商品进口和资本引进一样，韩国着重从美国和日本引进技术。从 1962 年到 1987 年，韩国引进技术的总数为 4688 项。其中，从日本引进 2505 项，占 53.4%；从美国引进 1160 项，占 24.7%。虽然从 70 年代后期韩国开始增加了从联邦德国、法国等欧共体国家引进技术项目，出现了技术引进的多边化趋势，但目前仍以引进美、日技术为主。

韩国从日本引进技术的主要原因是韩、日毗邻,在地理上和文化上具有相似性。此外,韩国许多产业的技术体系是日本殖民统治时期发展起来的,所以日本的技术容易消化、便于利用。所支付的项目资金美国远大于日本,这是由于韩国的重化工业部门从美国引进的是高价的大型高级技术,而从日本引进的是价格比较低廉的实用、一般的小型技术(表4.5)。

表4.5 1992年韩国引进技术项目情况

引进方	引进技术项目		支付项目资金	
	项目数/项	比重/%	金额/亿美元	比重/%
合计	533	100	8.5	100
美国	163	30.6	4.5	53.0
日本	232	43.5	2.6	31.0
英德法	74	13.9	1.4	16
其他	64	12.0		

资料来源:著者整理。

2. 对外投资

自20世纪80年代末起,韩国大幅度扩大对外直接投资。韩国对外直接投资在1990年创16亿美元新高后,1995年达49亿美元,2008年达207亿美元,韩国已成长为发展中国家重要的资本供应国之一。

由于韩国经济对美、日依赖性比较大,加上美、日对技术出口的限制,国内劳动力价格上涨,导致韩国工业产品的国际竞争力日趋削弱,从而面临出口难的问题。因此,韩国政府一方面调整产业结构,促进生产技术高级化;另一方面以发展中国家为对象,努力扩大海外市场,寻找产品出口和资本输出途径。资本输出对于韩国产业技术高级化和外向型经济的发展具有极其重要的意义。首先,产业技术高级化必然淘汰低附加价值产业,而资本输出可以把国内低附加价值的产业转移到劳动力价格低廉的国外投资场所,实现产业转移;其次,可以避开对象国的各种贸易壁垒,把产品直接投放到贸易对象国的市场。

在韩国的资本输出中,投资数量的79%和投资额的26.1%(1993年)是由中小企业实现的,这说明韩国的中小企业在向海外投资过程中表现十分活跃。据韩国中小企业银行对国内2163个中小企业的调查,33.3%的企业选择中国为希望投资区域,选择越南、墨西哥、美国、印度尼西亚的企业分别为14.9%、7.1%、5.5%、4.6%。其投资项目大部分是纤维、服装等劳动密集型产业。

韩国瞄准中国拥有的巨大的国内市场，对华投资逐渐转向大企业和资本密集型产业，对金属、机械、运输、电器、电子等资本密集型项目的投资还在继续。韩国大企业正在积极扩大在华的投资区域和投资规模，对华投资所占比重持续增加。2006年韩国大企业对华投资16.5亿美元，占同期韩国对华总投资的49.6%。虽然韩国对华投资起步晚，但是中国已成为韩国的第一对外投资对象国（图4.17）。2008年，韩国对外投资的28.6%是对华投资，对华实际投资额累积达到273.7亿美元，其投资区域主要集中在山东、天津、大连等环黄海、渤海地区。

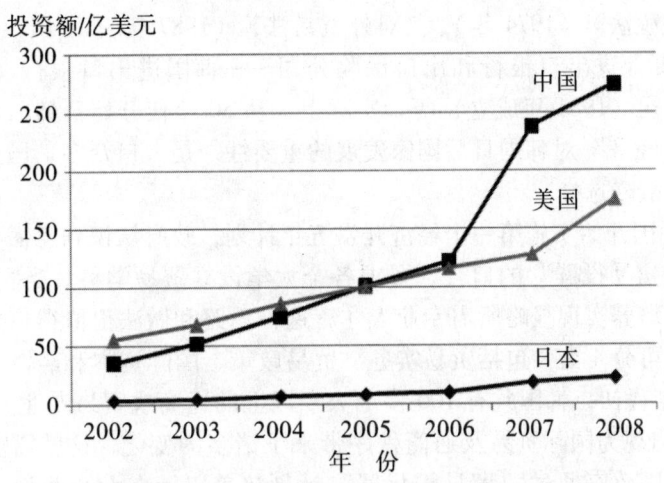

图4.17　韩国对中美日的直接投资变化（累计）
资料来源：韩国国家纪录院网站（http://kosis.kr/nsportal/abroad/abroad_04List.jsp）。

韩国对外直接投资的部门结构以制造业为主，约占总投资额的54.6%（1968—1995年累积额）。在制造业对外直接投资中，具有较强国际竞争力的电子、电气和运输机械工业约占1/5，居首位；其次为纤维、成衣部门。对外直接投资地区构成以北美、欧洲和东盟为主。韩国汽车工业的全球性投资倾向最为突出，广泛投资于发达国家、发展中国家和原苏联、东欧地区。

五、对外贸易政策

1. 振兴出口政策

韩国从20世纪60年代初实施经济开发战略以来，为了实现经济的高速增长，振兴出口成为国家的第一课题，并于1962年颁布实施《出口振兴法》。出口的快速增长不仅可以推动经济持续高速增长，而且可以解决人口过剩和资源不足的矛盾。韩国政府为了扩大出口，在关税、国税、金融等方面提供了各种优惠政策。在关税政策方面，主要实行了免税、减免关税、缓缴关税以及放宽税制等措施；在国税方面，对出口起重要作用的增值税和法人税实行减免；在金融方面，为出口产业的融资和贷款提供优惠。此外，随着重化工业化的深入发展，采取重化工业产品的出口产业化，确立出口竞争体制，促进对高附加价值产品的开发，等等。

韩国在出口导向型经济发展战略中有些做法非常值得借鉴。为了出口，韩国政府竭尽全力提供法律和政策上的支持，主要政策、法规有《出口振兴法》（1962年）、《外汇管理法》（1963年）、《出口振兴基金政策》（1964年）、《出口产业园地开发造成法》（1964年）、《关税法》（1974年）、《对外贸易法》（1987年）、《出口保险法》（1968年）；还建立了专业进出口银行和出口保险公司——韩国进出口银行（1977年成立）、韩国出口保险公司（1981年成立）等。实际上，从50年代开始，韩国政府就已经认识到"出口导向型经济"对韩国日后国家发展的重要性，是人口众多、国土狭小的国情所必需的国家发展战略选择。

1962年，韩国开始实施第一个经济开发五年计划，政府认识到急需贸易人才，提出了"培养年轻的贸易役群"的口号，要求各个大学设立贸易学科。当实施某种战略时，要通过教育体系培养实现战略所需专业人才，这种思路和做法很值得借鉴。韩国的贸易学科的课程大致可分4类，包括贸易实务、贸易政策、国际资本和经济一体化、跨国企业论等。到90年代初，韩国共有100多个大专以上的通商或贸易专业。"乌拉圭回合"及WTO体制的出现为国际贸易及通商秩序带来了诸多的变化，这就需要更高一级的贸易通商人才。韩国政府通过"贸易孵化器"计划培养以面向大企业为主的贸易专门人才，2006年开始又为中小企业贸易专业人才的培养提供政策、财政、教育硬件上的支持。现在韩国大致有40万人从事专业性通商贸易事业，其中专业人才状况参见表4.6。

表4.6 韩国对外贸易专门人力供需状况　　　　　　　　　　单位：人

供需状况		2001年	2002年	2005年	2010年
需求		26100	29800	37300	74600
供给	大学	7900	7300	8100	8100
	民间教育机构	221	220	166	200
	政府	312	399	1439	800
	小计	8433	7919	9705	9100
不足		17667	21881	27595	65500

资料来源：韩国贸易协会，2006年。

2. 进口自由化政策

韩国于20世纪70年代中期取消了对特定工业品的进口限制，并于1978年2月成立了"进口自由化对策委员会"。韩国实施进口自由化政策的内在背景是政府主导，过分追求量的增长，以大企业为贸易主体等政策制约了市场机能，导致了资源分配的非合理化，加深了产业间、企业间、地区间的不平衡。从外在背景看，"四五"计划时期韩国国际收支开始盈余，按当时GATT的要求可以逐步开放市场，没有必要实行过分严格的进口限制措施。而且韩国政府认识到，通过进口自由化可以提高企业效率，提高出口产品的附加值，合理地分配资源，活化市场机能，提高消费者的福利，加强国际贸易协作。

韩国进口自由化的选定标准是：竞争效果最大化，企业冲击最小化；垄断产品优先进口；慎重进口中小企业产品；对国内产业结构调整有利的设备、技术等的进口提供时间上的优惠。1983年始，韩国加速了取消进口限制的进程，如今已经扩大到广泛的商品和服务领域，包括农产品的进口和资本的输入。1987年，即韩国国际收支连续出现盈余的第二年，韩国政府坚信这种盈余是结构性的，而不是暂时的，由此认为有必要降低盈余，便设法通过"平衡的贸易扩张"来达到此目的。韩国恪守对自由贸易原则所作的承诺，采取一系列措施来开放自己的市场。这些措施包括自动特许核准系统、降低关税、简化进口手续等。

韩国自80年代初便大大增加了根据自动特许核准系统准许进口的商品种类，结果进口自由化的比率大幅度上升。如今，实际上几乎所有的工业制品（99.9%）均可通过自动特许核准系统向韩国出口，从而使韩国的进出口同大多数西方工业化国家处于对等的地位。

韩国的进口自由化比率在1994年高达98.6%，接近许多发达国家的水平。韩国进出口分类目录中，有10502个进口商品，其中只有150个没有得到自动特许核准。

韩国于1984年实行了一项广泛的降低关税五年计划，工业制成品的平均关税从1983年的22.6%降到1994年的6.2%，这相当于OECD多数国家的同类比率，如加拿大为7.3%，欧共体为6.7%，美国为6.1%；一般税率也大幅度调低，从1983年的23.7%（平均）降到1994年的7.9%；农产品的平均税率从1983年的31.4%降到1994年的16.6%。

无形的贸易壁垒对自由贸易构成重大障碍。因此，韩国把简化进口手续作为迈向市场开放的一个重要步骤，同时逐步废除以健康和安全为限制进口条件的个别法律。1988年7月，韩国政府取消了政府必须采购地方产品的限制。韩国政府已经加入了世界贸易组织（WTO）的政府采购协定。1993年12月15日，韩国签订了《乌拉圭回合协议》，这进一步加速了韩国进口自由化进程。

第四章思考题

1. 简述韩国经济发展的特点。
2. 简述韩国的经济发展战略。
3. 分别简述韩国主要制造业的发展过程（包括钢铁、造船、汽车、电子、石化）。
4. 试比较韩国的首都圈工业区和东南沿海工业地带。
5. 韩国农业生产的特点是什么？
6. 为什么说对外贸易是韩国经济的生命线？

第四章参考文献

[1] 韩国统计厅. 国际统计年鉴（2007年）
[2] 田景,等译. 现代东亚经济论. 北京：北京大学出版社,2004
[3] 张杰. 东北亚区域经济问题研究. 延吉：延边大学出版社,2006
[4] 郑判龙. 韩国简明百科全书. 牡丹江：黑龙江朝鲜民族出版社,1999
[5] 尹英子. 时事经济论. 首尔：韩国放送通信大学出版部,2005
[6] 张时远. 韩国经济史. 首尔：韩国放送通信大学出版部,2007
[7] 郑英奎. 国际地域经济论. 首尔：韩国经济经营社,2002
[8] 金圣进. 韩国中小企业论. 首尔：每日经济新闻社,2007
[9] 经济地理（诺德系列教科书）. 首尔：一图社,2004

第五章　韩国的教育

第一节　教育的历史

韩民族具有重视教育的优良传统。1948年大韩民国成立后，开始建立现代教育制度。今天韩国已成为世界上读写能力比率最高的国家之一。

一、古朝鲜时期的教育

大约在70万年前的旧石器时代开始有人类居住在朝鲜半岛，朝鲜半岛从公元前6000年起进入使用磨制石器和土器的新石器时代。随着生产力的提高和社会经济的发展，人们的劳动技能和劳动经验越来越丰富，社会生活领域也越来越广阔，这就需要年长一代把积累起来的生产劳动和社会生活的经验传授给年轻一代，自然产生了韩国原始社会的教育。

古朝鲜是韩国历史上最早建立的国家，原名为朝鲜，为了同后来的朝鲜王朝区别开来，一般称之为古朝鲜。天帝的儿子桓雄以"弘益人间"的理念降临地上，跟熊女结婚生下檀君，檀君于公元前2333年建立了古朝鲜。古朝鲜的教育是为人们的生产劳动服务，是在整个社会生活中进行的，教育手段也很简单，教育的形态具有宗教色彩的教化的性质。换句话说，古朝鲜时期的教育不是制度化、形式化的教育，而是通过宗教仪式、社会规范和实际生活发挥其职能。檀君提出的"弘益人间"既是韩国的一个基本的思想，也是当代韩国的教育理念。

二、三国时期的教育

从公元前37年到1世纪末，高句丽、百济、新罗三国依次建立了中央集权国家，并采取儒教和佛教思想建立了国家基本制度。三国在历史发展中创造了各具特色的文化和教育。

公元前4世纪前后开始，中国汉字、儒家思想和教育制度传入朝鲜半岛，开始有了学校教育。据历史记载，韩国最早的学校教育开始于高句丽在372年6月设立的太学。《三国史记》的《高句丽本纪》有"小兽林王二年夏六月立太学教育子弟"的记载。太学是专门为王公贵族子弟而设立的国家最高教育机构，教育的主要内容有中国的经典、历史和文学。地方设立了叫"扃堂"的民间教育机构，它是韩国最早的私学教育机构，其教育对象是一般百姓和地方贵族子弟，其教育内容主要有读书和射箭等。

关于百济是否有过像太学或扃堂一样的教育机构，到目前为止还无法考证，但当时百济已有了博士制（博士是承担教授学问的官职）和承担中央教育行政职能的内法佐平行政机构。

新罗时代巧妙地继承和融合了三国的文化，创造了以佛国寺和石窟庵为代表的优秀民族文化。教育方面，新罗有自己独特的以人格完善、为国奉献和尚武精神为目标的花郎道教育。花郎道的教育内容有武术、儒学经书和修身等。682年，新罗模仿中国唐朝的教育制度设立了国学，招收15～30岁的男性贵族子弟，学制9年，毕业后给予十品或十一品的官职。教育内容主要有《论语》、《孝经》、《礼记》、《周易》、《左传》、《尚书》、《春秋》、《文选》和算学等。8世纪末至9世纪，许多贵族子弟留唐学习和研究儒学。

新罗时期代表性的教育思想家有元晓（617—686）、薛聪（655—?）和崔致远（857—?）等。

三、高丽时期的教育

高丽建国初期，学校教育继承了新罗的教育制度，以后结合当时政治和社会变化，制定了比较系统的教育制度。高丽的学校教育发展大致经历了三个阶段。第一阶段是官学的设立、衰退和私学的发展时期（930—1105年）。高丽建国初期，设立了国子监及各种学校，后因为战乱，官学衰退。之后，文宗时代私学形成。958年，高丽"始置科举"，把儒学经典列为考试科目。第二阶段是官学的复兴时期（1106—1303年）。这个时期是高丽教育的全盛时期，国子监和地方官学得到复兴。第三阶段是性理学的引进和官学的复兴时期（1304—1392年）。高丽从元朝引进性理学，在国内掀起了新的学风。性理学的引进促使了官学的复兴，并成了新兴儒学家的学问的基础。

高丽时期的教育机构有官学的国子监、乡校、学堂和私学的书堂。国子监于992年12月创建，分为国子学、太学、四门学、律学、书学、算学等六学，各个学科的入学资格按阶级和身份来规定。乡校是设在地方的中等程度地方官学，它不仅是传播儒学的教育机构，也是地方进行文庙祭祀的场所。学堂是设在中央的乡校级的官学，但无文庙祭祀制度，是为未能进入国子监的京城青年而设立的教育机构。学堂于1216年设立，有

"东西学堂"和"五部学堂"。高丽中期官学不振，私学繁荣，代表性的私学是"十二徒"和书堂。高丽末期，从元朝引入的性理学的普及使学校教育得到了新的发展。

高丽时期代表性的教育思想家有崔冲（984—1064）、安珦（1243—1306）、权近（1262—1346）、禹倬（1328—1396）、郑梦周（1337—1392）等。

四、朝鲜时期的教育

1392年，李成桂建立了一个新的王朝——朝鲜。朝鲜早期的统治者支持儒家学说作为王国的指导哲学以及教育的指导思想，给教育目标和内容以很大的影响。以程朱理学为基础的朝鲜教育把圣人和君子作为教育的目标。

科举制度是选拔官吏的主要途径。这一时期，科举考试成为做官的重要途径。朝鲜时期教育机构主要有官学和私学两种形式。官学在中央有最高学府的成均馆和中等教育程度的四学、乡校。成均馆的教育内容分为讲读（四书五经）、制术（义、论、表、记等）和书法。私立教育机构有书堂和书院。书堂主要招收8~16岁平民子弟，主要学习《千字文》、《小学》、《诗经》、《易经》、《史记》等。

朝鲜时期代表性的教育思想家有李滉（1501—1570）、李珥（1536—1584）、朴齐家（1750—1815）、朴趾源（1737—1805）等。

五、日本帝国主义占领时期的教育

从1910年开始日本帝国主义在韩国实施殖民统治。这个时期的教育一般分为三个阶段，即殖民主义教育的推进时期（1910—1919年）、殖民主义教育的强化时期（1919—1938年）和皇民化教育政策时期（1938—1945年）。

日本占领时期，在韩国推行殖民教育方针和教育体制。当时日本帝国主义教育的基本政策包括：第一，培育官学，控制私学。1911年9月颁布的《朝鲜教育令》，主要目的是为了给殖民体制培养人员。日本人不仅加紧了对私立学校的控制，还加紧了对传统学校的控制。这样私立学校数目显著减少。据统计，1911年韩国有私立学校1973所，到1919年减为690所。第二，扩充初等教育，排斥高等教育。为了实施愚民化，把教育的中心放在初等教育，排斥高等教育。第三，加强日本语教育。为了扼杀韩国人的国民意识，在学校强制推行日本的语言、道德、历史和地理，抹杀韩国的国语、道德、历史和地理。第四，控制高等教育的学科体系，实施低级的实业教育。1945年8月韩国光复后，韩国教育走向了现代化的新教育。

第二节　现代学校教育

一、教育理念与教育目标

教育理念是通过教育人们所追求、所向往的目标。"弘益人间"是韩国最初建国时的一个基本的思想，是"令天下苍生共同受益"的意思。1945年，韩国教育委员会按照"弘益人间"的理念将培育具有爱国精神的国民作为教育的基本目标，爱国是其基本的价值取向。现行的韩国《教育基本法》第二条明确规定，韩国"教育在'弘益人间'的理念下，以使全体国民陶冶人格，具备自主生活能力，具备民主市民所需的素质，谋求人间生活，为实现民主国家和人类共同理想做出贡献为目标"。

"弘益人间"的教育理念是民主的、民族的教育指导思想。它既包含了"陶冶人格，自主性的生活和民主市民的素质，营造人类幸福的生活"等个人层面上的理念，又包含着"为民主国家的发展做贡献"的国家层面上的理念和"为人类共荣做贡献"的世界层面上的理念。以这种教育理念为基础，韩国教育所追求的目标是：①全面发展基础上追求个性的人；②以基本能力为基础，发挥创造力的人；③在理解韩国文化的基础上，创造新价值的人；④以民主市民意识为基础，贡献于共同体发展的人。

二、教育学制

在韩国，一直维系着单轨制的学制，保证韩国公民无差别地根据个人能力能够接受到小学、初中、高中教育。韩国的学制是6—3—3—4制，即小学6年，初中3年，高中3年，大学4年，另外还有2年或3年制的专科大学及职业大学、2年的硕士和3年的博士课程（图5.1）。

三、学校课程设置

韩国于1997年对中小学课程作了修改，从小学、中学到高中一年级设立国民共同基本教育课程，其教育课程体系分为学科课程、能力活动课程和特别活动课程等方面。学科课程有国语、道德、社会、数学、科学、实科、体育、音乐、美术、外语等。为了能够让学生更好地发现自己的才能，并为他们提供更多的选择未来职业的机会，修改后的课程表为读高中最后两年的学生设置了10门新课程。高中二、三年级的选择科目分为一般选择科目和深化选择科目两种，要求学生从中取得136个学分。

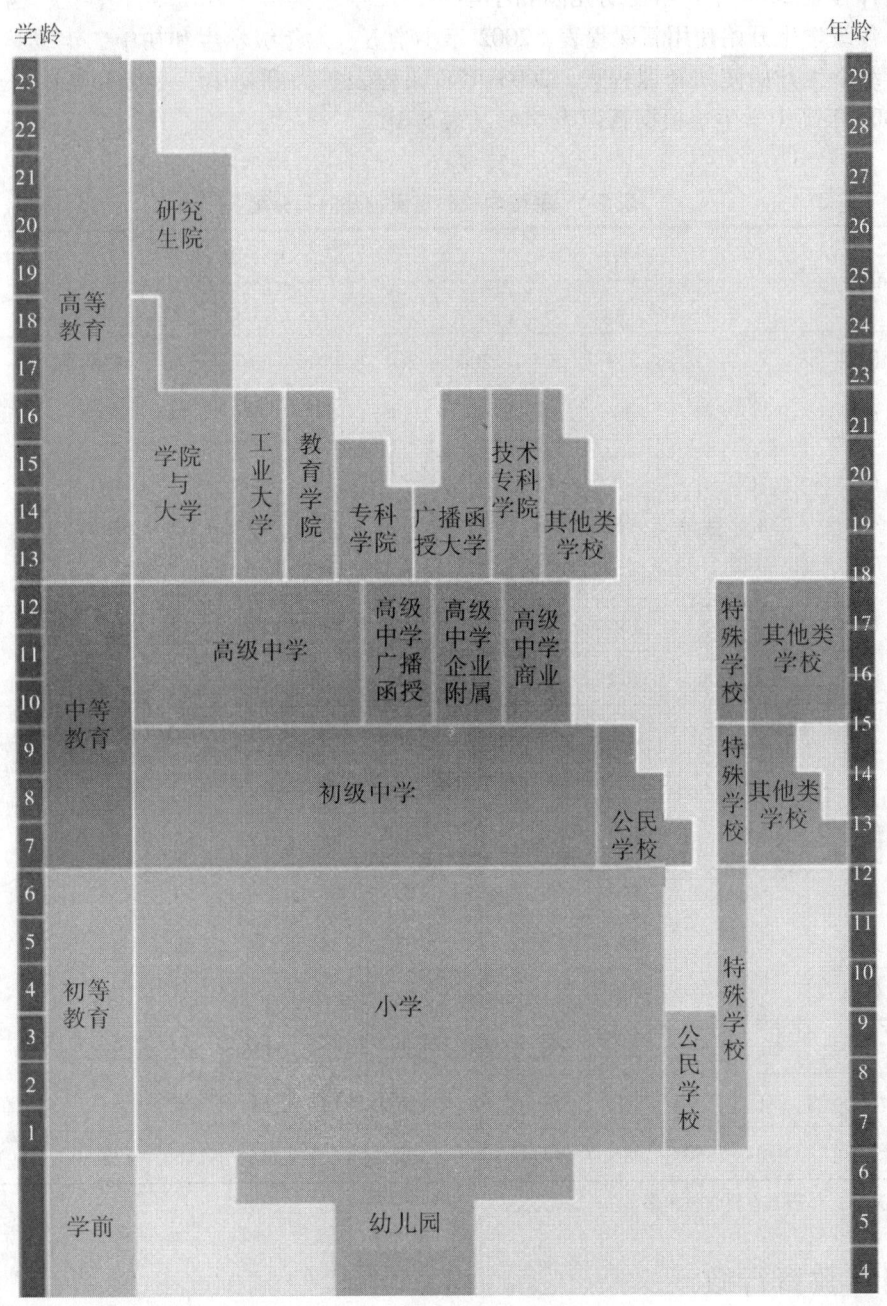

图 5.1 韩国教育体制

资料来源：大韩民国驻华大使馆韩国新闻处。

新课程表2000年开始在幼儿园和小学一、二年级实行，2001年小学三、四年级和初中一年级学生开始使用新课程表，2002年小学五、六年级学生和初中二年级学生、高中一年级学生开始使用新课程表，2003年新课程表扩大到初中三年级和高中二年级学生，2004年高中学生也根据新课表学习（表5.1）。

表5.1　韩国学校教育课程及时间分配　　　　　　单位：学时

课程		小学						中学			高中		
		1	2	3	4	5	6	7	8	9	10	11	12
学科	国语	国语 238　数学 120　13　正确生活 60　68　智慧生活 90　102　愉快生活 180　204　我们是一年级 80		238	204	204	204	170	136	136	136		
	道德			34	34	34	34	68	68	34	34		
	社会			102	102	102	102	102	102	136	170 国史 68		
	数学			136	136	136	136	136	136	102	136		
	科学			102	102	102	102	102	102	68	68		
	实科			—	—	68	68	68	102	102	102 技术·家庭		
	体育			102	102	102	102	102	102	68	68		
	音乐			68	68	68	68	68	34	34	34		
	美术			68	68	68	68	34	34	68	34		
	外语			34	34	68	68	102	102	136	136		
能力活动		60	68	68	68	68	68	136	136	136	204		
特别活动		30	34	34	68	68	68	68	68	68	68	8单位	
年授课时间		830	850	986	986	1088	1088	1156	1156	1156	1224	144单位	

资料来源：韩国教育科学技术部。

四、教育行政

韩国教育行政机构由中央政府、9道7市16个教育厅和各区教育室三级组成。教育科学技术部是中央政府机构，定员466人，由2室4局（企划管理室、学校政策室、人力资源综合局、人力资源开发局、人力资源管理局、国际教育信息化局）构成，主要负责有关学术活动、科学及公众教育方面的政策方针的制定和执行。有关学龄前及中小学教育行政则由各市道教育厅负责。各道和广域市还设有教育委员会，在各郡、市也有教育委员会下属的专员，负责小学、初中和高中的教育活动。

五、教育经费

随着经济持续稳定的发展，学校规模的不断扩大，韩国教育财政的预算规模也随之不断增大。光复后，韩国教育财政逐步形成了以政府财政拨款为主、多元化多渠道筹措教育经费的新体制。

承担教育经费的主体是国家和地方自治团体、社会团体、学校法人、家长和个人。但是，确保教育财政的责任在于国家和地方自治团体。韩国教育经费来源于中央政府、地方政府和私立学校独立资金三大部分。中央政府教育预算为管理中小学教育的教育厅提供资金，为国立大学的运营管理提供资金，为私立大学提供部分资助，为教育行政和有关研究机构提供资助。中央政府的教育预算由国家税收支持。地方政府教育经费用于支持中小学教育，其中85%来源于中央政府，15%来源于学生家长和地方政府。

韩国的私立学校存在于从小学到各类学院和大学的各个教育阶段，其中有80%的学院和大学是私立的。私立学校的资金主要依赖于学费、中央政府和各区域给予的支持以及学校财团。

韩国的教育资金由中央政府统一筹措，政府拨款占整个教育预算的绝大部分。教育部的预算虽然年年不同，但是通常占政府支出总额的20%左右。据统计，1997年教育预算占政府总体预算的23.9%（占GNP的4.4%），1998年教育预算占23.3%，1999年教育预算占17.5%，2003年教育预算占20.3%，2004年教育预算占20.8%，2005年教育预算占20.8%。2007年，韩国中央政府总预算是173万亿韩元，其中教育人力资源部预算是31万亿韩元，占17.9%。2008年韩国教育总投资达到35.48万亿韩元，占政府财政预算的19.4%。2003—2004年韩国公共教育经费支出中，学前教育占1.2%，初等教育占34.0%，中等教育占43.4%，高等教育占8.1%，其他占13.3%。

一个国家的学生人均公共教育费是反映该国家教育质量的代表性指标。从1970年开始，韩国的学生人均公共教育费每年都有增长。特别是进入20世纪90年代以后，随着经济的稳步发展，韩国学生人均公共教育经费有较快的增长。至2005年，韩国按学校年度学生人均公共教育经费分别为：小学360.1万韩元，中学415.8万韩元，高中547.4万韩元，大学727万韩元（表5.2）。

表 5.2　2000—2005 年韩国学生人均公共教育费　　　　单位：千韩元

年度	小学	中学	高中	大学
2000	2023	2690	2840	5591
2001	2362	3277	3376	6036
2002	2859	3348	3543	6472
2003	3243	4062	5061	7004
2004	3349	4124	5300	7489
2005	3601	4158	5474	7270

资料来源：同表 5.1。

六、教育法规

自 1949 年《教育法》公布以来，韩国不断制定和修改教育法规。韩国有关教育的现行法律体系是由基本法、幼儿教育、初·中等教育、特殊教育、高等教育等 15 个领域的 44 个法律、74 个实行令和 61 个实行规则组成的。特别是 2004 年《幼儿教育法》的制定，使韩国教育法具备了从《幼儿教育法》、《初·中等教育法》、《高等教育法》到《终身教育法》的完整体系（图 5.2），使韩国人力资源的基本框架从幼儿教育阶段开始系统化，并奠定了终身教育的新的基石。

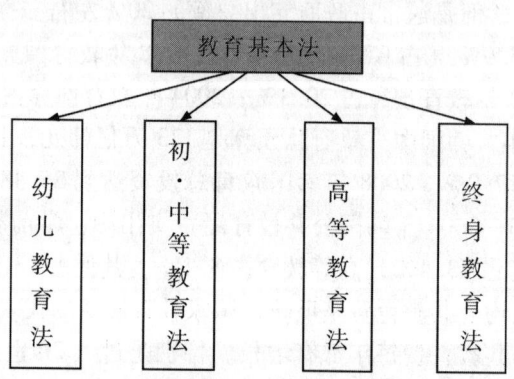

图 5.2　韩国教育法体系
资料来源：著者整理。

七、学校教育概况

在韩国，各级各类学校主要有幼儿园、小学、中学、特殊学校和大学。韩国一直维系着单轨制的学制，保证韩国公民无差别地根据个人能力能够接受到各级各类教育。各级各类学校的基本情况参见表5.3至表5.5。

表5.3　2007年韩国学校基本情况（1）　　　　单位：个、名

学校类型	学校数	学生数	教师数
幼儿园	8294	541550	33504
小学	5756	3829998	167182
初中	3032	2063159	107986
高中	2159	1841374	120211
特殊学校	144	23147	6256
专门大学（专科）	148	795549	11685
大学（本科）	200	2115200	55808
研究生院	1042	296576	2895

资料来源：同表5.1。

表5.4　2007年韩国学校基本情况（2）　　　　单位：名、%

学校类型	班级平均人数	师生比例	就学率	升学率[1]	学生男女比率（女生）
幼儿园	22.7	16.2	36.2		47.9
小学	30.2	22.9	99.3	99.9	47.6
初中	35.0	19.1	96.0	99.6	46.7
高中	32.2	14.8	91.3	82.8	47.1
高等教育			69.4		40.4

资料来源：同表5.1。

1）专门大学和本科大学的升学率指的是就业率。

表 5.5　2007 年韩国高等教育机构毕业生就业率　　　单位：名、%

学校	毕业生	就业人数	就业率
全体	560632	390180	76.1
专科大学	215040	173804	85.2
教育大学	5929	4109	70.6
综合大学	277858	168254	68.0
产业大学	26490	19714	77.8
各种大学[1]	282	109	45.2
一般研究生院	35033	24190	81.7

资料来源：同表 5.1。

1) 各种大学指久世郡士官学校、韩民学校、大田神学校、秋季艺术学校等 5 所学校。

八、特殊教育

韩国的特殊教育是通过适合受特殊教育者特性的教育课程、教育方法以及教育媒体，对特殊教育对象进行的学科教育、治疗教育和职业教育的过程。在韩国，特殊小学教育和初中教育属于义务教育，幼儿园和高中阶段的教育要实施免费教育。韩国实施特殊教育的形式主要有专设的特殊教育学校、附设在普通学校的特殊教育班以及与正常学生一同受教育的统合教育形式等 3 种形式。

韩国特殊教育学校的学制与普通学校相同。到 2005 年 4 月，韩国共有 142 所特殊教育学校、3071 个班级、23449 名学生和 5604 名教师。在韩国 142 所特殊教育学校中，国立学校占 3.5%，公立学校占 33.8%，私立学校占 62.7%。

韩国从 1963 年开始在普通中小学附设特殊教育班。到 2005 年 4 月，韩国在 3724 所普通幼儿园、小学、中学设立了 4697 个特殊教育班级，学生有 29803 名，教师有 4825 名。在这 4697 个特殊教育班级中，幼儿园占 2.6%，小学占 72.3%，初中占 18.1%，高中占 7.0%。可以看出韩国普通学校特殊班级教育的重点在于小学。

据 2005 年 4 月的统计，韩国 2127 所普通幼儿园、小学、中学的 3663 个普通班级中，受特殊教育的儿童共有 5110 名；韩国受统合教育的学生有 34581 名，其中受全日制统合教育的学生有 5110 名，受时间制统合教育的学生有 29471 名。

未来韩国特殊教育发展计划包括增设特殊教育学校、增设特殊班级、增加投入进行免费特殊教育等，采取的措施主要有：①扩大提供给特殊教育对象者的统合教育的机会；②改善教育方法，提高特殊教育的质量；③在教育部设立专门负责特殊教育的部门;④提高教师进行特殊教育的责任感和专业化水平;⑤扩大所有教师特殊教育研修的机会;⑥确立特殊教育财政支持体系。

九、韩国人的教育热

教育热是指人们对教育的期望以及实际为教育而投入的行为。教育热按不同的标准可以分很多种类,如按主体分为个人教育热、社会集团教育热和国家教育热,按对象分为私有教育热和公共教育热,按目的分为工具性教育热和本质性教育热,按教育形式分为学校教育热和校外教育热,按范围分为狭义的教育热和广义的教育热,等等。

韩国人的教育热是世界有名的,可以说教育热是韩国教育诸特征中的核心要素。"立身扬名",要想出人头地,就必须在比别人好的学校接受比别人好的教育,拿到比别人高的文凭,获得比别人好的工作。为了这些,韩国人不惜一切代价,去各种补习学院学习,请家教辅导,甚至为了能到教育水平相对好的地区上学而举家搬迁。据统计,2004年韩国家庭月平均教育费支出为49.4万韩元,其中缴纳学校的费用是17.5万韩元,而补习费以及家教费等高达23.2万韩元。如果家里有孩子在读高中,每月至少得投入100多万韩元。据韩国教育部的统计显示,全国88.2%的小学生、78.4%的中学生正在接受课外辅导教育。

教育热是韩国人在漫长的历史发展过程中形成的一种社会心理学的特性。其形成原因是多方面的。首先是韩国家长们强烈的危机意识和牺牲精神。家长普遍认为,在经济全球化时代,不会说英语或者汉语,将来肯定难以生存。其次是韩国社会等级意识的影响。韩国社会有强烈的集体意识和论资排辈的价值观,靠学缘、地缘、人缘和学历、财力、外貌决定一个人的社会地位。再次是学历主义的社会基础,不去看学校的教育内容,更重视的是哪个学校毕业的。最后是"立身扬名"的教育观。韩国与中国同属儒教文化圈,社会文化思想深受儒教思想的熏陶,教育也不例外。传统的儒家教育观认为教育的大义是治国平天下,但是对于个人来讲立身行道而扬名于后世才是教育的目标。此外,还有儒教的重文主义和韩国教育体制等的影响。

教育热给韩国社会带来正反两方面的影响。正面的影响包括:第一,这从一个侧面反映了韩国人对教育的重视程度,尽管他们重视教育是源于他们想要出人头地的教育观,但它带来的效果是全体国民对教育始终如一的关注和热情,从而使韩国变成世界上文盲率最低的国家之一。韩国人基本上都能完成高中课程,高等教育机构的入学率也高达80%;韩国政府的努力和家长的教育热情,使韩国在半个多世纪里,打造出了世界上最高的大学入学率、海外留学率和课外辅导率。第二,教育热成为促进韩国经济发展、创造"汉江奇迹"的原动力。在地铁里、公交汽车上,手捧书本、耳插耳机的比比皆是,从而提高了劳动者的素质。第三,教育热提高了韩国的文明程度,如政治民主和教育民主等。

其反面的影响主要有：一是私有教育经费的扩大。教育费尤其是各种补习费、家教费在韩国家庭的支出中所占的比重非常大。2005 年，韩国家庭平均每月用于孩子课外补习的费用达 64.6 万韩元，占月收入的 19%。二是公共教育的失职。家长们为了提高子女的成绩，一般在课堂学习前后都请家教辅导孩子，使私有教育繁荣的同时，公共教育失去了应有的权威，学校老师甚至变为无用的摆设。三是导致互相攀比的后果。四是导致重视结果的教育：比起教育的内在价值，更倾向于重视由教育结果取得的社会成就；相对于过程，更重视结果；相对于子女本身的努力，更希望靠父母的热忱来教育子女；相对于学校的教育内容，更重视哪个学校毕业的；从学校毕业之后，家长迫切希望通过子女的成功和婚姻成为有名望的家庭。这种"立身扬名主义"的传统在韩国表现得特别显著。

第三节　教育改革的新动态

一、韩国教育指标与国际比较

韩国教育虽然取得了举世注目的成绩，但与其他 OECD 国家相比，还存在着较多问题。例如，韩国师生比比较高，班级平均人数均高于其他 OECD 国家，儿童入园率和学生人均公共教育费远远低于其他 OECD 国家（参见表 5.6、图 5.3、图 5.4）。

表 5.6　韩国教育指标与国际比较

指　　标		韩国	日本	美国	英国	法国
教师人均学生数/名（2005 年）	小学	28.0	19.5	14.9	20.7	19.4
	初学	20.8	15.1	15.1	17.0	14.2
	高中	16.0	13.0	16.0	11.8	10.3
班级平均人数/名（2005 年）	小学	32.6	28.4	23.1	24.2	—
	中学	35.7	33.5	24.3	22.1	23.7
按年龄就学率/%（2005 年）	3~4 岁	22.5	82.0	50.0	90.6	112.9
	5~14 岁	94.1	100.7	97.7	101.0	101.3
	15~19 岁	85.6	—	78.6	78.5	86.2
	20~29 岁	27.3	—	23.1	29.0	20.1

续表 5.6

指标		韩国	日本	美国	英国	法国
成人人口中受大学教育的比率/%（2005年）	25~34岁	32	28	30	27	22
	35~44岁	27	25	30	20	14
	45~54岁	15	23	30	19	11
	55~64岁	9	13	28	16	11
	26~64岁全体	23	22	30	21	15
高中阶段学生构成/%（2005年）	一般学校	71.5	75.3	100	27.8	43.6
	职业学校	28.5	24.7	—	72.2	56.4
学生人均公共教育费/韩元（2004年）	小学	4490	6551	8805	5941	5082
	初中	6671	7615	9938	7090	8737
	高中	7068	12193	22476	11484	10668
GDP中的比重/%（2004年）		4.4	3.5	5.1	5.0	5.7

资料来源：同表 5.1。

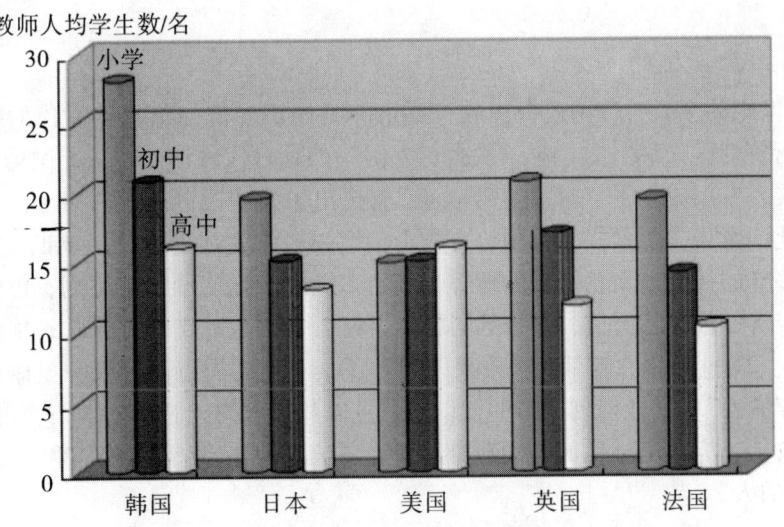

图 5.3　教师人均学生数国际比较（2005年）

资料来源：同表 5.1。

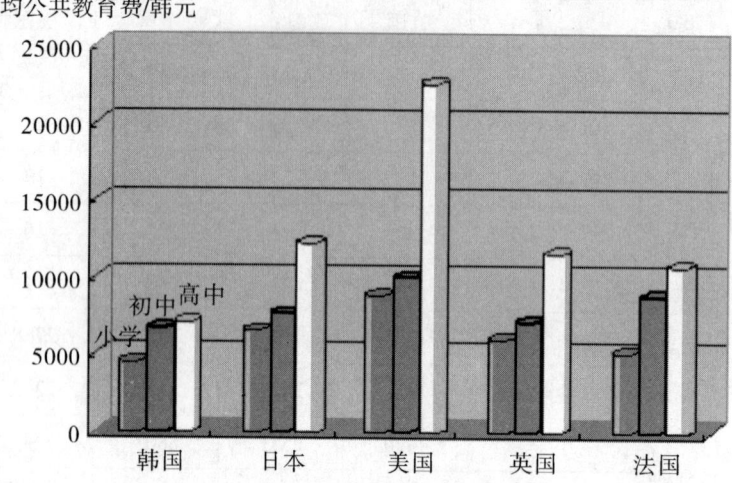

图 5.4 学生人均公共教育费国际比较
资料来源：同表 5.1。

二、韩国教育改革的新动向

面向 21 世纪，韩国的教育改革出现了许多新变化，实施了许多新举措。

1. 确立新世纪的人才培养目标

在 21 世纪的今天，韩国还提出教育要培养"知识经济与信息化时代的新知识人"，并据此进行着韩国人称之为"第二次教育立国"的划时代教育改革。韩国为适应教育国际化的发展，专门成立了"21 世纪委员会"，提出了教育国际化培养目标。即努力提高学生国际化的意识，包括提高外国语言能力，增强"自主的世界公民意识，加深学生对各国多种多样的社会、文化知识的理解，制定系统的国际问题研究计划，加强对世界各国政治、经济、社会、历史、宗教等问题的研究，强化国际交流与合作，加强国际间的相互理解"。21 世纪的"新韩国人形象"是：①具有很高的道德意识和集体意识的"与众共同生存的人"；②能够创造新的知识和信息以及技术的"智慧的人"；③能够主导国际化、开放化、信息化时代的"开明的人"；④充分认识劳动的价值和意义而勤奋的"生产劳动的人"。

2. 加强教育法规建设

韩国自 1949 年公布《教育法》以来，不断制定、修改和完善教育法规体系。特别是 2004 年《幼儿教育法》的制定，使韩国教育法具备了从幼儿教育、初·中等教育、高等教育到终身教育的完整体系，使韩国人力资源的基本框架从幼儿教育阶段开始系统化，并奠定终身教育的新的基石。

3. 改革学校教育课程

韩国的义务教育课程由学科课程、能力活动课程和特别活动课程等领域构成。在课程改革中特别重视道德教育、国际理解教育、信息教育和民族传统教育。

4. 教师教育改革

为了提高教师教育的质量，韩国不断提高教师的待遇，增加教师受教育年限。从 2000 年开始，韩国政府已经停止在 2 年制专科大学里增设幼儿教育专业，只有 4 年制大学才可以增设幼儿教育专业。并且，从 2001 年开始，把原来的 2 年制专科幼儿教育专业改成 3 年制。

5. 实现教育的国际化

为进一步提高韩国的教育质量和在国际社会的竞争力，韩国教育部于 2002 年 7 月发布了提高国际竞争力的新举措，具体方案包括进一步加强学生的国际理解教育、为中小学聘请外籍教师、积极引进外国优秀人才、支持高等院校扩大招收留学生等。

6. 建立"学分银行制"

韩国高等教育要建立面向 21 世纪的、终身的、开放的教育体系，也就是使全体韩国国民能够随到随学的教育制度。这种制度亦称为"学分银行制"。韩国建立"学分银行制"的目的，是使国民无论在何时何地，都可以在自愿的前提下接受高等教育。如果一个人在高中毕业时未能进入大学深造，而他又想获得大学学历，那么他完全可以通过在大学校园外的其他学习途径，获得国家承认的学位。"学分银行制"的建立，能够使学生在选择学校和学习科目方面有更大的灵活性，有利于学生个性的发展。

7. 实施精英人才教育

为了挖掘卓越人才，开发其潜力，通过实施符合其能力及素质的教育，使之实现自我价值，更好地为国家和社会发展做出贡献，韩国制定了《英才教育振兴法》，并于 2002 年 3 月 1 日起实施。英才教育的对象是从全国高中以下各级学校的在校学生中选拔的。其选拔标准是必须具备下列之一的卓越才能和优秀潜力——包括普通技能、对学问的特殊兴趣、创造性的思考能力、艺术才能、身体才能及其他各种才能。

8. 改革大学招生制度

从 2002 年开始，韩国将实施新的高考制度。新制度的最大特点是高考成绩不再计算总分，而将各科目的考试成绩分别打分，然后依据分数段确定各科目的等级以及综合等级。等级分为九等，每年的等级比例根据每年的考生人数确定。例如，按照 2000 年考生的情况，一等的比例为 4%，二等为 7%，三等为 12%。中间等级占的比例较大，从占 12% 至 20% 不一，而八等和九等所占的比例较小，分别为 7% 和 4%。如果按照百分计算，96 分以上将被纳入一等。同时，各科目考试成绩小数点以后的分数一律按四舍五入计算。各大学将根据各科目特点考虑等级、学生手册、面试成绩、专长等情况招收学生，使过去主要以总分成绩录取学生，致使不少学生因 1 分之差而落选的情况得到一定程度的改善，同时也是为了引导学生把精力更多地用在培养自己的专长和特别技能方面。

9. 全面实施幼儿园免费教育

韩国《幼儿教育法》规定，2007 年实现满 5 岁的幼儿免费教育。幼儿园的免费教育是按阶段、按地区实施的。就学前一年免费教育是 2005 年从农渔村地区开始，2006 年扩展到中小城市，2007 年在全国铺开（包括大都市）。2008 年开始对满 4 周岁的农渔村地区幼儿实施免费教育。

第五章思考题

1. 论述韩国的教育理念与教育目标。
2. 论述韩国教育改革的新动向。
3. 简述韩国的特殊教育及其启示。
4. 简述韩国教育的历史发展。
5. 简述韩国教育法制体系。

第五章参考文献

[1] 韩国法律. 韩国教育基本法. 第 7399 号
[2] 池青山等编. 韩国教育研究. 北京：东方出版社，1995
[3] 孙启林著. 战后韩国教育研究. 南昌：江西教育出版社，1995
[4] 郑判龙主编. 韩国简明百科全书. 牡丹江：黑龙江朝鲜民族出版社，1999
[5] 索丰著. 韩国基础教育. 呼和浩特：内蒙古教育出版社，2003

[6] 黄亨奎著. 韩国学前教育. 长春：吉林人民出版社, 2005

[7] 郑虎彪. 教育思想史. 首尔：教育科学社, 2001

[8] 郑世华. 韩国教育古典的理解. 首尔：养书院, 2005

[9] 孙仁诛. 韩国教育史研究. 首尔：文音社, 1998

[10] 朴在文. 韩国教育史. 首尔：学志社, 2001

第六章 韩国的科学技术

第一节 科学技术实力

为了促进先进的科学技术的发展,韩国政府于 1966 年和 1967 年分别成立了韩国科学技术院(KIST)和韩国科学技术部(MOST)。

最初,韩国的科技政策主要着重于引进、消化和使用外国技术。到了 20 世纪 80 年代,其重点转移到策划和实施国家的研究与发展项目,以提高韩国的科技水平。这种项目包括增加对公营和私营研发项目的投资,以及培养高级研发人才。

20 世纪 90 年代,韩国政府把注意力集中在鼓励研究基础科学,保证对研发资源的有效分配、利用,以及扩大国际合作等三个方面,目的是为了加强韩国的技术竞争能力。

到 2004 年底,韩国研发投资总额达到 190 亿美元,占韩国国内生产总值的 2.85%。韩国还将积极投资开发与提高生活质量相关的公共福利技术,以及能够创造新型产业的技术。

2005 年 8 月,韩国政府确定 21 项"国家有望技术"作为今后重点发展项目,并决定集中全国力量发展科学技术,以促进国家经济发展和提升综合国力。至 90 年代初,韩国经济年均增长率达到 8.2%,最高增长年份达到 15%。然而,随着国际经济和技术竞争的加剧,韩国经济发展出现疲态,经济增长率曲折下滑。2001—2004 年,韩国经济潜在增长率下降至 4.8%。韩国政府认为要寻找新的经济增长动力,就要集中发展重点技术,以支撑今后 10 年的经济发展。

一、科学技术的总体水平

一般来说,一个国家的科学技术水平以专利注册数、学术论文的发表篇数、高科技产业技术对经济增长的贡献度等指标来衡量。2006 年韩国产业技术评估和计划院(ITEP)对韩国的科技水平进行了综合评价,认为韩国的科技水平在世界排名第六位。

1. 专利

一般认为，一国专利申请件数多，就说明该国重视对技术的保护，同时也说明该国具有比较高的技术开发能力。1965年韩国专利登记件数为288件；1978年为427件，不到14年就增加48%；1979—1989年从1419件增加到3922件，增加1.76倍；1993年，仅用4年时间又猛增到11446件，增加1.92倍。另据韩国专利厅于1997年6月2日公布的世界知识产权组织（WIPO）的统计，以1995年为准，韩国申请产业产权的件数为258253件，已超过德国，跃居世界第四位（世界前三位的排列是：日本62万多件，美国44万多件，中国27.5万多件）。2002年，韩国以30.5万件专利申请位居世界专利申请量排行榜的第四位，仅次于中国（62.5万件）、日本（58.4万件）、美国（55.9万件）。韩国在发达国家和中国申请和获权专利（发明）的数量也名列前茅。例如，2001年韩国在美国获专利（发明）位居第七，达3763件，增长8.4%；在中国申请与获权的专利（发明、实用新型、外观设计）量均位居第四，分别为2498件和1024件，各增长34%和68%。韩国在国内外的专利增势明显，不仅表明它在提高专利竞争力上不断加大力度，还展现了韩国在科研发明领域具有不可估量的发展与竞争空间。

从各国申请专利和获准登记专利所有者的国籍来看，1993年韩国国内专利申请人中，韩国人所占比例为58.8%。另外，1969—1992年，在美国获准登记的专利数中，韩国占世界第五位，其增长率为世界之最。这说明韩国的技术竞争力正以超常规的速度在飞速发展。

2. 学术论文

学术论文是研究开发成果的表现形式之一。论文发表的数量在一定程度上反映了一个国家研究开发的活跃程度和水平。韩国发表的SCI论文数量1973年为27篇，1980年为171篇，1988年为1227篇（居世界第三十七位），1994年猛增到3910篇（居世界第二十四位），虽然其位次仍然较低，但却以平均每年21.3%（1973—1994年）的速度增长，在世界各国中是最快的。2005年，韩国发表的SCI论文为23048篇，居世界第十四位。这也说明，韩国的基础研究能力有了长足的发展。

3. 技术进步对经济增长的贡献率

韩国经济经过30年的发展，实现了相当大的规模和高增长率，成为一个中等发达工业化国家。1970—1979年间，技术进步对韩国经济增长的贡献率约为6.9%，1979—1988年间竟达11.9%。若除去劳动力与资本两大投资要素，技术进步对经济增长的贡献率在以上两个时间段将分别增长28.4%和44%。由此可见，与70年代相比，80年代技术对经济增长的贡献率有显著的提高（表6.1）。1990—2000年期间，技术进步对韩国经济增长的贡献率达到了39.5%。实践证明，要迈入先进工业国的行列，必须大力提高技术对经济增长的贡献度。

表6.1 技术进步对经济增长贡献率 单位:%

项 目	1979年	贡献率	1979—1988年	贡献率
实际增长率	10.2	100	8.4	100
不规则因素	2.1	21.6	0.3	3.6
潜在增长率	8.1	79.4	8.1	96.4
生产要素的投入	5.2	51.0	4.3	51.2
劳动力	3.2	31.4	2.5	29.8
资本	2.0	19.6	1.8	21.4
总的生产性要素	2.9	28.4	3.7	44.0
资源再分配	0.7	6.8	0.9	10.7
规模经济	1.5	14.7	1.8	21.4
技术进步	0.7	6.9	1.0	11.9

资料来源：韩国政府科学技术处：《面向21世纪的科学技术发展远景规划》，1988年，第38页。

二、科技开发能力与技术水平

1. 高科技产品的研究开发

高科技产品的研究开发和大量创造及其国际贸易，可以说是反映一个国家科技水平的最突出的综合指标。

韩国开发高科技产品起步晚，基点低。20世纪60年代，随着产品技术的转移以及从国外引进成熟的技术，韩国才具有了开发自己产品的技术，但此时韩国企业的技术还只是对国外技术的模仿。70年代，韩国开始发展资本、技术密集性产业，但这一阶段的科技开发仍处于对高新技术的模仿和改良时期，但培养了一定的技术能力。自80年代以来，韩国大力发展高科技产业，使高科技产业在经济增长中发挥了越来越重要的作用。目前，韩国高科技研究开发已进入新型材料、生物工程、智能替换、海洋及太空技术、机器人、航空器等领域，在电子计算机、电子产品、半导体、电子交换机、办公器材、精密机械、化学产品、光导纤维等领域已接近或达到世界先进水平。其中在半导体领域，韩国比日本早几个月开发成功256 M DRAM，成为世界上最大最强的DRAM设计与生产国。但目前韩国技术自立程度还不高。

近几年来，韩国高科技产品制造额迅猛增长。1994年，汽车生产已居世界第六位，电子产品生产额居世界第六位；1996年，DRAM半导体生产量居世界第一位，BP机普及率达28.1%，居世界第一位；1997年，三星电子生产的微波炉销量达570万台，跃居世界第一位。由于高科技产业的迅速发展带动了出口贸易，韩国已成为世界汽车、钢铁、船舶、石油化工、电子等工业产品出口的十大国家之一。在韩国输出的高科技产品中，精密化学、电子及电脑、尖端设备、精密仪器、光学仪器、机械等技术集约型产品的输出额在总输出额中的比重由1982年的32.6%上升到1990年的44.5%（表6.2）。

表6.2　部分国家技术集约型产品输出额占总输出额的比重　　　　单位：%

国家	1982年	1985年	1988年	1990年
韩国	32.6	41.9	43.1	44.5
美国	50.5	60.3	58.0	60.4
日本	70.4	77.5	80.4	81.2
德国	61.8	62.7	64.8	65.0
法国	49.2	49.7	52.2	53.1

资料来源：同表6.1，第47页。

韩国产业技术评估和计划院（ITEP，2006年）认为，韩国有9项核心技术在全球处于领先地位，其中6项在电气和电子行业，2项在信息技术行业，1项在机械行业。

2. 科技研发能力

1981年，韩国的科技研发能力列世界第二十一位，1988年提高到第十八位，1992年上升到第十四位。与此相比，韩国的专利等技术开发能力在1992年仅列世界第十七位。2007年，瑞士国际管理开发研究院（IMD）公布的数据显示，韩国的技术竞争力和科学竞争力提高很快，技术竞争力居世界第六位，科学竞争力居世界第七位（参见表6.3）。

表6.3　韩国的科学竞争力和技术竞争力排名

竞争力	2001年	2002年	2003年	2004年	2005年	2006年	2007年
科学竞争力	14	12	14	17	13	10	7
技术竞争力	21	17	24	8	2	6	6

资料来源：IMD：《世界竞争力年鉴》各年号。

科技研究开发能力主要体现在以下两方面：①研发投资。韩国一年的科技研究开发投资，1992年达到63.3亿美元（占GNP的2.17%），名列世界第十位。但由于韩国从事科技研发的历史较短，科技研发的储备水平还相当低，因此用于科技研究开发的投资总量还较少。②研究人才资源。1981—1992年，韩国的科技人员数由20718人猛增到了88764人，名列世界第九位；但每万人中仅有20.3名科技人员，韩国列世界第十八位。另外，韩国与西方科技发达国家相比，理工系统的大学生数相差不大，因而，韩国要扩大科研队伍的规模要比加大研发投入容易得多。

3. 科技产业的技术水平

1960—1970年，韩国对科技部门进行集中投资，这些部门自80年代以来蓬勃发展。韩国为了提高技术水平，把国家投资集中到核心技术、源泉技术和尖端技术领域，对科技部门的投资增加额达到前所未有的程度，而且，G7 Project等国家级研究开发事业正在持续地得到推进。

韩国的技术水平从整体上看，组装、加工等简单的生产技术接近发达国家水平（表6.4），在设计、材料、软件等高级基础技术和核心技术方面却大大落后于发达国家（表6.5）。

表6.4 美日韩产业技术水平比较

国家	科学知识	基础技术	产业技术		
			产品设计	加工	组装
美国	○	○	○	△	△
日本	×	△	○	○	○
韩国	×	×	×	△	○

资料来源：（韩）《韩中科学技术合作与新的尝试》，第16页。
注：○领先；△一般；×落后。

表6.5 韩国产业领域科技水平评价

领域	评价
半导体	上升为世界第二大输出国，左右着半导体市场；但只在存储方面接近发达国家水平，而作为半导体工业基础部分的材料及装备领域尚处于初级阶段
电子计算机	大体上达到发达国家30%~40%的水平；在微机和配套机器方面落后3年左右，在大中型计算机方面落后10年左右，核心部件、设计技术、系统软件技术较落后

续表 6.5

领域	评 价
信息通讯	全电子交换技术已与发达国家的距离大大缩短，只落后 3 年，但通讯网（VAN）、综合信息通讯网（ISDN）、卫星通讯等技术等落后 7~8 年，ASIC 半导体、高频信号处理部件、CCD 等技术较为薄弱
家用电器	组装生产技术达到发达国家水平的 80%；其设计技术、高清晰度（HD）TV 等下一代制品的基础技术水平还有差距，信息高速公路等信息处理技术等项源泉性技术较落后
汽车制造	在生产技术上，零部件加工、组装技术接近发达国家水平；但是，钢件锻造、模型制造、经营管理技术尚有距离。与日本相比，韩国新制品生产技术的更新周期为 5 年，而日本为 3.5 年。新车种技术和发动机、变速装置、底盘等核心功能部件技术依赖引进。在全装备技术上比美国落后 4 年，新材料、车体轻量化技术则尚处于引进阶段
航空技术	比发达国家落后 10 年以上。以美国为准，韩国的保养技术水平相当于美国的 80%，设计技术水平相当于 20%，制造组装技术水平相当于 60%，零部件生产技术水平相当于 50%，测试评价技术水平相当于 50%
机床技术	数控（NC）比为 43%，与发达国家（85%）相差 5 年；设计水平，尤其是系统工程汽车技术、核心部件设计技术比发达国家较弱，差 3 年左右；测试技术上，超精密度尚显不足
造船技术	居世界第二位，与日本一道主导世界造船业。1993 年实际输出量超过日本，但生产效率只相当于日本的 1/2 左右。部件国产化率大约占 85%，高附加值的 LNG 及 LPG 运输船等约占 50%
精密化工	在整个化工产值中占 44.5%，接近发达国家水平。新药品、新物质合成技术水平与发达国家相当。色素性能物质领域和界面活性领域的技术还相当落后，工艺技术尚处于低级阶段
石油化学	乙烯生产能力 1992 年达到 325 万吨，需要量为 218 万吨，当年供过于求 41 万吨；石化制品的供求现状是 1992 年内需 599 万吨，生产 679 万吨，出口 215 万吨，从而上升为出口国。然而，韩国在节能工艺改造、副产品及"三废"处理、利用技术、催化剂技术等新产品、新工艺技术方面尚较薄弱
制钢技术	从整体上看，比美国、日本等发达国家落后 6 年。高级钢的生产比重为 29.8%，比日本（42.3%）低。生产技术与发达国家持平，但高附加值产品的技术开发能力仍较低

续表 6.5

领域	评价
纤维技术	裁缝技术落后 3 年,染色加工落后 4 年,针织品落后 4 年,纺纱落后 4 年,新材料衣服面料技术差距较大
制鞋技术	在材料压制技术及精密图案技术上位居世界第一,但是材料开发技术、自动制造技术、样式设计、高性能化技术比意大利、日本等先进国家差

资料来源:著者整理。

科学技术成就分为两类:一类是具有独创性的研究开发成果,另一类是对已有的科学技术成果的模仿、改良、提高或综合运用。韩国的科学技术成就大多属于后者。2008年,韩国工学翰林院(相当于中国的工程院)对韩国机械工程、电子和信息通讯、建筑与环境、化学生命工学、材料学等 5 个领域的尖端技术作了评价,并选出 24 个具有独立知识产权的应用型尖端技术(表 6.6)。

表 6.6　韩国应用型尖端技术

领域	成果名(韩文)	成果名(中文)
机械工程	V6 2700cc 디젤 엔진	V6 2700cc 柴油发动机
	다기능 공작기계	多功能车床
	쇄빙유조선	破冰油轮
	KT-1 및 T-50 훈련기	KT-1 和 T-50 型教练机
	가정용 로봇	家庭用机器人
电子与信息通讯	텔레매틱스 [Telematics]	车辆无线网络服务系统
	지능형 로봇	智能机器人
	융합형 이동단말기	合体移动终端
	인터넷 TV(IPTV)	网络电视(IPTV)
	정보 나노 바이오 융합기술(IT-NT-BT)	信息纳米生物一体化技术(IT-NT-BT)

续表 6.6

领域	成果名（韩文）	成果名（中文）
建筑与环境	분산형 빗물관리 기술	分散型雨水管理技术
	버스 운행정보 제공 시스템	公共汽车运行信息系统
	초고층 건물 방재 기술	超高层建筑物防灾技术
	인천대교 설계 시공 병행 공법	仁川大桥设计与施工并行工艺
	막을 이용한 정수처리 기술	薄膜净水处理技术
化学与生命工学	휴대용 유전자 분석 시스템	移动型遗传基因分析系统
	제품 긁힘 방지 기술	防划痕技术
	리튬이온 2차전지용 분리막	锂离子再利用分离膜技术
	액정표시장치（LCD）용 고명암비 컬러 필터용 감광제	LCD高分辨率彩色过滤感光剂
	숙신산 대량 생산 기술	丁二酸批量生产技术
材料工学	전자소자의 재료 산화물 나노튜브 제조 기술	电子材料氧化物纳米管制造技术
	전자소자의 재료 극미세 분말 제조 기술	电子材料微细粉末制造技术
	복합소재 재료 침강탄산칼슘 제조 기술	复合沉淀碳酸钙生产技术
	신소재 섬유인 리오셀 셀룰로오스 기술	天丝（lyocell）纤维生产技术

资料来源：白信兆：《韩国尖端技术有多少》，《东亚科学》2008 年第 2 期。

几十年来，韩国在模仿、改良、消化和吸收已有科学技术成果方面显示了强大活力，但在创造和开拓新科学技术领域方面却大大落后于发达国家，尚处在初级阶段。其主要原因在于，韩国的科学技术发展多年来一直以企业为主体，但企业又缺乏足够的经费和优秀的人才。企业经营者通常认为，进行基础性研究，不如引进现成的外国技术，然后加以改良和提高，这样就能迅速地扩大生产能力，增加产品销售额，获得更多的利润。

从韩国政府的科学技术政策角度看，尽管重视引进技术，进而实现国产化和发展自己的科学技术，但是由于同发达国家间的科学技术差距太大，韩国一直采取缩小差距、追赶先进的科学技术发展战略，从而把有限的科技人力都集中到引进、消化和改良外国先进的科技方面，而很少用于科技独创性领域，这就造成了韩国独创性科学成就滞后的现状。

第二节 科技发展目标

一、科技发展的基本目标

第一,1992年韩国的科技实力在世界名列第十四位,计划在2010年达到七大先进工业国的行列,从而足以与美国、法国等科技强国展开竞争。

第二,到2010年,超过比韩国高出4~5倍水平的科技先进国的科技水平,在大部分科技领域具有与世界科技先进国相竞争的实力,尤其是在某些领域要走在世界前列。

第三,通过科技立国,实现社会、经济、文化的全面发展,将科技对经济增长的贡献率由目前的11.9%提高到20%。

韩国科学技术政策研究院在其政策报告(2003年)中把韩国科学技术发展轨迹分为三个阶段:一是学习阶段(1960—1990年),其特点是引进和学习先进技术,重视技术的应用性和实效性。事实上,应用型技术为韩国的制造业做出了重要贡献。二是提高阶段(1991—2020年),其重点是在消化的基础上提高创新能力,兼顾实用与创新。这一阶段还在进行中。三是先导阶段(2021—2050年),这一阶段追求技术的独自发展能力,要在新技术开发方面站在世界的前列。

二、科技发展的具体目标

1. 主要部门的发展目标

到21世纪初,新材料研制、汽车、信息通讯等技术领域要走在世界前列;到2010年,电脑软件、生物工程、精密机械、自动化机械、机器人、航空、电脑、环保等技术领域要步入世界先进行列;到2010年,航天、能源、保健、气象、基础研究等领域要达到世界中上水平。相关的主要发展指标见表6.7。

表6.7 韩国主要科技发展指标

指 标	1992年	2010年
研发投资(GNP比)	2.17%	5.38%
研发人力(总人力)(每万人数量)	8.88万人(20.3人/万人)	24.85万人(50.0人/万人)

续表 6.7

指　　标	1992 年	2010 年
产业财产权	1.33 万件（1991 年）	3.11 万件
发表论文（SCI）	0.3 万件（1993 年）	4.9 万件
技术贸易额	1.2 亿美元	15.7 亿美元
研发信息（DB）	300 万件（1994 年）	5000 万件

资料来源：同表 6.1，第 52 页。

在上述发展指标中，2008 年的研发投资占 GDP 的 3.37%。虽然 GNP 和 GDP 不能绝对比较，但总体上看研发投资有了较大幅度的提高。2008 年的研发人力总数已达 300050 人，超额完成了预定指标。

2. 研发人才目标

研发人才从 1992 年的 8.88 万人增加到 2010 年的 24.85 万人，供求目标见表 6.8。

表 6.8　韩国研发人才供求目标　　　　　　　单位：万人

研发人才	1992 年	1996 年	2010 年
总计（人/万人）	8.88（20.3）	11.3（25.0）	24.85（50.0）
博士	2.25	2.66	6.36
硕士	2.57	3.26	8.17
学士	4.06	5.39	10.32

资料来源：同表 6.1，第 145 页。

3. 增加研发投资目标

1992 年，韩国的科技研发投资占国民生产总值的 2.17%，到 2010 年该比例将提高到 5.38%，其中政府负担的研发投资比重将提高到 25%。中央政府的研发预算比重将从 1992 年的 1.89% 提高到 2010 年的 5.1%。同时把地方政府的研发预算的比重从 1992 年的 0.07% 提高到 2010 年的 0.55%。不同研究领域的投资比例见表 6.9。

表6.9 韩美日不同研究领域投资比例　　　　　　　　　　单位:%

领域	韩国			美国 (1992年)	日本 (1992年)
	1992年	2001年	2010年		
基础研究	12.6	13.7	15.0	15.8	13.5
应用研究	26.3	25.3	25.0	23.3	24.4
开发研究	61.1	61.0	60.0	60.9	62.1
合计	100	100	100	100	100

资料来源：同表6.1，第164页。

第三节　科学技术政策

一、基本政策

自1962年开始实施第一个经济开发五年计划以来，韩国就把科技的发展系统地纳入综合发展规划（参见表6.10）。韩国政府非常重视促进科学技术的发展，目的是采取和实施为公众谋利益的科技政策，"必须创造明天韩国人吃饭生存的科学技术"。因而，其主要的政策方针不是"模仿"，而是强调"创造"，发展面向21世纪的高科技领域，加强为年轻一代制定的科学计划，确保其研究与发展有稳定的投资财源。

表6.10　韩国主要科学技术发展政策法规体系

领域	政　策　法　规
科学技术	《科学技术振兴法》（1967年）、《技术开发促进法》（1972年）、《技术人力培育法》（1973年）、《基础科学研究振兴法》（1989年）、《工程技术振兴法》（1992年）、《生命工学育成法》（1995年）、《科学技术革新特别法》（1997年）、《脑研究促进法》（1998年）、《纳米技术开发促进法》（2002年）； 3次科技开发5年计划（1962—1977年）、科学技术评价体系（1994年）、国家研究开发事业综合管理体系（2002年）、国家科学技术标准分类体系（2002年）、国家科学地图绘制（2002年）
人才培养	《产业教育振兴法》（1963年）、国家技术资格制度（1975年）、《英才教育振兴法》（2000年）、海外高级科技人才交流支援政策（1994年）、《女性科学技术人才培育及支援法》（2002年）

续表 6.10

领域	政 策 法 规
科技协作	国际技术协作 5 年计划（1962—1977 年），韩美、韩德、韩法、韩英、韩日科技交流协定（1961—1985 年），韩俄科学技术协定（1990 年），韩中科学技术协定（1992 年），与东南亚 7 国的科技协作协定，南美多国科技交流协定，南北科技交流合作协定
国家研发项目	目的性基础研究项目（1978 年）、一般性基础研究项目（1978 年）、特定研究领域开发项目（1982 年）、先导技术（G7 项目）开发计划（1992 年）、区域研究协作体系制度（1995 年）、创意性研究振兴计划（1997 年）、军民两用技术开发（1999 年）、科技前沿项目计划（1999 年）、宇宙开发项目（2000 年）
核能研究	《原子能法》（1952 年），加入 IAEA（1957 年），原子能开发中长期计划（1992 年），与美、加、法、俄原子能和平利用协定
科学园地	创建大德科学园地（1973 年）、光州尖端技术研发团地（2001 年）
政府研究机构	韩国科学技术研究所（KIST，1966 年）、韩国科学技术院（KAIST，1971 年）、《特定研究机构育成法》（1973 年）、韩国标准研究所（1975 年）、韩国科学财团（1977 年）、光州科学技术院（GIST，1997 年）、韩国科学技术评价院（1998 年）

资料来源：著者整理。

韩国为建立有效的科学政策机制，完善相关的基础设施，制定了发展科技的一些基本政策，包括：第一，奉行技术领先的政策，使科技在促进社会经济发展方面发挥主导作用；第二，强调培养富有创造性的科学家和高级技术人才的重要性，组织科技骨干队伍，以满足公、私营部门日益迅速增长的研发需要；第三，增加研发投资，1988 年的科学预算就增加了大约 15%；第四，1982 年以来，韩国政府主导通常只靠工业部门难以完成的全国性研发项目，包括技术密集型、节能、具有增长潜力的项目；第五，承认和支持大学和私营企业在研发活动方面的能力和作用；第六，鼓励私营企业参与技术开发过程，在专利技术方面鼓励和优惠私营企业，在一般技术方面支持私营和公营部门的合作；第七，加强国际合作，以满足日益高涨的技术国际化的需要；第八，政府推行研发地方化，把技术推广到各地区去，在各主要地区建立工业联合企业、创办科学园地、建立专业化研究院、形成全国范围的技术带等，从而最大限度地利用研发成果和电信、运输、网络、人力、技术、信息等资源；第九，创造有利于科技发展的气氛是为科技奠定牢固基础的主要政策目标，为实现这个目标，政府和学术界、工业界以及舆论界合作，掀起了一场全国性的科学运动。

韩国的科学技术政策经过了形成期（1962—1981 年）、扩张期（1982—1996 年）、转换期（1997年至今）等阶段的变迁。形成期的科技政策重点是打好今后发展的科学技术基础；扩张期的政策重点是充分支援研究开发活动；转换期的政策重点在于适应科学技术的快速变化，创造出适合于自身的科技发展模式。

二、部门技术开发政策

1. 支持工业技术的开发

根据1972年颁布的《技术开发促进法》，韩国政府对工业部门采取了税收优惠政策和财政支持措施：对技术开发准备基金实行免税，对研发设备的投资费用的10%和采用新技术的费用实行免税，对试验和研究设备初期投资的90%允许特别折旧，对同全国性项目有关的工业企业直接给予财政补助，提供长期、低息技术开发基金，等等。

2. 促进私营研究机构的发展

为了在工业部门促进技术开发，韩国政府建议每个大企业都建立一个研究中心，并建议大企业和中小企业在具体领域组织合作研究；对私营研究机构和政府资助的研究机构实行税收优惠，并向它们提供政府基金，以此联合实施全国性项目。此外，私营研究机构的研究人员同政府资助的研究机构的研究人员一样，可免服兵役。

3. 支持中小型企业

韩国政府对中小型企业提供财政和技术支持。为了攻克大部分中小型企业共同面临的薄弱环节，研究人员将进一步加强技术咨询服务和向他们传播最新的技术信息，以提高这些企业的技术水平。

4. 促进研发合作

鉴于本国研发能力有限，韩国政府决定把全国的研发力量组织起来，并最大限度地使用这支力量。为此，韩国政府鼓励成立研究合作组织，以加强研发合作活动。韩国政府通过共同使用人力、资金、信息和设施，促进研究与发展，并有效地使用这支力量；鼓励学术界、工业部门和研究机构之间的合作，并通过全国性研究与发展项目，扩大合作研究的范围。

5. 促进工程行业的发展

20世纪60年代以来，韩国大多数大公司都是以总承包方式用外国贷款建立的，本国的工程师几乎没有机会参加大的工程项目，因此，缺乏经验，工程标准得不到改进。

为了弥补这个弱点,韩国于1973年制定了《工程服务促进法》。

6. 促进信息产业的发展

韩国的信息产业已进入世界的竞争市场,其目标是使韩国在软件技术方面成为世界5个强国之一。为此,韩国正尽全力开发信息技术并培养这个领域的高级人才。

韩国政府已开始支持开发某些基本技术的大规模研究项目,如软件工具、人工智能、系统软件等项目。公营研究机构、私营企业和各大学目前正通过协作方式,开展这些项目的研究。

7. 和平利用核能与发展核能的政策

韩国为了促进和平利用核能而在1957年8月加入国际原子能机构。此后,韩国同国际原子能机构、美国、法国、加拿大、德国和澳大利亚等签订了关于安全保障措施的双边或三边协议,于1975年4月21日批准《防止核武器扩散条约》,并于1991年宣布"韩国的核能只用于和平目的"。1978年韩国开始核能发电,现有核电站27座(2008年)。

第四节 科学技术研发机制

一、科学技术研发机构

在工业化早期阶段,韩国政府集中精力建立研究与开发科技的基础机构,如在1966年建立了韩国科学技术研究所。这个研究所负责的应用研究活动范围很广,包括项目可行性研究、对中小型工业的技术服务以及对实验工厂规模的工程研究。韩国政府认为应建立一个科学教育研究所,以满足培养高级科学家的需要,于是在1971年建立了韩国高级科学研究所,1989年该研究所改名为韩国高级科学技术研究所。

70年代,韩国政府成立了与机械、五金、电子、核能、资源、化工、电信、标准科学、造船、海洋科学等有关的专业研究所。为了提高效率,1981年韩国政府决定把这些研究所重组成具有一定规模的研究单位,16个得到政府支持的研究所合并为科学技术处主管下的9个研究所。

为了实现以工业化为核心的经济计划,韩国政府建立了几个规模较大的科技支援基地。其中最大的科学园要数1974年开发建设的大德科学园。它是一个具有国际规模的科学园。作为第一批,有12个受政府资助的研究所、3个私营研究所和3所大学搬进大德科学园。到1992年,大德科学园变成一个可容纳5万人和50个研究机构的大型研究中心。同时,为使科技在全国得到均衡发展,又在西南地区建设光州科学园。另外,釜山、大邱、全州和江凌四个地区也于1993年开始建设功能与光州科学园相似的科学园。通过以上的科学园建设,韩国形成了四大科学园区:首都地区,洪陵研究开发中心和水原遗传工程研究开发科学园;中部地区,大德科学园;西南地区,汉南工业区精细化学和精密机械研究开发科学园;东南地区,浦项—蔚山地区材料科学研究开发科学园。

二、科学技术研发规模

韩国科技研究开发的规模扩大得十分迅速。到1990年为止,韩国有2105个科技研究机构,其中研究所167个,高校研究机构220个,私营企业研究机构1718个;研究人员70503人,达到16.4人/万人;全国科技研发投资总额为44.8亿美元,占国民生产总值的1.91%,其中全国性开发项目的投资为2.35亿美元,所占比重较大,增长幅度迅速。到1996年,科技研发投资增加到国民生产总值的3.5%。公营与私营部门的研发投资比例为52:48(1982年)和16:84(1990年)。韩国科学技术部称,2008年的科技研发基金总额将达到10.8万亿韩元,远远高于2007年的9.7万亿韩元,更比2001年增加了1倍。

除了数量上的扩大之外,韩国政府还改进对科技研发的管理,通过基础科学研究为科技研发奠定牢固的基础,并为支持科技开发培养高规格的科技人才。其主要表现为:①改60年代和70年代为消除技术差距在一些薄弱的领域开展部分科技研发活动和技术革新的做法,采取连续和大规模地开展科技研发活动的方法。从1982年起,韩国政府组织实施全国性的科技研发项目——基本上都是大型科技研发项目,是经济与社会的长远发展所需要的项目,也是工业部门无法单独实施的项目,通过建立最完备的研究中心,由工业部门、研究机构和政府共同完成这些研究项目。此外,还大力推荐那些能在国际竞争中增强自身实力的知识密集型和资源节约型技术。②政府继续增加用于基础研究的经费,基础研究经费在科技研发经费总额中所占比重也继续增加,超过20%。韩国政府颁布的《基础科学促进法》从法律上保障了科技研发经费的供应。

三、科学技术研发体制的改革

要想使科技研究开发成果变成具有国际水平的现实生产力,一个最重要的因素就是实现科技研究开发体系的最优化。为此,韩国政府不断地改革现有的科技研究开发体制。其主要改革内容有:①构建系统的研究开发体系,通过科技研究开发管理机构系统地管理国家研究开发事业的全过程,实施系统的技术需要调查和技术预测调查(TF),

在应用、推广新技术之前,实施技术影响评价(TA),引入与确立目标管理制度,透彻地分析研究开发的效果;②通过与有生产能力的科技研发主体的协作体制,使科技研发主体更加多样化,并导入竞争机制,同时可以引导相互间的密切协作;③从制度上确立产、学、研协同研究开发的体制,这种协调体制将有效地适应科技综合化、体系化、大型化的趋势,并使研究开发与生产更密切地衔接起来;④最大限度地调动研究开发主体的积极性,必须下大力气营造一种尊重与优待科技人才的社会风气,要想方设法对取得科技成果的科研人员给予丰厚的物质奖励,并扩大获奖面,通过造成奖优汰劣的竞争氛围,激发每个科技人员参与科技创新的热情。

第六章思考题

1. 科学技术成就分几类?
2. 简述韩国科学技术发展的特点。
3. 韩国科技发展的重点部门有哪些?
4. 韩国政府的科技开发基本政策包括哪些内容?
5. 韩国的科学技术政策经过了哪三个发展阶段?

第六章参考文献

[1] 侯巧玲,文奇. 韩国专利战略的特点分析. 科技情报开发与经济,2006(11)
[2] 李啸. 韩国加强政府科技创新职能的独到做法. 上海教育,2007(8)
[3] 金英姬. 韩国科技研发服务发展概况. http://tradeinservices.mofcom.gov.cn/f/2007-11-28/13482.shtml
[4] 郑判龙主编. 韩国简明百科全书. 牡丹江:黑龙江朝鲜民族出版社,1999
[5] 韩国科学技术评价院. 先导技术开发事业(G7计划1992—2001). 2004
[6] 韩国科学技术部. 科学发展长期计划(1987—2001). 1986
[7] 韩国17个部委. 科学技术基本计划(2002—2006). 2002

第七章　韩国的语言文字

第一节　语言文字的历史演变

每当我们谈起韩国语的时候，常常听到韩国人非常自豪地说韩文是目前最适合于网络时代的优秀文字。综观人类文字发展史，就会发现亚洲地区的文字大体上经过了诸如汉字的象形文字，日文的音节文字，还有韩文的音素文字的历史发展轨迹。作为象形文字，汉字虽然有其强有力的表意功能，但存在着笔画和字数繁多而导致的使用不太方便的缺点。人类在文字领域一度努力创造和使用表音文字，以此来克服复杂的象形文字的不便。表音文字通常可分为音节文字和音素文字，音节文字是每个字只能发出一个音节，而且不能分离为音素。韩文属于音素文字，它可以将一个音节字如"拉（la）"用辅音（ㄹ）和母音（ㅏ）两个音素拆分开来轻松自如地标记；日语却无法区分为音素单位，只能用"ら"一个字母来标记。正因为使用不划分音素的音节文字的原因，日语在记录比较复杂的发音时，总会遇到一些困难。而基于声音的韩国语文字，就比较容易标记多种语言的发音，这一点从其使用了数目不少的外来语词汇体系中也不难发现。

文字是记录语言的符号系统，它同语言的关系是依附语言、记录语言。如果一种文字能适应它所代表的语言的特点，能在发展中不断地、充分地改进自己，使自己能够满足社会的需要，它就会长期存在下去；否则，它就会丧失生命力，为别的文字系统所取代。

韩国语文字创制以前，韩国人使用汉字记录书写他们的语言。他们记录语言的手法有两种：一种是口说韩国语手写汉文。由于古时的韩国人"崇汉"、"崇儒"的思想浓厚，所以这种记录语言的方法在上层社会成了主流；另一种虽然也是用汉字来书写，但是书写的秩序与规则必须依照韩国语的句法。后一种记录手法又分做书记式记录法和吏读式记录法两大类。书记式记录法是将话语中的词汇用对应的汉字写出来，并且根据韩国语的词汇顺序排列这些汉字；吏读式记录法不仅用汉字记录汉字词汇，而且还用汉字的音或意来表达韩国语的助词和语尾的发音。根据记录，这种记录法是由新罗时期的薛聪首创的，后世的人们又不断地改善此种记录法的汉字使用方式。这种记录法一直延用到 19 世纪末。20 世纪初韩国被日本帝国主义强占领土之后，基于民族独立意识高涨以及韩国民族主义的产生，这种纪录法被"韩汉夹写文"的文字记录方式代替。

根据人类学和语言学方面的考证，朝鲜半岛的民族起源于蒙古人种新西伯利亚族类的阿尔泰族系。在距今几千年前的新石器时代，曾与阿尔泰族一起居住于西伯利亚的这支部族不断地南下东移，脱离了阿尔泰族的主流，逐步定居于中国东北的局部地区和朝鲜半岛，发展了农耕生产与青铜文化。古代朝鲜半岛以及与此相连接的部分大陆地区实用的语言有高句丽、百济、新罗等三种语言。记载古代朝鲜半岛历史的《三国史记》里记录着"辰言"、"加罗语"、"扶馀俗语"等语言名称。又一史书《高丽史》里称汉语为"汉儿话"和称韩语为"高丽话"的记录。公元7世纪后期，随着百济和高句丽等国的灭亡，其语言逐渐被新罗语代替，从而促成了朝鲜半岛语言的统一。中世纪（10—16世纪）韩国语的发展中，前期是高丽王朝的中央语占主导地位，但后来逐渐被朝鲜李朝中央语替代。特别是到了14世纪，语音体系的变化比较显著。在书写方面，汉字词的使用激增。高丽时期从文人到一般官吏阶层中形成了口语使用韩国语、书面语使用汉文的语言文字不协调的现象，几乎所有的文化、学术用语都依赖于汉字词。

一、韩国语文字的形成

韩国语文字是朝鲜第四代国王世宗（1397—1450年，图7.1）在世宗二十五年即1443年12月所创制的，当时的名称是"训民正音"（图7.2）。此后，又推出《训民正音解例》，并出版使用正音文字的《龙飞御天歌》等作品，到1446年正式颁布了最初的韩国语文字。

图7.1　朝鲜第四代王世宗大王
资料来源：http：//ko.wikipedia.org/。

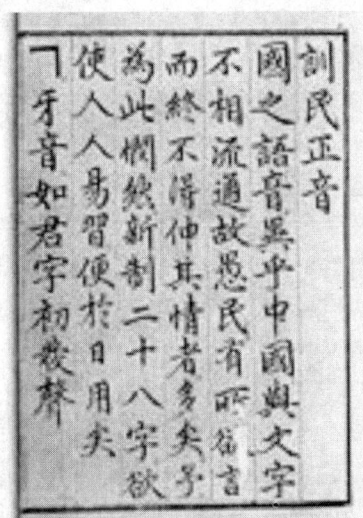

图7.2　韩国国宝70号——训民正音
资料来源：同图7.1。

据《朝鲜实录》世宗二十五年（1443 年）记录："本月国王亲自创制'谚文'28字，其字模仿篆体字，可分为初声、中声、终声三个部分组成。可以自由标记有关文字记录和俚语，虽字数简约，但表现力丰富，创制当时将这种文字叫做'训民正音'。"

韩国语文字是在当时多数贵族阶层文人都崇尚汉文的时代背景之下所创制的，因而导致不少人的反对。因此，世宗大王召集集贤殿少壮派学者编制了解释训民正音使用方法的《"训民正音"解例本》，并专门设立"正音厅"负责管理儒教经典和音韵书籍的韩文书籍的出版，先后编撰和出版了《孝行录》、《三纲行实》、《五礼仪》、《资治通鉴训义》、《龙飞御天歌》、《高丽史》、《东国正音》、《释谱详节》等书籍。

大王在总结原始韩文的基础上，增加和修改部分字形后推出训民正音文字。韩国语辅音是根据发声时发音器官的部位和形状来创制的。例如，观察发音时的舌头、嘴唇、牙齿、喉咙的形状，造出基本辅音"ㄱ, ㄴ, ㅁ, ㅅ, ㅇ"，其中"ㄱ"和"ㄴ"是模仿舌头弯曲的形状，"ㅁ"是模仿口型形状，"ㅅ"是模仿牙齿的形状。元音的造字原理中反映了性理学基本要素即天、地、人三才的哲学理念，由此创制了基本字"·、ㅡ、ㅣ"。其余的字则采用了基于基本字增加笔画的方法和基本字组合的原理。

自 12 世纪至 14 世纪期间，随着训民正音的出台和普及，逐渐出现大量使用韩国语文字记载的文献书籍。之后，经历了"壬辰倭乱"和"丙子胡乱"社会动荡后，韩国迎来了商业和手工业的发展，开始吸收西方物质文明和精神文明，实学派庶民文学逐渐兴起和发展。

19 世纪末到 20 世纪世纪初，韩国的文字书写仍处在韩汉文字混用的时期。1913 年，周时经将"训民正音"称为"한글"，意为"独一无二的大文字"，这一称呼一直沿用到现在。到了 1945 年特别是以恢复国家主权的光复为契机，社会上开始掀起一股推行韩文字专用运动的热潮。将每年的 10 月 9 日为"韩语日"，每到这一天，全国上下举行"世宗文化奖"颁奖仪式，参拜世宗王陵，召开相关学术活动和各种形式的作文大赛。

二、韩国语的语音

韩国语的发声是怎样构成的？例如，"歌曲"这一单词在韩国语里是用"가곡"来标记，这里"ㄱ"先后用了 3 次，但其在不同位置上的发音却不一样：第一个"ㄱ"是 [k]，第二个"ㄱ"是 [g]，第三个"ㄱ"是 [k̚]。这属于同一个音素在不同位置上的发声现象。将这些音素与音素结合而成的就叫做语音。韩国语的语音体系是由 19 个子音和 10 个单母音以及 11 个重母音构成的。韩国语的元音是气流不受阻而发出来的音，主要根据双唇、舌头的不同形状、位置和高低来划分；韩国语的辅音是气流受到发音器官的阻碍而发出来的音，这些子音主要根据造音位置和造音方式的不同来划分（参见表 7.1）。

表 7.1　韩国语辅音分类

造音方法↓	造音位置→	双唇音	齿硬音	硬腭音	软腭音	声门音
破裂音	平音	ㅂ	ㄷ		ㄱ	
	隔音	ㅍ	ㅌ		ㅋ	
	硬音	ㅃ	ㄸ		ㄲ	
破擦音	平音			ㅈ		
	隔音			ㅊ		
	硬音			ㅉ		
摩擦音	平音		ㅅ			ㅎ
	硬音		ㅆ			
鼻音		ㅁ	ㄴ		ㅇ	
流音			ㄹ			

资料来源：著者整理。

在日常生活中所使用的韩国语的最小单位不是音素而是音节。韩国语的音节结构有以下几个特点：

- 由元音构成的音节，如：아 [a]，오 [eo]，우 [u]，이 [i]；
- 由辅音和元音组合而成的音节，如：가 [ga]，나 [na]，무 [mu]，소 [so]；
- 由元音和辅音组合而成的音节，如：입 [ip]，온 [on]，울 [ul]；
- 由辅音和元音以及辅音组合而成的音节，如：감 [gam]，공 [gong]，문 [mun]。

这些音节虽然是能听到的最小单位，但并不一定具有具体意思。例如，表示"吃"的意思的"먹 [meok] －"，在具体后续的音节不同，变为"먹고 [meokgo]"、"멍는 [meongneun]"等形态，而这时的"먹 [meok] －/멍 [meong] －"是作为基本型"먹 [meok]"的异形态来起作用的。因此，将这些音节的变异形式中相近形态之间的音素交替的现象称为"音素的变动"。语言学上将这些相互交替的音素群称为"形态音素"。例如 {먹}：

- 먹+고 = 먹고[먹고] [meokgo]；
- 먹+는 = 먹는[멍는] [meongneun]。

从上述例子可以看出，表现 {먹} 的形态音素的发音条件，在鼻音前面为"ㅇ [ng]"音，其余状态下是由/ㄱ [k] /来发音，也就是说后面来鼻音时"ㄱ [k]"变为"ㅇ [ng]"，接其他音时发"ㄱ [k]"的音。这是韩国语的语音变化规则所规定的。韩国语的语音变化规则里，包括音节尾部的规则、语音的同化现象、语音的缩略与脱落、硬

音化、"ㄷ [d]"和"ㅂ [b]"的不规则用语活用等现象。

三、韩国语的词汇

韩国语词汇体系从其形成来源和结构特点可分为固有词、汉字词、外来词等三大类型。固有词是指韩国语本身就有的词，这些词汇多是日常生活中常用的动词和名词，如动词"가다 [gada] （去）"、名词"밥 [bap] （饭）"等，以及一些具象的名词，如"나무 [namu] （树）"、"물 [mul] （水）"等，约占总词汇量的30%。汉字词是借用中国的汉字而构成的，就是借用汉字的含义组合成词汇，然后再用韩国语来念汉字写成的词，约占总词汇量的50%。韩国语汉字词除了来自古汉语以外，还有相当大的一部分是在日本殖民期间从日本语中吸收来的，这些词汇普遍存在着固有词和汉字词的双重系统。这些词在具体使用时，有些能够互换，有些则不能。外来词是指从别的语言吸收来的词，这些词汇在"二战"以后迅速扩充，其中又以来自英语的词汇为最多，如"컴퓨터（computer）"，约占总词汇量的20%。随着科技的发展及文化交流的加深，外来词所占的比重越来越大。

韩国语词汇是由若干个形态素组合而成。只要分析这些韩国语形态素的结合规律，就可以发现这些形态素可分为词干和接词。词干是词汇的中心，接词在构词过程中起着补助协调的作用。接词又具体可分为派生接词和屈折接词。形成新词的接词即派生接词。例如，韩国语中"먹이 [meogi] （食物）"这个词，是由"먹 [meok]"和"-이 [i]"这两个形态素组合成"动物食料"这一新的词汇。而"먹었다 [meogeotda]"的"었"和"다"是表现一个单词的折射的部分，属于屈折接词。另外，构成词汇的形态素也可分为词干和词尾，例如，"뒤덮이었다 [dwideopieotda] （被覆盖）"可分解成'뒤 [dwi]'（派生接头词）덮 [deop] （词干/用言词干）이 [i] （派生接尾词）었 [eot]（屈折接尾词/用言词尾）다 [da] （屈折接尾词/用言词尾）。这里，词干是活用词的中心，相当于树的茎部，词尾相当于枝干部分。词汇在类型上又可分为单一词和复合词，其具体结构如表7.2所示。

表7.2　词汇分类

单词	单一词	由一个词干构成的形态素	
	复合词	派生词	接头派生	由接头词派生
			接尾派生	由接尾词派生
		合成词	由两个以上具体形态素构成	

资料来源：著者整理。

四、韩国语语法

我们在日常生活中用各种方式表达自己的思想和感情，通常就需要用文章的表现形式。文章由多个语法单位构成，而构成文章的基本单位是短语或句子成分。例如，"那朵花很美"（그 꽃이 매우 예쁘다 [geu kkochi maeu yeppeuda]），这一句子中"그 꽃이 [geu kkochi]"是主语，"그 [geu]"和"꽃이 [kkochi]"分别是从句，这种两个以上的从句组合的形式叫短语。短语不能建立主语和谓语关系，而句子具有主语和谓语关系。

韩国语有四种基本文章类型：第一类型是主谓结构，第二类型是在第一类型里追加宾语的形式，第三类型是追加状语的形式，第四类型是宾语和补语都有的形式。以此为中心，进一步增加助词、副词等附属成分来扩大词汇信息量。韩国语基本上维持修饰语位置在被修饰语的前面的语序，而且由于属于黏着语的关系，其助词和词尾特别丰富。特别是由于助词的丰富使用，实际生活中语序比较灵活，助词可以自由地移动位置（参见图7.3）。例如，"我给她送了花"的韩国语表现是"나는 그녀에게 꽃을 주었다 [naneun geunyeoege kkocheul jueotda]"）。

图7.3 "我送给她花"

资料来源："韩国语学校教师培训教材开发计划"。

第二节　韩国语的文化特点

众所周知，语言作为承载文化的工具，所包含的内容和形式非常丰富和复杂。从作为文化遗产体现者之一的韩国语中，我们不难看出其农耕文化特点和有关人际交往中相互见面时使用的尊称的复杂性，还有有关色彩表现的丰富性特点。

一、韩国语的敬语体

韩国素有"礼仪之国"之称,十分重视礼仪道德的培养,尊敬长辈是韩民族恪守的传统礼仪。韩国语的语体特征主要是有庞大的敬语系统。韩国的等级文化特性要求语言系统中有丰富的敬语表达方式,其中分词汇方式和语法方式两种。词汇方式是指通过特定词语的使用来起到尊敬的作用。例如,对于一般的人来说,"吃饭"可以简单地用"mekda",但对于长辈或客人就要使用敬语方式"deusida"。语法方式是指通过在句子成分中添加敬语标志的方式使其带有敬语含义。例如,在描述对方的动作时,为了表示尊敬,往往要在动词的后面加上后缀"si"。在韩语交际中,使用的敬语越多,起到的尊敬效果越强烈。因此,在有些正式场合下,通常同时使用多种敬语手段以表达更强的效果。韩国语这种庞大的敬语系统会给外来者带来心理上的负担,因为敬语使用不当会给对方造成伤害,尽管时常是无意的。在敬语这一特点上,韩国语和日语有着许多共同之处,集中体现了社会交际中身份与地位在交际者的话语思维中起着重要的作用。

从语法方面考察,有尊敬主体的"敬语表现",也有根据说者和听者关系来确定的"谦恭法",还有目前使用逐渐增多的一种语言现象——根据主客体和说者的关系而使用的"谦让法"等;从词汇角度考虑,有敬语体词汇和一般表现词汇不同的使用方法。跟韩国人打交道,你会发现他们对待不同年龄、不同身份以及交往关系的亲疏程度,采取不同的语言表达方式,而且这种表达方式非常复杂。因此,韩国语中有关称谓方面的词汇非常丰富。所谓的称谓法是以韩国社会的家庭关系、身份阶层关系、社会伦理为基础而形成的,如今这种称谓法的突出特点是以人际交往的亲疏关系为主。

通常要求对与话者有利害关系或有影响的人物使用"话者的谦让"表现方式。例如,韩国语中表现第一人称的"我"有两种表现方法,一个是一般词汇"나(na)",另一个是表示谦虚的谦词"저(jeo)"。除了称谓表现外,更复杂的表现方式如从听者角度,采用动词词根后面使用"-시(si)-"的特殊表现方法来表示对与听者有关联的第三者的尊敬。迂回表达策略通常是典型的东方思维方式,韩国文化同样继承了这种特性。人们在表达观点和判断时,会把引用其他人的看法作为一种常用的交际策略。这种做法不仅可以显示出对其他人的尊重,同时也体现了自己的谦逊。同时,在韩国人的交际中,开门见山和直截了当地表达观点被看成不明智的行为,往往在涉及主题之前需要诸多铺垫,甚至有时会谈很多与主题无关的事情,如健康、孩子、近来生活等,实际这只是起到一种寒暄作用。在接受礼物时,为了避免直接接受对方的礼物,需要至少一两次的"拒绝"之后才能收下。这在人们的意识中代表的是一种礼貌,因为在东方文化中,含蓄的形式是表示对对方的尊敬,也是人们建立亲密关系和寻求同等关系的一种表现。

对待听者的称谓可根据听者的不同等级,分为尊敬称谓语法、同等称谓语法、下位称谓语法,分别采用不同的称谓语言表达格式,同时还要考虑年龄因素。这些称谓表达方法又可分成格式体尊敬阶和非格式体尊敬阶。例如,"去"一词的表现方法有以下几个不同年龄、身份层次的格式体表达方法,如表 7.3 所示。

表 7.3　韩国语敬语体

类型	陈述句词尾	疑问句词尾	命令句词尾	劝诱句词尾
尊敬阶:"하십시오 [hasipsio]"体	-가십니다 [gasimnida]	가십니까 [gasimnikka]	가십시오 [gasipsio]	가시지요 [gasijiyo]
同等阶:"하오 [hao]"体	가(시)오 [ga(si)o]	가(시)오 [ga(si)o]	가(시)오 [ga(si)o]	가구려 [gaguryeo]
一般下阶:"하게 [hage]"体	가네 [gane]	가는가? [ganeunga?]	가게 [gage]	가세 [gase]
最下阶:"해라 [haera]"体	간다 [ganda]	가냐,가니? [ganya, gani?]	가(거)라 [ga(geo)ra]	가렴/가려무나/가자 [garyeom, /garyeomuna/ gaja]

资料来源:著者整理。

韩国语上述的语言特点可以追溯至其民族的文化特性。在韩国以"无我"为中心的社会文化中,集体的地位和力量对个体的社会行为有着巨大的影响作用,它渗透到韩国社会每个个体的认知系统,集中体现在人们的交际规则和言语行为中。在韩国的社会意识中,代表个体的"我"通常是被掩盖在集体的"我们"之下,甚至有韩国专家指出,韩国社会和文化是以"我们主义"为基础,与西方的"我主义"形成鲜明对比,过分强调自我被社会看成缺点。因此,在韩国语中,第一人称单数"我"的概念往往强调个体是某一更大文化单位中的一员,诸如国家、集团、团体或家庭。由此,韩国文化的"无我"性便产生了一个典型的社会现象,就是对长辈的高度尊敬、对外来者的尊重和对晚辈的亲密。换句话说,韩国人的思维与语言行为基本是与他人意愿和集体内部意见相一致,韩国社会的每个角落都存在着以年龄、辈分、级别、地位和性别为判断标准的等级关系。

除了上述格式体敬语体的表现方式外,非格式体的表现方式如下:
尊敬阶:"해요[haeyo]"体:-가요[gayo](陈述句词尾)/가요?(疑问句词尾)/가(세/셔)요[ga(se/syeo)yo](命令句词尾)/가(세/셔)요(劝诱句词尾)。

下阶:"해 [hae]"体: - -가, 가지 [ga, gaji] (陈述句词尾) /가?, 가지? (疑问句词尾) /가, 가지 (命令句词尾) /가, 가지 (劝诱句词尾)。

另外,还有两种表示尊敬的表现方法:一是加在被尊敬的人的名字或标题后面的词缀"님 [nim]"的使用;二是尊敬阶的主语标识符"께서 [kkeseo]"的使用,同时也可将该词用于"님"的后面。例如,"老师去学校"在韩国语里是"선생님께서 학교에 가십니다 [seonsaengnimkkeseo hakgyoe gasimnida]"。

韩国人在见面和相互道别时所使用的表现方法也很有讲究。例如,在家里,出门的人要用"다녀오겠습니다 [danyeoogetseumnida]"的表达方式,这时,在家的人应亲切地向出去的人说一声"안녕히 다녀오십시오 [annyeonghi danyeoosipsio]";当回到家时要用"다녀왔습니다 [danyeowatseumnida]"的表达方式,在家的人则要用"다녀오셨습니까? [danyeoosyeotseumnikka]"来回应。在家的长辈接送年轻人时,则用"잘 다녀오거라"、"오. 그래 가니?"或者"오. 왔냐?"来表示。

二、韩国语的色彩形容词

与其他国家语言相比,韩国语语言体系中有关表现色彩的形容词的语言表达方式比较丰富,而且这些色彩形容词还带有较强的感情特色,它是用人的感觉器官所感受到的信息转换成细腻的语言表达现象。其中,最具特色的莫过于有关自然界事物色彩的语言表现(如表7.4所示)。表中提示的是"红"和"绿"色彩浓淡程度来表现的不同的色彩形容词。如此丰富的色彩形容词转换成汉语时,只能用"微红、稍红、淡红"或"彤红、深红、红彤彤"等形容词来翻译,明显感觉很难反映原有语言的真正意义。

表7.4 韩国语色彩形容词

色彩词	色彩程度:淡 ←——————→ 浓					
红	불그스름 [bulgeuseureum]	불그무레 [bulgeumure]	불그레 [bulgeure]	불그데데 [bulgeudede]	불그뎅뎅 [bulgeudengdeng]	불그죽죽 [bulgeujukjuk]
绿	푸르스름하다 [pureuseureumhada]	파랗다 [parata]	퍼렇다 [peoreota]	시퍼렇다 [ ]	푸르딩딩하다 [pureudingdinghada]	새파랗다 [saeparata]

资料来源:著者整理。

以上是基于自然界事物的色彩用语,而这些对自然事物色彩的描写技巧,在长期的语言使用发展过程中,逐渐潜移默化到实际的语言生活中所使用的有关感情色彩方面的语言也采用类似的表现手法。例如,比喻思考问题和处理问题时斤斤计较、不够大度的人时用表示"黄色"的"노랑이 [norangi]"一词,因为韩国人认为黄色具有吝啬鬼的象

征意义。在汉语中也有类似的表现方式,如比喻诡计多端而图谋私利的人时用"黑心"来表现。同一颜色在不同民族不同国家的意识中可能引起不同的联想,携带不同的民族文化信息。

三、韩国语的新词用语

1. 广告媒体的语言使用,渗透着民族文化精神和国际化时代气息

20世纪80年代后期,韩国兴起了"身土不二"民族精神的弘扬运动。"身土不二"是韩国成语,意思是"我生在自己的国家,拥有养育我成长的国土,而生我养我的土地上生产的东西才是最适合这个地方的人"。这是韩国农协在20世纪60年代号召韩国人消费本国的农产品时所使用的口号,以此来时刻提醒国民用本土的产品。韩国人用这四个字理念引导消费的做法十分成功。它与"天人合一"思想一脉相承,是"一方水土养一方人"。"身土不二"是韩国随处可见的广告词,以后逐渐成为韩国人的养生之道。这些思想理念很自然地折射到语言使用的国粹化,兴起了"国语纯粹话"浪潮,一度废止汉文字的使用,造就了"韩文一代"。由于这些没有接受过汉文教育的"韩文一代"对古典文学和传统文化书籍解读能力非常低下,到了80年代以后,又重新掀起了汉文教育的高潮。现在韩国人已普遍接受汉文教育。

广告媒体是反映现实语言的综合媒体。综观韩国广告中语言的使用特点,就会发现汉字词逐渐减少,替而代之的是英语的大量使用,这间接或直接地体现出世界经济一体化时代的气息,以及年轻人喜好固有词和外来词并用的广告语言体系的趋势。这一转变是从20世纪60年代开始,看好汉字词并以使用汉字词来显示学问层次和身份,反而将韩语固有词看做"土气十足"的语言使用倾向,逐渐被年轻一代看好英语并将其看做世界语言以及"身土不二"思想下看重韩语固有词使用的语言使用趋势所取代。

对当代的韩国年轻一代来说,汉字词才是"生硬而土气"的语言,不如韩语固有词富有情感和感到亲切。例如,一个广告中所使用的"4U",它具有双层含义:既是"为了你"的英文"for you"的发音,又有忠庆道方言"사유〔sayu〕"的发音。另外,在韩国酒类市场上占有一席之地的"真露烧酒"已经把原来使用的汉字词"진로〔jinno〕"(真露)"改为韩语固有词"참이슬〔chamiseul〕",这也是迎合消费者语言使用趋向的广告战略的成功案例之一。

2. 基于单一词、派生词、合成词的语感特点越来越浓厚

在单一词使用方面,由原来的固有词或汉字词转用从英语借用的外来词,如쪽〔jjok〕/페이지(page)、성탄절〔seongtanjeol〕/크리스마스(Christmas)、양다래/키위(kiwi)、열쇠〔yeolsoe〕/키(key)等词汇就属于这一语言现象的典型例子。此外,还

有一些带有一定感情色彩的新词出现，如"班主任"一词，原来使用"담임 [damim]"，如今被很多学生改用带有讽刺意味和贬义的新词"담탱이 [damtaengi]"。

韩国语的派生词一般采用接头词后面附加语气词或语气词后面加接尾词的方法，如以"无/非/王"为接头词的"무관심 [mugwansim]（不关心）"、"왕내숭 [wangnaesung]（害羞者）、"비정상 [bijeongsang]（非正常）"之类的汉字词接头词所构成的派生词，"모내기 [monaegi]（插秧）"、"쪼무래기 [jjomuraegi]（孩童）"之类固有词派生词。

韩国语新词体系中合成词所占比例最大，这与词汇的扩展空间比较大有密切关系。例如，"练歌厅"一词（노래방 [noraebang]），是以核心词"노래（歌）"和另一个扩展词"방（房）"结合而成的。

3. 网络媒体与电影、广告、大众歌谣中的流行语富有浓厚的文化气息

流行语是某一特定时期被广泛使用并随时间的流逝销声匿迹的风行一时的词汇和语句。大众媒体里出现的流行语是最直接反映时代风貌的突出表现。要理解这些流行语的含义，必须与时代脉搏联系起来考虑才可以得到答案。例如，"공주병 [gongjubyeong]（公主病）"、"왕자병 [wangjabyeong]（王子病）"等。

四、韩国语的文化特征

自从 1913 年，周时经将训民正音称为"한글（hangul）"以后，韩国一直沿用这一名称，而在我国学术界，一般用音意结合的方式来翻译这个词。"한（han）"音译做"韩"，"글"则意译做"文"，"한글"就被翻译做"韩文"。

1. hangul 的创制理念是阴阳五行说

早在三国时期阴阳五行思想就已经传入了韩国。阴阳五行说特别强调阴阳五行的和谐，这些东方哲学思想渐渐地深深融入韩国人的精神和日常生活之中。世宗大王在《训民正音解例》中写到："天地之道，阴阳五行而已，坤复之间为太极，而动静之后为阴阳，凡有生类在天地之间者，舍阴阳而何之。故人之声音，皆有阴阳之理，顾人不察耳。今正音之作，初非智营而力索，但因其声音而极其理而已，理既不二，则何得不与天地鬼神同其用也。"

2. hangul 是有天地人和谐思想的文字

hangul 的三个元音是模仿天 [・]、地 [一]、人 [丨] 三者，其中 [・] 模仿地球

浑圆的样子，［一］模仿平坦的地平线，［ㅣ］模仿站立的人形，有天、地、人和谐之思想。

韩国文字被世界语言学家誉为很富有独创性的文字。它具有以下几个特征：第一，部分文字具体是谁、在什么时候创造的已经不是很清楚了。在谈及韩国文字诞生的历史的时候，普遍认为是在朝鲜时代的世宗二十五年（1443年），由世宗大王和集贤殿学者共同完成的。第二，韩国语的发音是根据人的发音器官的具体位置和发声特点来形成的，这是该语言的独到之处，从这一点上就能否定长期以来所认为的韩国语的创制受别的国家文字的影响的观点（表7.5）。第三，韩国文字体系的形成是根据其科学的造字原理所创造出来的文字。其基本的文字有"ㄱ，ㄴ，ㅁ，ㅅ，ㅇ"5个辅音和"·，一，ㅣ"3个元音，再由这些基本文字联合而成其他文字（表7.6）。

表7.5 韩国语字母与发音器官

字母		造字原理	造字例子
辅音	ㄱ	舌根挡住咽喉的模样	ㄱ→ㄲ，ㄱ→16，
	ㄴ	舌头贴住牙龈的模样	ㄴ→ㄷ，ㄷ→ㄸ，
	ㅁ	嘴的模样	ㅁ→ㅂ，ㅂ→ㅃ，ㅂ+ㅅ→ㅄ
	ㅅ	牙的模样	ㅅ→ㅈ，ㅅ→ㅆ，
	ㅇ	喉咙的模样	ㅇ→ㅎ
元音		天、地、人的和谐	ㅣ+·→ㅏ，·+一→ㅗ，ㅗ+ㅏ→ㅘ

资料来源：著者整理。

表7.6 韩国语基本文字

基本文字	造字原理	例子
辅音	在基本的文字上加笔画	ㄱ→ㅋ，ㄴ→ㅂ，ㅁ→ㅂ，ㅅ→ㅉ，ㅇ→ㅎ
	在基本的文字上并排写	ㄱ→ㄲ，ㅂ→ㄸ，ㅂ→ㅃ，ㄱ→ㅆ，ㅂ+ㅅ→ㅄ
元音	组合基本的文字	ㅣ+·→ㅏ，·+ㄱ→ㅗ，ㅗ+ㅏ→ㅘ

资料来源：著者整理。

3. hangul是反映儒家伦理思想的文字

韩国人在现实社会中的种种人际关系、家庭伦理中，会因长幼亲疏、地位高低的不同而使用不同的敬语表达方式。

此外，韩国文字比起其他文字具有表音能力，所以很难发的音都能很简单地表示出来。韩国文字从现代语言学或科学的角度上来看是非常出众的。在电脑上打字或者在手机上发消息的时候，可以根据字的构成直接输入，非常简单。

第三节　方　言

标准语是一个国家的语言政策中为了确定某一特定地区的方言作为公用官方语言来使用的目的而指定的。通常将该国的首都或文化中心地区的语言确定为标准语，并不是说其语言比其他地区语言有语言结构方面的优势。同样，方言并不是比标准语劣势或落后的语言，它只是由于地理或社会原因造成的语言的分化形态而已。

韩国作为以单一民族为主体的语言文化共同体，以单一语言体系为中心的各地区方言群来构成其方言类型。那么，不同地区的地方方言都有哪些特点呢？所谓的地方方言是指当地原住民所使用的语言，是具有当地特点的反映当地居民的居住环境和文化生活的语言使用现象，具体在长音、短音或清音、浊音等音形和音质以及音态等方面具有不同的特点。

通常我们将朝鲜半岛上所使用的方言大致分为六大方言体系，包括平安道方言、咸镜道方言、中部方言、全罗道方言、庆尚道方言和济州岛方言（分别对应图7.4中的1至6）。以下具体分析并举几个地方方言的典型例子，从中多少可领略出朝鲜半岛各地区方言的特点。

1. 平安道方言

平安道方言使用齿槽音"ㄷ，ㅌ"，如"好"一词，标准语是"좋다[jota]"，而平安道方言用"됴:타[dyota]"；不发前舌元音，如"早晨"一词，标准语是"아침[achim]"，平安道方言的发音是"아츰[acheum]"。

2. 咸镜道方言

咸镜道方言一般在词尾部分添加"~둥[dung]"的词缀。词汇方面，有一个例子很特

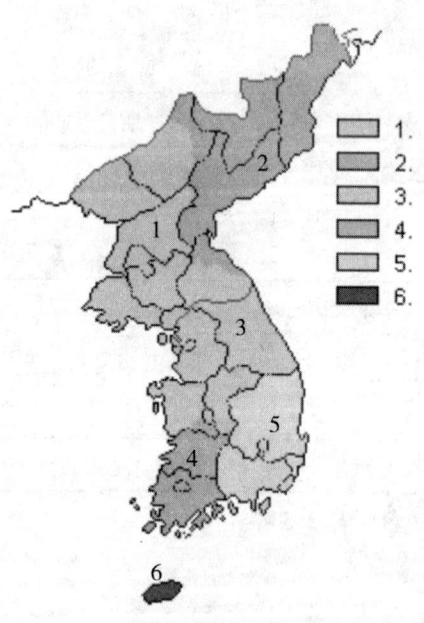

图7.4　朝鲜半岛六大方言
资料来源：http://blog.daum.net。

别:"不要紧"一词,标准语是"괜찮습니다 [gwaenchansseumnida]",而咸镜道方言是用"일없수꾸마 [ireopsukkuma]"来表现。

3. 江原道方言

位于太白山脉东部的江原道方言又称为"岭东方言",具有抑扬顿挫的鲜明特点,使用富有节奏感的清音,表现出山地地区独有的朴素和豪爽的情绪。例如,"芝麻盐"一词,江原道方言是"깨보생이 [kkaebosaengi]",而庆尚道方言是"깨소곰 [kkaesogom]"。又如"蝴蝶"一词的标准语是"나비 [nabi]",而庆尚道方言是"나부 [nabu]";"驴"一词的标准语是"나귀 [nagwi]",而庆尚道方言是"나구 [nagu]"。由此可以看出这一地区的人们比较擅长使用单元音音节。通常将江原道方言与忠清道方言、京畿道方言一并列入中部方言区。例如,"怎么办"一词,中部方言是用"우짜끼고 [ujjakkigo]? 우짜꽁 [ujjakkong]?"。

4. 忠清道方言

忠清道方言语速非常缓慢,例如,在发音词尾部分的"—었어요"常用"～었어유",而且有着最后发音要拉长的习惯。"去吗"的韩国语表现是"가니?",而忠清道方言的表现是"가는겨?"。另外,有些词汇的使用上也有独特的一面。例如,"赶紧"一词,忠清道方言是"언능 [eonneung]",而庆尚道方言是"퍼뜩 [peotteuk]",全罗道方言是"싸게 [ssage]"。

5. 京畿道方言

京畿道方言发音时,使用有节奏感的清音,而且很柔和,与标准语很接近。

6. 全罗道方言

全罗道方言像唱歌一样有明显的节奏感和较柔和的发音。例如,"怎么办"一词,用"어쩌까이 [eojjeokkai!], 어쩌까 [eojjeokka!]?"。

7. 庆尚道方言

一般头音节字的发音很短而且较硬,并带有生硬的强势浊音。例如,"你说什么?"的韩语表现是"뭐라고 하느냐?",在庆尚道方言里表现为"뭐라카노?";"干嘛啊?"的韩语表现是"왜그럽니까?",庆尚道方言里表现为"와 그라노?";"我来了"的韩国语表现是"저왔어요～",庆尚道方言里表现为"-지 왔어예～～"。

8. 济洲岛方言

由于岛屿独特的地理环境特点，济洲岛长期与其他地区隔海分离，形成了与其他地方有明显差异的济州岛方言，其特点表现为发音既柔和，又有顿挫。例如，"暖和吗？"一词，济洲岛方言是"햄쑤까［haemssukka］?"；"请给～吧"一词，济洲岛方言是"쥽써［jyupsseo］"，而标准语是"주십시요"，从这一点上就足以看出济洲岛方言与标准语的差距之大。

第七章思考题

1. 名词解释题：
"训民正音"　"身土不二"　汉字词　固有词　外来词
2. 结合你家乡的文化现状（地方方言、生活习俗及其他方面）特点，分析一下语言与文化的密切连贯性。
3. 论述韩国语的文化特点。
4. 试说几句常用韩国语。

第七章参考文献

［1］赵润济著．韩国文学史．张琏瑰，译．北京：社会科学文献出版社，1998

［2］崔奉春．朝鲜语和汉语关系调查．延吉：延边大学出版社，1994

［3］崔俊植．对韩国文化的根本理解．当代韩国，2006（夏季号）

［4］李得春．试析韩国语汉源汉字词和韩国独有汉字词．延边大学学报（社会科学版），2005（1）

［5］崔俊植．对韩国文化的根本理解．当代韩国，2006（夏季号）

［6］李元根．语言与社会．首尔：世宗文化社，2000

［7］李石诛．国语学概论．首尔：大韩教科书有限公司，1994

第八章 韩国的大众媒体

第一节 大众媒体概述

大众媒体在英语里是用"mass media"来表示,是指报社、出版社、广播电视台等特定的信息提供部门向人民大众不确定传输信息的主要手段。利用电波的大众媒体有电视和广播,利用印刷的大众媒体有杂志和报纸。20世纪90年代以前,韩国社会主要的大众媒体为广播、电视和报纸。据1993年统计,韩国国民的报纸订购率为70.5%,杂志订购率为24.1%,电视收视率为94.8%。从20世纪90年代后期开始,利用网络的信息传递急速增长。目前,韩国民众对报纸、电视、广播、杂志、网络、网络电视等媒体的利用时间每天平均可达354.6分钟。其中,除了有线电视和网络之外,报纸、广播等媒体的利用时间呈下降趋势。特别是日平均利用新闻的时间为62.8分钟,占总使用时间的17.7%。同时,对各类大众媒体的满意度和可信度的问卷调查中,网络、电视和广播的满足度最高,而电视、网络和广播的可信度最高(参见图8.1)。

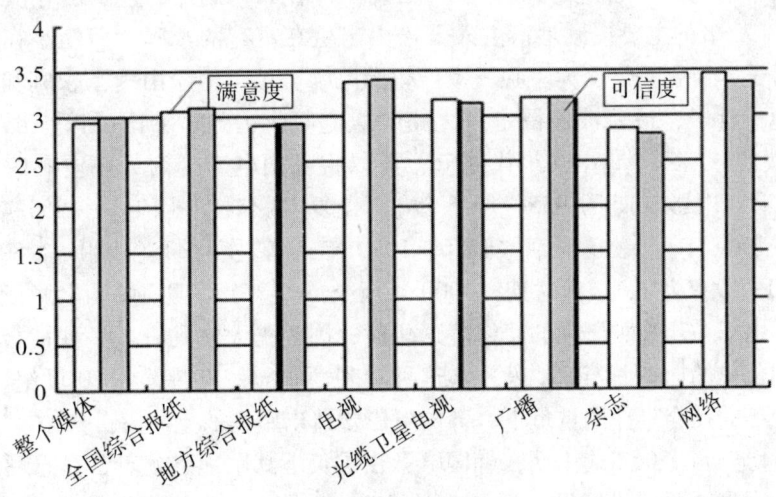

图 8.1 韩国大众媒体的满意度和可信度
资料来源:韩国言论财团。

在特定事件的报道方面，电视、网络都强于报纸，这足以表明报纸和广播这一传统媒体逐渐被强劲的网络媒体所排挤。据 OECD 有关统计数据分析，目前韩国的网络使用人口已占总人口的 94%，网络已经超过广播、杂志，成为了第三大媒体。

从 19 世纪末开始，韩国文化进入了近代化的加速发展时期。韩国最初的报纸是 1883 年 10 月出现的官办的《汉城旬报》，主要以汉文来编辑，其读者对象为贵族和官吏阶层。除此之外，还有民办的《独立报》，这是专门使用韩语编辑的报纸，其主要的目的是开展启蒙教育和政治运动。

1919 年"三一"运动以后，韩国开始出现大量的民族报纸，主要有《东亚日报》、《朝鲜日报》、《中外日报》等。20 世纪 20 年代可以称得上一个兴办杂志的时代，先后出现了《开辟》、《新女性》等多种杂志，涉及的领域及范围广泛，摆脱了专业性杂志的局限性。30 年代是报纸杂志发行最活跃的时期，以《新东亚》为首的《新家庭》、《每日报》等报纸杂志成为韩国出版界的主流。1937 年日本帝国主义开始实施"韩国臣民化"政策，韩国经历了痛苦的文化镇压，大部分报纸杂志被迫停刊。到 1944 年韩国语杂志仅剩 22 种，而日本语杂志多达 262 种。从 1948 年韩国政府的建立到 1960 年的"四一九"革命，由于政府严格限制新闻媒体的创办，最少时限刊 41 种。到了 80 年代末以及之后的金泳三政府大力推行新闻出版业的松绑政策，1994 年注册日报数为 118 个。

韩国最早的广播电台是于 1927 年 2 月成立的，主要靠日本技术来传播信息。光复后，韩国的广播事业经历了美国军政时期、国营广播时期、民营广播导入和电视时期、商业广播时期、官方公营广播时期和多媒体、多频道时期等发展阶段。

韩国的第一部无声电影是 1919 年"团成社"朴承弼制片、金陶山导演拍摄的《义理的仇斗》。故事的主要梗概是：主人公松山出生在富有的家庭，但幼小在继母手下过着痛苦的日子，特别是继母为了独占家产企图陷害松山，但松山为了家庭和父亲的荣誉忍气吞声地过日子，最后被逼得走投无路时拔起复仇的刀。韩国的第一部有声电影是 1935 年上映的《春香传》。以年代划分，可以将韩国电影分为无声电影时期（1919—1935 年）、有声电影时期（1935—1945 年）、光复电影时期（1945—1955 年）、中兴时期（1955—1969 年）、衰退时期（1970—1979 年）、转换时期（1980—1989 年）、积累时期（1990—1999 年）、成熟时期（2000 年至今）等 8 个时期。韩国电影诞生于韩国沦为殖民地，出于被压迫被剥削的悲惨境遇之时，因而先天便具备了一种社会责任，伴随着韩国近现代史的曲折而崎岖地发展，这种功利性倾向一直持续到 20 世纪 90 年代。在这持续几十年的社会责任的重负下，韩国电影塑造出坚韧的生命力。

从 20 世纪初到 50 年代中期，韩国电影在重负下默默地忍耐着，在忍耐的过程中意志变得愈加顽强，并伺机爆发。到了 50 年代中期，这个机会终于出现。韩国电影挟着朝鲜战争后兴起的自由主义浪潮，抓住政府忙于战后重建，对于意识形态领域的控制有所放松的机会,成功地实现了第一次崛起,出现了以《自由夫人》、《误发弹》为代表的一系列既具现实性又具艺术性的优秀作品,可以说韩国电影在历史上第一次发出了自己的声音。1962年1月,朴正熙军事政权上台后颁布了《电影法》,对电影业加大了控制力度,韩国电影的"中兴期"也随之结束。进入70年代后,随着经济的高速发展和军事政权的统治逐渐稳固,对电影的管束也就愈发严格。尽管此期间也出现了像《星星的故乡》等几部佳作,但是在强大的政治压力之下,韩国电影还是堕入了一个全面衰退的阶段。这种状况一直持续到70年代末民主化浪潮全面爆发,直到朴正熙政权的倒台。此后执政的第五共和国虽然仍是军人政权,但在民主化浪潮的压力之下,在意识形态领域逐渐作出妥协和让步。韩国优秀电影的标准从70年代的"符合国策的电影"转为80年代的"具备艺术性并能给予观众感动的电影"。整个80年代,由于外国电影的输入以及政权的更迭造成了电影政策的不稳定,所以这一时期的韩国电影处于一个调整期。

当今,韩国的文化产业迅速成长,已成为国民经济的支柱产业之一,韩国成为世界第五文化生产大国。而韩国电影便是韩国文化产业的重要支柱。2002年,《亚洲周刊》发表文章说韩国电影成了亚洲影响最大的民族电影,舆论几乎一致认为韩国电影已经取代了香港电影在亚洲电影中的地位。韩国电影出口额从1995年的21万美元增加到2001年的1100多万美元,增长50多倍。韩国三大电视公司之一的MBC,在2002年6月中国上海电视节上一部成交100万美元的片子,之前几年在同一电视节上仅卖出5万美元。所以有人称韩国是在走从"经济破产到文化征服"的道路。

第二节 广播电视与电视剧

作为传播"韩流"的主要途径,电视娱乐节目特别是韩剧在推广韩国文化特征方面表现出强劲的生命力。

韩国广播电视的发展经历了日帝时期(1927—1945年)的转播时期、美国军政统治时期(1945—1948年)、国营广播时期(1948—1953年)、民营广播电视时期(1954—1960年)、商业化广播时期(1961—1979年)、公营广播时期(80年代)、多媒体多频道时期等不同的历史发展时期。

中国于1993年起开始引进韩剧,第一部是《嫉妒》,但反响不大。1997年,中央电视台八套播出韩剧《爱情是什么》,其收视率高达4.2%。《爱情是什么》反映的是韩国两个普通家庭酸甜苦辣的日常生活,所塑造的人物形象几乎个个棱角鲜明,栩栩如生:具有现代女性新思想、勇于追求爱情幸福的朴知恩,既有传统的大男子主义思想却又在媳妇面前嘴硬心软的李大发，集孝媳、贤妻、良母于一身却难以放弃己见的韩心爱，勤俭持家、惧怕丈夫而又爱挑别人毛病的余顺子，既是孝顺儿子、又是温柔丈夫、还是慈祥父亲的朴昌奎，具有严重的大男子主义思想、严厉刻薄的李炳浩，以及憨厚稚气的朴正燮，天真烂漫但对婚姻近乎于心理变态的朴正恩，纯洁美丽、虽惧怕父亲但为追求理想而不惜离家出走的李圣实，还有性格各异的三位奶奶，等等，无不给人留下深刻印象。正是由于该剧的播出，韩剧热逐渐扩散，这一年是真正的韩剧收视高潮的开始。接着，韩剧《星梦情缘》、《真情》、《异国女友》、《恋风恋歌》、《可爱先生》、《天桥风云》、《妙手情天》连续播出，韩国电视剧自此风靡中国。2002年，以悲情为主调的《蓝色生死恋》在我国21个电视频道播出，该剧风靡全国，观众不分老幼。从2002年至今，中央电视台八套播过的几部韩国电视剧，如《人鱼小姐》、《看了又看》、《澡堂老板家的男人们》和《明成皇后》等，其收视份额占到了深夜11点之后的10%之多。而其他国家的电视剧才占1%不到的份额。中央电视台的调查显示，71%的观众喜欢《人鱼小姐》，28%的观众支持《明成皇后》。2004年，韩国电视连续剧的出口额及其在电视广播文化产品出口额中所占的比重都进一步增加，韩国文化产业出口额达9.4亿美元。这一年，中国引进韩剧107部。

2005年前后，《大长今》在亚洲地区播出并取得很高的收视率，显示出韩国作为电视剧生产和出口大国在亚洲的巨大影响。该剧讲述了16世纪朝鲜皇室内，第一位女性御医长今的故事。女主人公长今是为了复仇、揭露她母亲被害的真相才到了宫廷当内人，被逐出宫后又通过当宫廷医女进宫，去为母亲及韩尚宫"复仇"。凭着非凡的毅力及智慧，在那个女性地位低微的世代，长今成为宫中最出色的御厨，其后又成功担任宫中首位皇帝女御医。除了精彩的剧情外，该剧亦收集了相当多的史料，观众可一睹古时精致的宫廷佳肴，以及韩国古代医药的传统智慧。在描写个人奋斗史的整个剧情展开中，最令人难以忘怀的是饮食文化的推销。我们可以通过长今的眼光看待韩国人独具的创造力，他们的服饰、宫廷、市井与自然都构成极美的画面，他们的音乐既具民族特色，又引进了流行因素。

大量的资金投入保证了韩剧的高质量制作水准。在当今电视"内容为王"的时代，韩剧凭借高品质迅速打开了海外市场。韩国的影视作品如《大长今》、《冬季恋歌》（图8.2）、《爱情是什么》、《我的野蛮女友》，深入人心。韩国电影《老男孩》也曾在戛纳电影节上获得"评委大奖"。韩国的有识之士早就提出21世纪是文化主义时代的观点，主张建设一个文化大国。韩国政府非常重视文化产业的开发和发展，《老男孩》的成功充分说明了文化产业的巨大潜力。韩国人以自己的独创性精神向世界展示了他们预见的正确性。

近年来韩流更是以多种形式席卷了整个亚洲。究竟是什么使得"韩流"可以如此长久呢？其中很重要的原因是由于作品中的人情和忠孝观念深入人心，比较符合亚洲文化

图 8.2　最有影响力韩国电视剧之一《大长今》和《冬季恋歌》

的需求；同时，韩流中所表现的韩国文化，融入了很多其他国家或者地区的文化，形成了兼容并蓄的文化氛围，而作铺垫的是韩国式的思维方法，这种文化给人一种耳目一新的感觉。

第三节　特殊媒体——广告

广告除了传达产品信息和塑造品牌外，更是意识形态和民族文化的深层表现。韩国文化是非常坚持民族特质和自主个性的。在韩国排在前几位的广告公司不是 4A 的国际性公司，而是本土的三星和 LG 广告公司，它们除了服务自己的企业外，还为 IBM、NIKE、APPLE 等国际一流品牌服务。

从 20 世纪七八十年代，直到亚洲金融危机以前，韩国的广告业每年都保持两位数的增长速度。亚洲金融危机给韩国广告业带来了空前的挑战，从而导致了 1998 年高达 35.2% 的负增长。但第二年韩国广告业又以 32.6% 的速度呈现出垂直增长，很快恢复了新的生机。到 2000 年，随着 8.5% 的高速经济成长率，韩国广告业又比上年增长了 26.7%。接下来的 2002 年第十七届世界杯足球赛更促发了韩国广告业收益的直线上升（图 8.3 所示为韩国广告博物馆）。特别是 1999 年韩国政府修改《广播法》，采用缓解有关规定的政策，促使有线电视成为主要的广告媒体，形成了有线电视产业的规模化发展机制。加上光缆有线电视转化为以超高速局域网为基础的数字化广播体制，比其他广播媒体具有更强劲的竞争优势。到 2006 年，韩国光缆有线电视普及率达到 68.7%，包括一般卫星广播在内的收费广播的普及率为总家庭数的 79.5%。

图 8.3　韩国广告博物馆
资料来源：www.moneytoday.co.kr。

韩国广告在创意上别具特色。他们特别注重宣传商品的品牌、商标及厂家。韩国的广告大部分都是开门见山、直入主题、目标明确、环环相扣。有的广告中也有类似电视剧的镜头，但都是在反复打出广告主体及侧幕的情况下，为加深观众感性印象而制作的。例如，三星电子的电话机演变的广告（图 8.4）就是韩国广告在表现其社会文化层面上最具特色的广告作品之一。

图 8.4　2008 年韩国广告大奖"我人生的'SHOW'"（KTF）

第四节　大众音乐

自古以来，韩国人就有能歌善舞的传统，他们对艺术执著，善于继承，"韩流"的形成就是其重要表现。韩国的大众音乐与其他大众音乐相比，有其独到之处。众所周知,目前美国的大众音乐正在横扫全世界,几乎很难找出没有受到美国音乐影响的国家。特别是美国的打击乐(Hard Rock)系列的音乐具有超强的竞争力,他人在短期内难以超越。探究其原因,兴许会有人认为美国人在这方面投入了巨大的资本或他们的音乐与美国当今产业技术信息社会相适应。可是,这种现象在韩国却发生了变异,韩国大众作曲家创作的韩国歌曲把美国歌曲推出了门外。目前,在韩国音像制品市场上,韩国歌曲所占的比重远远比美国歌曲大。而且在电视和广播音乐节目中,一般都播放韩国歌曲,很少播放美国歌曲。这种现象与20世纪六七十年代有很大不同。那时年轻人常听的广播音乐节目清一色是美国歌曲,播放的韩国作曲家写作的歌曲寥寥无几。但在20世纪90年代出生的青少年或大学生中,几乎很难找出能唱出英语歌曲的人。究其原因,是因为韩国歌曲的质量已经提高很多。既然韩国歌曲这么好听,就没有必要再听其他国家的歌曲。因此,美国歌曲CD只占韩国市场的20%。

流行歌曲,是属于大众音乐的主要形式,又称大众歌谣,是指通过大众媒体传播给大众的所有的音乐形式。流行歌曲是当今最重要的大众审美文化现象之一,也是我们认识社会、窥视社会心理的一个非常直观的窗口。纵观韩国大众音乐的发展进程,可将其特征归纳为以下几个方面。

一、20世纪80年代大众音乐的变化

20世纪80年代,韩国经济的增长促发了大众对政治文化的自由发展需求,而这些需求又促动了文化消费的多样化。80年代初,在韩国大众音乐中,可跨越任何年龄层的超级明星当属赵容弼这位老牌国民歌手。也许是因为时代的原因,认识他的人越来越少。赵容弼1950年出生,他的出道和走红都是在20世纪70—80年代。1972年,赵容弼出了一张专辑《回到釜山港》,销量达100万张,成为传世经典。这在当时人口只有3300万人的韩国,是天文数字般的销量。他的主要作品有《真实的爱》、《那个冬天的茶馆》、《因为爱》、《朋友》、《花》、《别离的问候》、《回到釜山港》等。当我们接触"韩流"的时候,他已基本上处于半退休状态。2003年,他出了一张《OVER THE RAINBOW》之后就很少出头露面,再加上人们更喜欢一些年轻的偶像,而对这个已经59岁的"前辈"就有些漠不关心了。即使如此,在韩国没有人小看他,他在韩国人的心目中具有"国宝级"的地位,被称为"国民歌手"。不但如此,他还是第一个到朝鲜举办个人演唱会的韩国歌手,至今独一无二,赵容弼出色的演唱功底是他能够成为韩国人心目中的"国民歌手"的重要原因,他在韩国歌坛屹立长达40多年不倒,实在难得。现在的韩国歌手都喜欢以他作为奋斗目标,单是在朝鲜举办演唱会已经叫他们羡慕不已。如果要在数不清的韩国歌手中选出3个实力派歌手的话,赵容弼毫无疑问地会占据一个席位,而且也许是第一位。他的从艺40周年演唱会被中老年女歌迷挤爆,5万名歌

迷同时起立呼喊"赵哥哥",动情地同唱一首首经典曲目。韩国媒体感叹道,他有神一般的人气,难以想象他只是一个从艺40年的歌手。他有两个绰号:"国民哥哥"和"韩国歌神"。今后是否还能出现能够获得这般荣誉的歌手实难期待。过去10年,韩流明星们所取得的成就令人钦佩,但很难预测30~40年后这些明星们能否受到"赵容弼般的"待遇。

20世纪80年代的韩国大众音乐可分为抒情歌、舞蹈音乐、Trot（四步舞曲）等三种类型。除了赵容弼之外,李文世和柳在河的抒情歌曲深得大众的喜爱。另外,金完善的舞蹈歌曲是基于当时红遍天下的迈克·杰克逊的音乐风格而诞生的。

二、20世纪90年代徐太志现象

20世纪90年代,韩国年轻人最关注的文化领域是电影和大众音乐。当时,在世界范围内美国的流行音乐占据音乐市场的主导地位,但在韩国则是大众歌谣仍占主导地位。其中,徐太志的成功可以说是点缀90年代大众音乐的主要标志和象征。提起徐太志的时候,韩国人常用"文化总统"来称呼他,足以说明他对韩国大众文化的冲击和影响力。徐太志在韩国歌坛的地位可谓举足轻重、无人能及。许多后辈歌手,像后来的H. O. T.、Click-B、Dana等,都把徐太志奉为自己崇拜和学习的偶像。徐太志作为20世纪90年代明星时尚的代表人物还被列入了大学服装系的专业教科书。他大胆地挑战新的音乐领域,把徘徊在主流文化边缘的黑人音乐通过韩国的本土化给予新的解释,注入了新鲜的韩国因素,赋予了新的生机,获得空前的成功。1992年,徐太志与梁贤锡、李JUNO组成了"徐太志和孩子们"乐队（图8.5）,此后徐太志一直被认为是韩国音乐界的长青树。乐队的第一张专辑《Seo Tai Ji & Boys》的发行量超过了170万张,创造了韩国音乐史上专辑售量的最高纪录;其中所有的曲目都进入了电台前十位,主打歌《我知道》在各电台的排名更是连续五周保持第一。当年所有的歌谣奖都被徐太志他们拿走了。大众对于该专辑也有多种评价:展示了说唱的黑人音乐也可以用韩语唱的音乐,改变了大众音乐史的专辑,促使真正的Dance音乐在韩国登场的专辑,等等。当时大众音乐还是以情歌或者比情歌节奏稍微快点的舞曲（与现在的Dance音乐不同）为主流,而观众也只是乐于坐在电视机前静静地看着而已。虽然"爆发才能生存"现已成为一种模式,但在那个年代"爆发就是死路",规矩才是正途。人们的要求、热情根本无从释放,"徐太志和孩子们"就是在这种情况下横空出世。在韩国几乎听不到的音乐以及与之相连的时尚、自由感足以让备受压抑的青少年陷入疯狂!他们的举手投足成为流行,随处可见所谓"徐太志fashion（时尚）"打扮的年轻人,走在路上到处都是《我知道》的旋律,"徐太志症候群"的说法也正式登场。

"徐太志和孩子们"让韩国的青少年完成了从"爆发就是灭亡"到"爆发才是生

存"的认识转换，他们不再是被社
会忽略的人群，而是成为了时代的
主角，"新生代"的说法也在此时应
运而生。现在沿用的关于"偶像"
的一切也都是从那时候开始的，如
Fan Club（粉丝俱乐部）、哥哥部队
等。"徐太志和孩子们"的登场让韩
国的歌谣文化发生了 180 度的转变。
从走情歌路线开始，到后来关注社
会现实，他们每一张专辑的销售量
都创下了奇迹。

图 8.5 "徐太志和孩子们"

  1995 年，"徐太志和孩子们"乐队解散，但徐太志仍在自己的音乐道路上执著追求。虽然期间他多次退出乐坛，却每次复出都能创出新一辑的新记录，难怪有音乐评论家评价徐太志是韩国音乐界的奇迹。而作为一名集摇滚和抒情于一身的歌手，徐太志的一些深刻揭露韩国社会问题的歌曲，也一直受到歌迷和舆论界的极大关注。大众音乐人开始模仿他的成功，不断扩张音乐形式，从而带动了整个韩国大众音乐的多样化发展。"徐太志和孩子们"解散后，又有一批像 H. O. T. 等少年歌手组合把韩国年轻一代的大众音乐的热情推向新的高潮。

三、21 世纪初的"李孝利综合征"到音乐产业综合性趋势

  一提到李孝利（图 8.6），人们马上就联想到性感美女歌手的形象。李孝利是少女四人歌手组合 Fin. K. L. 的队长。这支组合与当年的 S. E. S. 少女三人组合一样，都是超人气的歌手组合。1999 年 Fin. K. L. 曾获得当年歌谣大奖。从 2002 年以后虽然没有宣布解体，但其成员各自从事个人演艺活动。其中，李孝利是最近几年被大众媒体所追随和关注的明星之一。自从李孝利 2003 年发表首张个人专辑《Ten Minutes》开始，韩国多了一个"性感女歌手"的形象，效仿她的服饰是同龄女孩子们流行和时尚的标志。她的出现让保守的韩国人对性感有了新的理解，好像整个韩国都陷入了李孝利的魅力之中。2006 年，李孝利发表了她的第二张专辑《Dark Angel》，又引起了各方关注。这张专辑虽然在音乐实力评价上不如首张专辑，但追随者和媒体炒作出很多新闻，后来将这一现象称为"李孝利综合征"。

  所谓的"李孝利综合征"是指韩国年轻人对李孝利的普遍痴迷和狂热模仿，几乎到了一种"传染病"的程度。李孝利在韩国的受欢迎程度无人能比。她接拍的名牌广告如此之多，以至于人们用她拍过的广告编了一个《李孝利一天怎么过》的搞笑段子：孝利

图 8.6　李孝利和 Fin. K. L.

　　早上在"ACE 床垫"上醒来，穿上"Try 内衣"，抹上"Biothem 面霜"。渴了她就喝"Del Monte 芒果汁"，饿了就吃"乐天猪肉脯"。接下来她还要拿着"三星 Any Call 手机"和朋友聊天，一边聊一边偷吃"德芙巧克力"。

　　2008 年 7 月 18 日，李孝利发表了第三张正式个人专辑《It's Hyorish》，获得了空前的反响，创造了登场仅一周就摘夺冠军宝座的记录，其主打歌《U – Go – Girl》在 KBS、SBS、MBC、MNET 四大电视台都蝉联 3 周冠军，积聚了极高的人气。她在各种娱乐节目中发挥的主持者风格更加深得韩国年轻人的喜爱。

　　随着新型媒体的逐步发展，韩国音乐产业也发生了结构性变化，手机铃声、音乐下载、音乐电子邮件等的市场销售额已超过传统的唱片业。韩国音乐产业有效地结合各种媒体和形式，发展成为综合性的艺术产业。其中，最有名的、有"星工厂"之称的 SM 娱乐文化公司不仅在韩国，而且在亚洲都是最强的娱乐集团，旗下有 H. O. T.、S. E. S.、神话、宝儿（BOA）、文熙俊、Fly to the Sky、God、东方神起、Super Junior、少女时代、Shinee 等歌手和组合。

第五节　电　　影

一、韩国电影的发展历史

　　从 1919 年韩国拍摄了第一部自己的影片《义理的仇斗》至今，韩国电影史已有 90 余年。在这 90 余年的历程中，就像韩民族的近代史一样，韩国电影充满了艰辛和坎坷。虽然也有过短暂的辉煌期，但这有限的光芒远不足以掩盖"那望不到尽头的黑暗"。"恨"作为韩民族的集体心理，无意识地也在电影发展过程中得到了充分的表现。从某种意义上讲，韩国电影的 20 世纪历程也可称为韩国民族的心灵史。1940 年 1 月，日本殖民政府朝鲜总督府颁布了《朝鲜电影令》，规定将 1939 年在日本国内颁布的《战时电影法》全盘移至韩国，对韩国电影的制作、发行以及流通做了严格而苛刻的规定。《朝鲜电影令》实行之后，韩国电影彻底沦为殖民统治工具，韩国电影陷入历史上的第一个黑暗期。1945 年日本投降后直到 1950 年朝鲜战争，朝鲜半岛一直处于政治和经济的大动荡之中，韩国虽然废除了日帝时代的《朝鲜电影令》，但过渡政府实际上并未放松对包括电影在内的意识形态的控制，因而电影很难依靠自身力量以自由的形态生存。在政治、经济等外部力量的作用下，宣传抗日光复、民族受难和针对"三八线"以北社会主义朝鲜的反共题材成为当时韩国电影的两大主题。1955 年以前的韩国电影一直和意识形态保持着紧密的联系，这种联系也就决定了韩国电影自始至终也没有获得一个自由的发展空间，一直扮演着一个附庸的角色。对于韩国电影而言，这既是一种苦难，同时也是一种挑战。因此，经历了 90 余年历程的韩国电影的最大收获是在长期的压迫下所铸就的顽强的生命力。这种生命力既源于韩民族的民族集体意识，也源于近代苦难的反复锤炼，所有的电影人都潜移默化地受到这种精神力量的感染，并代代传承下来。20 世纪 60 年代走上影坛、90 年代全面爆发的韩国导演林权泽便是这种精神力量的代表人物。90 年代以来，韩国电影异军突起，以其鲜明的民族特色、尖锐的问题意识、专业化的娱乐元素以及俊美的影星而受到许多国家观众的喜爱。

二、韩国政府对国产电影的扶持政策

韩国经过 30 余年的民主化运动，20 世纪 90 年代开始在意识形态方面也渐现民主化。特别是 1993 年金泳三文民政府上台后，民主主义已成为韩国自上而下的共识。1998 年，韩国政府废除了自日帝时期开始实行的电影审查检阅制度，代之以国际惯用的电影分级制度。这个举措给予韩国电影更大的发展空间，使韩国的电影创作进入了一个崭新的时代。这样的制度环境使得导演敢于涉及政治、色情、暴力等敏感题材，有利于韩国电影拓宽题材，在某些敏感题材上甚至超越了世界水平。《漂流欲室》、《老男孩》（图 8.7）等大胆挑战感官极限的作品大量涌现，也正是韩国电影创作活力的体现。

进入 20 世纪 90 年代以后，韩国政府除了继续实行 60 年代开始的"民族电影配额制"外，在政策以及资金方面加大了对国产电影的扶持力度。90 年代前期，韩国的经济进入稳定期，政府开始对文化产业进行投入。特别是 1999 年金大中政府上台后，不但履行了他在 1996 年竞选纲领中所立下的誓言，即"通过强制手段保证韩国国产电影的配额，并给予国产电影发行公司和专映

图 8.7 影片《老男孩》

国产电影的影院以税收上的优惠,这些政策将持续到国产电影市场占有率达到40%为止",而且将文化产业(包括电影在内)作为金融危机后的一种经济复苏的动力。在这种定位的基础上,政府对国产电影进行大量资金投入,而且鼓励大企业资本注入电影产业。1999年韩国政府将电影业定位为核心产业,并筹措近3000亿韩元用于国产电影的发展。

1999年以后,特别是金泳三总统上任后十分注重对独立电影、艺术电影的扶持,提供了多种基金以及优惠政策,并且实行了韩国电影国际化的战略。一方面,政府积极支持国产影片参加国际电影节,以此提高国际知名度,加大韩国电影走出国门的力度;另一方面,投入大量的财力、物力、人力陆续在韩国国内举办包括釜山国际电影节、富川国际幻想电影节、全州国际电影节、首尔独立电影节、光州国际电影节、首尔国际女性电影节、首尔国际劳动电影节、首尔国际人权电影节、国际数字电影节、首尔国际青少年电影节、首尔网络电影节等十几个规模大小不等的国际电影节,其中釜山国际电影节已经成为在亚洲规模、影响力最大的电影节之一。2003年,卢武铉政府继承前任总统的电影扶持政策,进一步提出了"到2007年韩国成为东北亚影像文化枢纽的基础上再向世界五大电影强国进军"的战略目标,并规定了五项实施方针:第一,对电影制作给予政策、资金等全方位的扶持;第二,进一步加强电影研究机构的建设以及相关专业人才的培养;第三,在确保国内市场的基础之上,进一步增强国际竞争力;第四,对于电影的发行及市场运作给予多种优惠政策和资金支持;第五,在国际全球化大趋势之下,将具备全球化竞争实力的韩国电影引入国际竞争体系。

三、电影题材的本土化定位

1996年韩国政府开始推行电影配额制,加大了保护本土电影的措施,规定影院一年中最少要放映的本土影片数。

模仿好莱坞和缺乏多样性是过去韩国电影常被人批评的两个倾向。如果对近几年的韩国大片进行一个简单梳理的话,我们就会发现韩国电影本土化特征非常明显,可视为韩国电影成功崛起的一个重要因素。例如,票房居首位的《王的男人》(2005年)(图8.8),这是一部时代背景为李朝暴君燕山王统治时期的历史剧,影片用喜剧的方式讲述了一段哀婉的同性间的感情故事;还有《太极旗飘扬》(2004年)、《实尾岛》(2003年)、《朋友》(2001年)、《欢迎到东莫村》(2005年)、《生死谍变》(1999年)、《共同警备区》(2000年)等几部影片,均以南北战争、南北分裂为题材,使用真

图8.8 影片《王的男人》

实或艺术再现的手法展现了凝结着韩民族永远伤痛的时代;《朋友》和《杀人的记忆》,前者通过 3 名高中生的成长历史来映射韩国 20 世纪六七十年代的社会发展进程,后者则真实地再现了发生在 80 年代的一起连环杀人案,从侧面映射出 80 年代韩国社会的一个缩影;《我的老婆是大佬》、《马拉松》两部影片虽然在题材方面并无韩国化特征,但实际上影片中蕴涵了韩国人特有的思维方式,如前者对韩国社会强烈的男权思想以及大男子主义的调侃,后者通过一名弱智少年的马拉松训练反映出韩民族在苦难面前不轻易低头的传统民族心理。上座率高的韩国电影一般都具备乡愁与本土化特征,这种判断还是十分中肯的。

四、演员扎实的表演功底

演员的表演功底能够直接影响电影的艺术效果,而韩国影坛拥有一大批实力强大的明星演员。如薛景求、文素利(《薄荷糖》、《绿洲》)、韩石圭(《绿鱼》、《八月照相馆》)、沈银河(《美术馆旁的动物园》)、李英爱(《春逝》)、崔岷植(《老男孩》)等演技派明星,他们出神入化、张弛有度的表演功底为影片的成功奠定了坚实的基础。即使像《爱回家》这样的以非职业演员出演的影片,也因演员对角色的深入挖掘和对表演细节的精确把握而大放异彩。韩国艺术电影中独特的东方文化韵味和民族文化意蕴,也是吸引国内外观众尤其是国外观众的一个重要筹码。韩国艺术电影能够在世界范围内进行传播并被广泛接受,还在于影片中涉及的青春、爱情、人性等主题,从普泛的意义上来讲,应该是跨区域、跨种族、跨文化的,这是韩国艺术电影得以成功的最深层次的原因。

综上所述,我们可以看出本土性是韩国卖座电影的一个共同核心,从中我们也可看出韩民族所谓的"身土不二"思想在电影艺术方面的体现。具备了本土性的韩国电影在国内受到欢迎的同时,在国际上得到认可也是一件情理之中的事情。

第六节 畅 销 书

畅销书是一个时代感很强的概念,它是被广大读者创造出来的社会史的一部分,是所属时代的记录。在一个时代,或者说时间段,非常受欢迎的书就是畅销书。"畅销书"(Bestseller)一词最初起源于美国。市场化的畅销书还有一条限定:它必须是"自由贸易"的产物。它不能包括那些政策性、计划性的东西,它的数据是在自由选择的状态下由书店的收银台打出来的。所谓的畅销书,有人认为以销量超过该国人口总数的 1% 为基准。按此逻辑，销量在中国超过 1300 万册，在美国超过 200 万册，在日本超过 100 万册，在韩国超过 40 万册的图书就可称为畅销书。显然在中国这一标准太不现实。因而，畅销书不能只局限于用销售的数量来衡量。美国以煽情、冒险、幽默、催泪、幻想以及富有美国情趣作为标准，日本提出以较广泛的读者层和其焦点对象为标准，韩国则提出了要根据不同社会部门和领域来分畅销书的观点。不管以什么标准来衡量畅销书，仅从上述几点就可以看出，印刷媒体不仅是作为信息传递的手段，而且应该是顺应大众喜好的文化商品。因此，可以说，目前的畅销书是成功捕捉大众爱好或情绪，恰到好处地反映大众欲望的商业行为。

在韩国，从 20 世纪 90 年代开始出现统计畅销书的出版行为。但大部分统计数据没有权威机构的参与，很多都局限于部分出版业的自主统计范围。目前，是由出版文化协会、书店总会和大型书店定期发表畅销书统计数值。作为畅销书，它不单单是为文学性、大众性和通俗性所左右，更多地取决于其作品与时代需求的紧密关系，可以说畅销书是读者群思想意识的间接表现。综观韩国畅销小说的主题素材，当属以"爱情"为主。比如，70 年代的《星星的故乡》（崔仁浩）、《冬天女人》（赵海一）、《英子的全盛时代》（朴婉绪）等作品，反映了当时产业化社会的副产品——"性消费"现象。

韩国出现畅销书现象是 20 世纪 80 年代的事。代表作品是金洪信的武侠风格小说《人间市场》，据 2008 年的统计，累计共售出 500 余万册，这在韩国出版史上是罕见的。作品反映的是第五共和国初期被压抑的社会氛围，读者可以通过主人公得到代理满足感，掀起一股争相阅读的旋风。另外，赵挺来的《太白山脉》、被称为韩国版《三国演义》的李文烈的《三国志》、郑飞石的《孙子兵法》等也都是这一时期的畅销书，其中《三国志》的销量达到 15 万余册（2008 年）。进入 90 年代，有激发民族自强心理的金镇铭的《木槿花开》，也有以立志与自立为主题的龚志英的《青鱼》、杨贵子的《千年之爱》等，这些作品深受读者喜爱。

韩国的图书市场发展较早，商业化操作成熟度高。2004 年，韩国出版图书 1.09 亿册，比上年下降 2.2%；但种类比上年的 35394 种上升了 0.1%，其中包括翻译图书 10088 种。每种书的平均印量为 3000 册。韩国国内的图书市场狭小、竞争激烈，韩国出版社早就把开拓海外市场视为发展的重要一环。而相邻的中国，因为文化传统相近，更是成为了韩国图书大举进发的目标。

进入 21 世纪后，以致富和励志为主题的作品在韩国逐渐占据主导地位。仅以 2008 年的畅销书为例，位居韩国 2008 畅销书榜首的有《咳咳》（李外秀）、《旅行的权利》（金延寿）、《梦想的阁楼》（李志成）、《玄英的理财日记》（玄英）等作品。其中，一向以个性闻名的作家李外秀，这次又以咳嗽的声音作为书名，希望人们可以没有咳嗽声、潇洒自如地生活；金延寿的《旅行的权利》是作者在从东京出发（1999 年）最后到达美国（2007 年）的环球旅行中所写的散文集，它将文学与人生融为一体，让你感受到风景以外的一些东西；《梦想的阁楼》的作者通过大量的世界顶级名人的成功资料，向大家揭示用真诚实现梦想的法则；《玄英的理财日记》中影视明星玄英向人们公开了她的理财秘诀，即从大学打工时期，到现在成为名人，她是如何管理自己财富的故事。

韩国进入中国市场的图书主要分3种类型：第一类是随着韩国电影、电视剧热播而进入中国的，如《我的野蛮女友》、《冬季恋歌》、《蓝色生死恋》等；第二类是爱情小说，以《菊花香》、《玉兰花开》等为代表；第三类是时下仍在热销的小说，这类小说主要是网络化写作的，适合青少年的思维和阅读习惯，走红后进入发行市场，其面向的读者以20岁以下的中学生为主，他们年龄层低，喜欢追求时尚。总体看，韩国小说的情节比较单一，而且人物心理变化的描述细腻，符合中国年轻读者的情感表达方式，市场前景较为广阔。

在韩国，网络小说颇受年轻读者的喜爱。《那小子真帅》的作者可爱淘（图8.9）就是其中的代表作家之一。可爱淘（本名李韵世，18岁）的网络连载小说《那小子真帅》（全2册）一经面世便受到了韩国中学生的热烈欢迎，截止到2004年5月已经销售了200万余册，成为不少大型书店最畅销的书。《那小子真帅》是可爱淘在庆尚北道读高二时，于2001年8月开始写作的。该网络小说在Daum网站的幽默BBS上连续两个月连载。当时，平均每篇的点击浏览数达到七八万次之多，作者每天能收到近60封读者写来的E-mail。

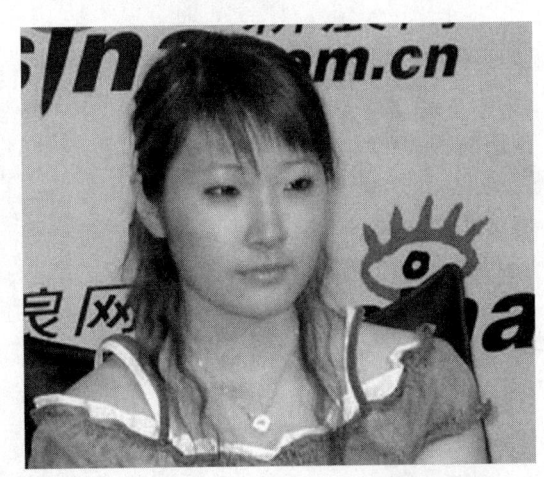

图8.9　韩国网络小说畅销作家可爱淘做客新浪网

如今仅在Daum上就有180多个可爱淘的读者俱乐部，加入作者个人网站的会员数已经超过了300万。在汉城光化门举办的可爱淘签名会更是聚集了3000余名青少年，盛况空前。

第八章思考题

1. 我国最早引进的韩国电视连续剧有哪些？阐述你对韩剧的整体看法。
2. 你看过的韩国电影有哪些？阐述你对韩国电影的总体印象。
3. 你喜欢听的韩国歌曲有哪些？阐述你对韩国歌曲的印象。
4. 学一首韩国歌曲，看一部韩国电影。
5. 你喜欢韩国的哪个明星，为什么？

第八章参考文献

［1］杜冰. 韩国文化产业发展现状. 国际资料信息, 2005（10）

［2］崔俊植. 对韩国文化的根本理解. 当代韩国, 2006（夏季号）

［3］俞晓群. 畅销书：一面追风, 一面追问. 文汇读书周报, 2008-3-14

［4］韩国放送广告出版社事业队. 韩国广告产业的现状与未来. 韩国放送广告公司, 2007

［5］梁平. 韩国畅销书的时代特征反思. 书评文化, 1991（10）

第九章　韩国的体育

第一节　竞技体育

体育是人类社会发展中,根据生产和生活的需要,以身体练习为基本手段,为达到增强体质、提高运动技术水平、进行思想品德教育、丰富社会文化生活等目的而进行的一种社会活动。韩民族一贯喜爱体育活动和体育竞赛,越来越多的韩国人参加体育锻炼和有组织的体育竞赛。

竞技体育是为了战胜对手,取得优异运动成绩,最大限度地发挥和提高个人、集体在体格、体能、心理及运动能力等方面的潜力所进行的系统的训练和竞赛。远在公元前700多年的古希腊时代,就出现了赛跑、投掷、角力等竞技体育项目,发展至今已有数百种之多。这里主要介绍韩国比较普及和有较强实力的竞技体育项目。

一、足　球

韩民族十分喜欢足球竞赛。现代足球运动于1882年由英国海军士兵传入韩国。到1904年,官立外国语大学将足球作为正式的体育项目,这标志着韩国正式开展足球运动的普及工作。1906年,在首尔的三善坪,大韩体育俱乐部同黄城基督青年会进行了一场足球赛,这是韩国历史上第一场现代足球赛。而真正使韩国普通百姓对足球感兴趣的是从1929年开始的首尔对平壤的"京平对抗赛"。

韩国足协1933年正式成立,1948年成为国际足联的一员。同年,韩国国家队在英国伦敦举行的奥运会足球赛上首次亮相。

韩国足球真正惊动国际足坛是在1983年的墨西哥世青赛上,韩国队杀进了四强,并由此得到了"红魔"的美名。1983年,韩国职业足球联赛开始,并被冠名为超级联赛,有5支球队参加,这种大胆的尝试给韩国足球乃至亚洲足球提供了宝贵经验。现在,韩国的职业足球队已经发展为10支。从1986年的墨西哥世界杯开始,韩国队连续7届杀进世界杯决赛圈,是亚洲诸强中世界杯成绩最好的。

1997 年，韩国获得了韩日共同主办世界杯的机会。在 2002 年韩日世界杯上，韩国队（图 9.1）在主教练荷兰人希丁克的指导下，占据主场之利，一鸣惊人，夺得了第四名的好成绩，这也是亚洲球队历来最佳的成绩。韩国队在 2002 年韩日世界杯上的出色表现，证明了韩国足球的飞速发展和取得的长足进步。韩国足球总是遥遥站在亚洲足球的最高点。

图 9.1　2002 年世界杯韩国队主力阵容

那么，韩国足球强大的原因是什么？原因是多方面的，主要有：第一，强烈的民族精神。韩国队那种永不言败、永不放弃、永远争胜的精神，是他们取胜的关键。他们在落后的情况下，没有服输，他们要抓住最后的机会，战斗至最后一刻。正是在这种精神的支撑下，韩国足球在各个方面都有长足的进步。第二，大无畏的民族性格。在心理状态上，他们有强烈的取胜欲望，他们不惧怕任何强队，韩国队的精髓就是在强敌面前表现出的勇往直前的大无畏精神。第三，足球运动的普及。为了适应韩国足球运动发展的需要，韩国从孩子抓起，1996 年成立了小学足球联盟，使韩国的小学足球普及率提高了，足球环境也有了巨大的改善。第四，球迷的支持。全国各地"红魔"啦啦队在比赛期间对自己球队热情洋溢的支持，也充分说明了韩民族万众一心的强大的凝聚力。

二、棒　球

韩民族对棒球的热爱非同寻常。在公园，在学校运动场，在体育场，到处可见人们在玩棒球，不同年龄层的人都陶醉于棒球运动。1905 年，美国传教士菲利普·吉列将棒球运动介绍到韩国。1906 年韩国就开始有棒球比赛。经过 100 多年的发展，韩国棒球运动近年来取得非常好的成绩。1982 年，韩国组建职业棒球队，现在韩国共有 8 个职业棒球队。韩国的优秀棒球选手经常到美国、日本等国进行比赛。在 2008 年北京奥运会棒球决赛中，韩国队（图9.2）以3:2战胜古巴队获得冠军。

图9.2　2008年北京奥运会韩国棒球队

三、跆拳道

跆拳道（图9.3）是韩国的传统武术，是一种赤手空拳与对方搏斗的技艺，是一种用手、足完成攻击、防守的身心修炼方法，也是一种竞技运动。跆拳道与其他武术相比，其最大的不同在于脚上功夫的灵活性、攻击性和多样性，这也使得跆拳道在世界武林占有一席之地。跆拳道的攻击性很强，但防守性更高，是适合现代人练习的防身术。

图9.3　跆拳道

跆拳道源于韩国传统武术，悠久的历史可一直追溯到氏族社会时期。据记载，古代民俗节庆时，村落之间会举行跆拳比赛。进入三国时期，跆拳开始盛行起来，后于高丽时期得到进一步发展，成为崇尚武艺的高丽王朝选拔武官的考试项目。到了重文轻武的朝鲜时代，跆拳逐渐演变为一种休闲娱乐项目。但由跆拳演变而来的跆拳道却在众人的努力下成为世界性的体育竞技项目，原因之一是跆拳自身包含有竞技的文化。跆拳道不仅能强身健体，还能陶冶情操。练习跆拳道的目的就在于通过对身心的双重修炼，促进体格和人格的完善。跆拳道作为奥运会正式比赛项目，只限于使用指定的可保护人体重要部位的技术进行搏击，因此比赛中不会有大的危险。现在世界上有160多个国家的4000多万人在练习跆拳道。1988年汉城奥运会将跆拳道列入示范项目，2000年悉尼奥运会将跆拳道列为正式比赛项目。这反映出了跆拳道在全世界所受欢迎的程度。韩国跆拳道协会约有380万会员，是韩国体育理事会中最大的一个会员组织。总部设在首尔的世界跆拳道联盟，于1980年经国际奥委会正式批准，成为这项运动的管理机构。

四、篮　球

篮球也是韩民族喜爱的运动（图9.4），特别是青少年们更为喜爱。现在韩国有10个职业篮球队。篮球运动是美国人吉礼泰于1903年传入韩国的，20年代已在全国普及。韩国男女篮球队不仅是亚洲篮坛劲旅，在一系列国际比赛中也显示出一定实力，曾有过辉煌成绩。

在韩国，所有打算进入职业队的篮球队员，都必须是在韩国的几所特定的大学（篮球名校）读过书的；否则，打得再好也进不了职业队。韩国运动员从来不占身高优势，却个个都是运筹帷幄的大将。韩国队外线能力和小个球员技术强，这是篮球界公认的。

图 9.4　篮球比赛

五、高尔夫球

随着韩国经济的发展，高尔夫球逐步成为大众化的运动项目，打高尔夫球的人日益增多。近年来，韩国在高尔夫球方面出现了不少高手。尤其是女职业高尔夫球运动员朴世莉、金美贤和魏圣美（美籍韩国人）（图9.5）多次赢得美国女子职业高尔夫球协会锦标赛和美国女子高尔夫球公开赛的冠军。

韩国高尔夫球运动的发展，遵循了由最初仅限于上层人士的贵族运动而逐渐向大众化发展的规律。尤其自20世纪80年代中后期以来，韩国的人均国民收入达到1万美元的时候，高尔夫球运动开始迅速普及。根据韩国高尔夫球协会的调查显示，目前韩国的

图 9.5　金美贤、魏圣美、朴世莉

高尔夫爱好者有 300 多万人。为适应高尔夫球运动的迅速发展，韩国一度掀起了球场建设的热潮，在不到 10 万平方千米的国土上，建设了 200 余座高尔夫球场，高尔夫球练习场更是比比皆是。

六、滑冰、短道速滑

滑冰是冬季奥运会的主要项目。在速度滑冰成为一项国际化的运动项目后不久，短道速滑开始在欧洲出现。1889 年举行了第一届长道速度滑冰世界锦标赛。3 年之后，国际滑冰联盟于 1892 年成立。但是直到 20 世纪初期，短道速滑才在北美地区举行公开的比赛。1906 年，美国和加拿大联合举办了短道速滑的国际比赛，1921 年开始举行每年一度的国际短道速滑锦标赛。1992 年短道速滑被列为冬奥会比赛项目。

短道速滑是韩国的强项。在 2006 年 2 月的都灵冬奥会和 3 月的世界锦标赛上，韩国短道速滑选手取得了令人惊异的成绩，夺取了一个又一个冠军。2010 年温哥华冬奥会上，韩国男女队共获得 2 枚金牌、4 枚银牌以及 2 枚铜牌。2010 年世界团体短道速滑锦标赛上，韩国男女队分别获得男女团体冠军（图 9.6）。韩国在短道速滑方面获得巨大成功的原因包括雄厚的群众基础、刻苦训练、严格纪律和竞争第一、政府补贴和多方支持、技术优势等。

图 9.6　韩国速滑队

第二节 主要体育赛事

一、奥运会

1. 第二十四届汉城奥运会

当经济快速发展的时候,韩国即把眼光投向了世界体育盛事奥运会。1981年在联邦德国举行的第八十四届国际奥委会会议上,最后投票通过汉城(今首尔)为第二十四届奥运会的承办城市。汉城成为继东京之后第二个主办奥运会的亚洲城市。

1988年9月17日至10月2日,为期16天的第二十四届汉城奥运会在汉城、釜山等韩国四大主要城市举行。来自全世界160个国家和地区的1.3万名选手参加了此次盛会。大会徽章是代表韩国的太极旗图案(图9.7),吉祥物是韩国的老虎。本届奥运会共设有23个正式项目和棒球、跆拳道两个示范项目以及羽毛球、保龄球两个表演项目,并设立了241枚金牌、234枚银牌和264枚铜牌。获汉城奥运会第一名的是囊括55枚金牌、31枚银牌和46枚铜牌的苏联,其后分别为民主德国、美国、韩国等。此次奥运会也向世界各国展示了韩国的文化。

图9.7 第二十四届汉城奥运会会徽

奥运会的成功举办与韩国的综合国力分不开。国家投入了大量的资金,建设了现代化的体育设施,提供了现代化的通信技术。汉城奥运会的举办大大提高了韩国的国际地位。以"和平、和谐、进步"为主题的第二十四届夏季奥运会,经过16天的角逐,在汉城顺利闭幕(其部分奖牌情况如表9.1所示)。

表9.1 第二十四届汉城奥运会奖牌榜(部分)

名次	国家	金牌	银牌	铜牌	奖牌总数
1	苏联	55	31	46	132
2	民主德国	37	35	30	102
3	美国	36	31	27	94

续表 9.1

名次	国家	金牌	银牌	铜牌	奖牌总数
4	韩国	12	10	11	33
5	联邦德国	11	14	15	40
11	中国	5	11	12	28

资料来源：中国奥运会官方网站。

2. 韩国参加的历届奥运会

第二次世界大战后，韩国开始以独立国家的面貌出现，参加了1948年伦敦奥运会，还未从战争中完全恢复的韩国就取得了2枚铜牌。韩国运动员在奥运会上的表现不断取得进步。在1976年蒙特利尔奥运会上，韩国在100多个参赛国中排名第十九位。在140个国家参赛的1984年洛杉矶奥运会上，韩国名列第十位。借助1988年在本土举办奥运会的机会，韩国体育开始腾飞。他们在汉城奥运会上拿到12枚金牌，位列奖牌榜第四位，从此跻身世界体育强国之列，并取代了日本在亚洲体育老二的地位。在1992年巴塞罗那奥运会上，韩国以12金、5银、12铜在172个参赛国中名列第七位；特别值得韩民族纪念的是，黄永祚赢得了马拉松比赛的金牌。在1996年亚特兰大奥运会上，韩国以7金、15银、5铜名列第十位。4年后，在悉尼奥运会上韩国以8金、9银、11铜名列第十二位。在2004年雅典奥运会上，韩国获得了9枚金牌、12枚银牌和9枚铜牌，名列第九位。在2008年北京奥运会上，韩国获得了13枚金牌、10枚银牌和8枚铜牌，名列第七位。

3. 奥运奖励方式

韩国政府对2008年北京奥运会金牌选手实行奖励，奖励金额折合人民币30多万元。以韩国的人均GDP水平，这个奖励实在不算高。除现金奖励之外，政府规定冠军选手将会享受到各项社会福利，这给选手吃了一颗定心丸。韩国大规模改革奖励方式，为大赛优胜选手制定严密的终身保障机制，选手一次性获奖并不多，但每月可以获得一定数额的津贴。以2004年雅典奥运会乒乓球冠军柳承敏为例，在固定奖金外，他每月还领取约合7880元人民币的特殊津贴。这种津贴不仅是终身的，而且如果选手继续取得佳绩，津贴还将大幅增长，总额十分可观。

二、2002年韩日世界杯足球赛

经过为时1个月的激烈争夺，第十七届世界杯足球赛（其会徽如图9.8所示）于

2002年6月30日闭幕。这是国际足联在21世纪举办的第一次世界杯足球赛,也是国际足联史上第一次由两个国家合办的赛事。在这次世界杯赛上,并不被看好的韩国队一路杀入半决赛,让世界大吃一惊。这是亚洲国家在此以前从未在世界杯赛中所取得的成就。韩国队惊人的表现大大地提高了韩国的国际形象,将"韩国"品牌深深铭刻在世界人民的印象之中。

韩国运动员不屈不挠的表现给全世界观众留下了深刻的印象。此外,全国各地"红魔"拉拉队在比赛期间对自己球队热情洋溢的支持,也充分说明了韩民族万众一心的强大的凝聚力。国外媒体对韩国球队惊人的表现大加赞扬。他们说,第一次举办世界杯的韩国是世界杯的最大赢家。韩民族对其球队激情而又秩序井然的"街头加油助威",给外国人留下了深刻印象,分析家说,这种形式可供世界其他地方仿效。据估计,在韩国

图9.8　2002年韩日足球世界杯会徽

队比赛期间,全国有近2200万人上街为韩国队加油助威。韩国队在与意大利队争夺进入十六强时,上街为他们加油的人群达到420万人;在与西班牙队争夺进入八强时,上街为他们加油的人数达到500万人;在与德国争夺半决赛席位时,上街为他们加油的人数为650万人。6月29日,韩国队同土耳其队争夺第三名。此时,街上的人群高达2170万人。

三、其他主要运动会

1. 第十届汉城亚运会

第十届汉城亚运会(其会徽如图9.9所示)于1986年9月20日下午在韩国汉城隆重开幕。这届亚运会有27个国家和地区的4797人参加,是35年来参加亚运会比赛的国家和地区最多的一次,也是参赛运动员人数最多的一次。其比赛项目之全、金牌争夺之激烈,也是历届亚运会所不曾有过的。这届亚运会共设有25个项目、269枚金牌。中国获得94枚金牌,再次以金牌总数第一雄居亚洲体坛之首;韩国获得金牌93枚,居金牌总数第二;日本获得58枚金牌,名列第三。

在第十届亚运会上,亚洲体育健儿奋勇搏击,努力创造佳绩,共有200多人次刷新亚运会纪录,破两项、平两项射箭世界纪录,还有近百人次创造了田径、游泳、举重、射击、

图9.9　汉城亚运会会徽

自行车等项目的亚洲纪录或最好成绩。创新纪录的项目和人数之多，前所未有。例如，游泳比赛的 29 个项目中有 28 项亚运会纪录被刷新。泳坛的进步是亚洲体育水平迅速提高的集中表现。

第十届亚运会的一个突出特点是中国、韩国和日本三强的竞争，以及由此形成的亚洲体坛新格局。三强垄断了金牌总数的 85%，比例之高出乎人们预料；韩国选手在金牌榜上大幅度超过日本，几乎赶上中国，也令人惊讶。

2. 第十四届釜山亚运会

2002 年 9 月 29 日至 10 月 14 日间举办的第十四届釜山亚运会（图 9.10）是继 1986 年汉城亚运会后，16 年来再一次在韩国举办的体育盛会。历年来 44 个会员国首次全部参与的此次大会是 37 亿亚洲人共同的庆典。尤其是朝鲜首次派出运动员和拉拉队参加韩国举办的亚运会，成为当时一大话题。在此次大会上，中国获得 150 枚金牌、84 枚银牌和 74 枚铜牌，综合排名第一；韩国则以 96 枚金牌、80 枚银牌和 84 枚铜牌保持了亚军位置；深受关注的朝鲜获得 9 枚金牌、11 枚银牌和 13 枚铜牌，位列第九。

图 9.10　釜山亚运会

3. 2003 年大邱世界大学生运动会

2003 年 8 月，为期 11 天的世界大学生运动会在韩国大邱举办，共有 174 个国家的 7000 多名大学生参加。朝鲜及刚从战争的阴影中走出来的伊拉克也派团参加了本次大会，正好印证了本次大会"跨越界限，团结一致，编制梦想，走向未来"的口号。韩国的男子排球队在最后一天以 3∶2 险胜日本扭转了局势，紧随以 26 枚金牌、11 枚银牌、15 枚铜牌位居第一的中国和其后的俄罗斯，跃居综合排名第三。

四、全国性体育大会

1. 全国运动会

韩国在每年的秋季（一般在 10 月）都要举行一次全国运动会（以下简称全运会）。韩国的全运会规模很大，全国 16 个市、道都派出代表团参加比赛，而且参赛人数有逐年递增的趋势。2005 年的全运会，参赛人数达到 23000 多人，比 2004 年整整增加了 1000 人，比赛项目为 41 项（其中 40 项为正式比赛项目，藤球为表演项目），比赛项目之多已超出了夏季奥运会。2008 年 10 月韩国成功地举办了第八十九届韩国全运会。

韩国政府对一年一度的全运会非常重视,韩国总统一般都会亲临开幕式现场并致开幕词。韩国大韩体育会在每次全运会之后,都会及时总结赛事的经验并努力寻找改进的方法,使韩国全运会在组织管理、人力资源等方面有了很大的进步,但目前在宣传、商务开发和调动民间企业的参与等方面还有明显的不足和需要改进的地方。

韩国每年举办的全运会,实际上是韩国竞技体育的发展根基,也是韩国国内最具有影响力的体育盛会。由于有了全运会,更多的体育新人被挖掘,众多学校体育俱乐部得以维持并不断向社会输送优秀的体育人才。韩国的全运会不仅起到了促进全国竞技体育均衡发展的作用,同时还起到了带动大众加入全民健身热潮的作用,进而促使竞技体育和大众体育获得更和谐的同步发展。

2. 全国少年运动会

与全运会相对应,韩国每年5月还要组织全国少年运动会。2009年举行的是第三十八届全国少年运动会。此外,国民体育振兴公团每年都选拔一批有前途的少年运动员,给予一定的体育奖学金,鼓励他们为学校体育的发展做出贡献。

五、当代韩国体育明星

进入21世纪以后,韩国体育界出现了很多灿烂夺目的体育明星,他们参加国际大赛纷纷蝉联冠军,争取到了最高的荣誉。特别是在游泳、花样滑冰、网球和举重等韩国较弱的体育项目上成绩斐然,令人兴奋,备受鼓舞。

1. 游泳健将朴泰焕

2007年3月,在澳大利亚举行的世界游泳锦标赛上,韩国游泳名将朴泰焕(图9.11)荣获400米自由泳比赛第一名,这是在韩国游泳史上首次在世界锦标赛上荣获冠军。朴泰焕为人们带来了希望,大家相信,只要锲而不舍地努力,韩国人在较弱的体育项目上同样也能夺取冠军。这个游池里的天才少年已经是韩国体育迷心目中的偶像。在2007年10月的韩国全运会上,这个天才又摘下5块金牌,以扎实的成绩巩固自己在韩国体育界的王者地位。2008年北京奥运会,朴

图9.11 游泳名将朴泰焕

泰焕在男子400米自由泳决赛中获得冠军,并在男子200米自由泳决赛中获得铜牌,成为韩国历史上首位奥运会游泳项目金牌得主。

2. 冰上精灵金妍儿

金妍儿（图9.12）这个名字我们已经不陌生了，她是韩国国民偶像，与游泳名将朴泰焕并称为"金童玉女"，接受总统颁奖，被视为韩国穿越经济寒冬和社会矛盾的"希望之光"。

美貌与技艺并重的金妍儿，使花样滑冰运动在韩国从不受重视到举国轰动。而凭借健康的形象和可爱清纯的笑容，这位花滑美女受到了众多粉丝的热捧，并迅速成为众多广告商的宠儿，其广告收入达百亿韩元，一跃成为亚洲收入最高的女运动员之一。

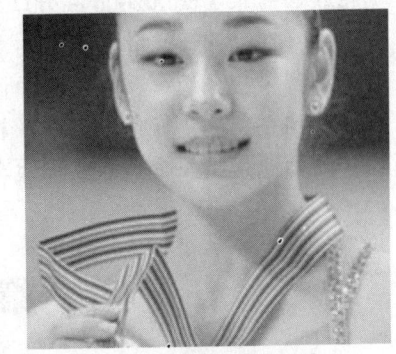

图9.12　花滑名将金妍儿

冰上精灵金妍儿在花样滑冰项目上的杰出表现，赢得了全体国民的掌声和喝彩。年方20岁的金妍儿就登上了"滑冰女王"的宝座，实属不易。她取得的成绩主要有：2004年布达佩斯青年大奖赛冠军；2005年世界青少年花样滑冰锦标赛女单第二名；2006年世界青少年花样滑冰锦标赛女单冠军；2006/2007年世界花样滑冰大奖赛加拿大站女单第三名，法国站女单冠军，总决赛女单冠军；2007年世界花样滑冰锦标赛女单季军；2007/2008年世界花样滑冰大奖赛中国站女单冠军，俄罗斯站女单冠军，总决赛女单冠军；2008年世界花样滑冰锦标赛女单季军；2008/2009世界花样滑冰大奖赛美国站女单冠军，中国站女单冠军，总决赛女单亚军；2009年四大洲花样滑冰锦标赛女单冠军；2009年世界花样滑冰锦标赛女单冠军；2010年温哥华冬季奥运会花样滑冰女单冠军；2010年世界花样滑冰锦标赛女单亚军。她11次刷新国际滑联女单世界纪录。

3. 足坛"氧气罐"朴智星

朴智星（图9.13）是大家公认的继足坛传奇人物车范根之后韩国最出色的球员。在2002年韩日世界杯上韩国队杀入半决赛，朴智星是关键人物。朴智星如今在英超豪门曼联效力。绰号"氧气罐"就是形容朴智星有用之不竭的精力，正是他的这种活力帮助他走到今天。从童年开始，朴智星就利用所有业余时间磨炼自己的足球技巧，以弥补自己在身体素质上的不足。1999年1月，在刚刚考上明知大学的时候，他就被当时的韩国国家队主教练许丁茂一眼看中并将他招进了韩国队。在那里他成为具有超强阅读比赛能力的少数人之一。荷兰籍主教练希丁克的到

图9.13　足坛名将朴智星

来使朴智星的足球生涯正式开始。在2002年韩日世界杯之前的几场友谊赛上他已有一系列的出色表现。2005年夏季朴智星转会英超曼联,并在冠军联赛中曼联迎战匈牙利德布勒森的比赛中首次亮相。他的首个进球是在联赛杯四分之一决赛对阵伯明翰的比赛上。现在他在这家著名的俱乐部已经积累了相当多的上场经验。

朴智星的重要成绩有:世界杯第四名(2002年),欧洲冠军杯冠军1次(2008年),英超联赛冠军3次(2006—2007年、2007—2008年、2008—2009年),英格兰联赛杯冠军1次(2006年),世俱杯1次(2009年)。

朴智星自己坦言,完美是由许多完善来组成的,他目前需要的是完善,而只有勤奋才能达到完善。正如他的名字一样,智星——"智慧的星星",他会发出更加耀眼的光芒,因为他是第一个进入欧洲冠军联赛决赛的亚洲人。

第三节 体育组织

一、韩国文化体育部

1982年3月,韩国政府设立体育部,负责体育工作。1988年6月新设青少年局,具体负责青少年事务(此前,青少年事务由国务总理室负责)。青少年局1989年12月扩大改编为青少年政策调整室,并于1990年9月与体育部合并为体育青少年部。1993年3月文化部与体育青少年部合并成文化体育部,现为韩国政府主管青少年事务的最高行政机构。

韩国文化体育部的宗旨是提倡青少年是新时代的主人,主张培养青少年成为正直、热情、热爱自然与科学、团结一心振兴祖国的栋梁,使他们面向未来、走向世界,实现人类的自由与幸福。文化体育部的主要职责是:负责制定文化政策,促进本国语言和文字的发展;号召国民继承和发展本民族文化,同时开展国内外文化交流与合作等;负责制定体育方面的长短期计划和表彰制度,开展和普及体育运动;积极支持国内各项体育竞赛及青少年体育大会,培养运动员与教练员;管理、扩建各种民间体育活动设施;负责制定青少年教育活动的长短期计划,通过监督指导,全面开发和普及有利于青少年身心健康、健全成长的活动;制定青少年国际交流政策,发展与国际青少年组织的交流与合作;负责协调旅游政策,指导、监督国内旅行社及旅游协会工作;调查国际旅游市场,积极开发海外旅游业。

二、韩国社会体育协会

韩国社会体育协会成立于1981年12月。自1986年和1988年相继成功地举办了亚运会和奥运会之后，韩国在世界的知名度迅速提高，经济也随之有了很大的发展，使群众体育热愈演愈烈。

韩国社会体育协会的宗旨强调：将致力于在公众中推广终身的体育和文化活动，以达到强身健体、提高生活质量、享受美好人生的目的；促进会员间和睦相处，并以此达到社会的和谐和美满，最终目的是为国家的繁荣和发展贡献一切。韩国社会体育协会的目标是：增强体质，保持健康；稳定情绪，树立正确的人格；提高运动能力；培养正确的公民意识；创造良好的社会环境。韩国社会体育协会的主要工作内容包括综合性健身计划、提高运动技巧的教育、培养社会体育专职教练、汉江市民公园的体育活动、国民健康跑普及活动、区域业余文化活动、寒暑假特别计划、会员特别计划、社会体育范围的社会服务、社会体育宣传活动、国际友好交流等。

第四节　民族传统体育

体育运动基本上可分为两大类：一类为世界各个国家、各个民族地区通行的，如人们常说的田径、体操、球类等运动项目，这类运动项目是由古希腊、古罗马竞技以及欧美娱乐活动项目发展起来的，有学者把这类体育运动称为西方体育体系；另一类为东方不同民族特有的，如中国的太极拳、武术，印度的瑜伽，日本的相扑，韩国的跆拳道等，都是从各自国家和民族传统的健身、军事、娱乐活动中发展起来的，有学者把这类体育运动称为东方体育体系。据记载，古代韩民族从事众多的传统体育活动，有跆拳道、摔跤、荡秋千、跳跳板、放风筝、尤茨、围棋、韩国象棋、射箭、登山等。

一、跆拳道

在现代仍然流行的韩国传统体育活动中，在国际上最著名的项目是跆拳道（图9.14）。跆拳道是唯一一项起源于韩国并被正式认可的国际运动项目。今天，练习跆拳道者遍及世界各地。

跆拳道涉及整个身体，特别是手和脚。跆拳道不仅能够强身，而且通过身心的锻炼和纪律的要求，有助于品格的培养。跆拳道是一项防身的武术，近25年来，成了国际上受欢迎的体育项目。目前约有3000名韩国教练在150多个国家

图9.14　跆拳道

教授跆拳道。

跆拳道是利用人体本能反应的一套防身术，源于古老的部族国家时代宗教节日中所表演的竞技。古代韩民族表演一种独特的体操，这种体操逐渐发展成了跆拳道。

二、摔跤

摔跤是提高体力、弘扬尚武精神的民俗体育。韩式摔跤（图9.15）是一种民间体育比赛项目。比赛时，双方各抓牢对方系于腰间和大腿间的布带，利用力量和各种技巧将对方摔倒在地。韩式摔跤始于原始社会。从三国时代开始，摔跤比赛的冠军会得到"壮士"的称呼，并且可以被选拔为军人。此外，氏族群体也难免与血缘关系不同的群体发生冲突。因此，人们便练习各种打斗方法来保护自己。

图9.15 韩式摔跤

在韩国，通常奖励摔跤比赛的优胜者一头牛。牛不仅是力量的象征，而且在农业社会是一笔财富。随着比赛规则的发展，韩式摔跤不断地从一种传统的体育活动和防身自卫的方法演变为深受欢迎的民间体育竞赛。如今，摔跤更成为一项深受欢迎和吸引观众的现代体育运动。韩国摔跤协会通过举办竞争性很强的比赛，成功地在全国掀起了这项传统运动的热潮。电视台也经常播放摔跤比赛，以便人们能在家里欣赏这项比赛。

三、荡秋千

荡秋千是一种韩国妇女游戏（图9.16）。端午节的前后，妇女们在大树上吊上秋千尽情荡漾。过去，妇女不能轻易出门，只有这一天才能尽情享受户外的世界。秋千的另一种名称是"飞仙戏"，这是因为妇女荡秋千的样子像仙女一样漂亮而得名。每逢端午节，小城镇都会举行男子的摔跤比赛和女子的荡秋千比赛。通过荡秋千比赛，妇女们可以提高体力，保持身体健康。

在韩国秋千已是一项"国民运动"，大部分小区里都有为居民提供的各式各样的健身设施，其中必有秋千。古人要求，荡秋千最好做到高、飘、悠、巧、柔、美、欢。秋千一般拴在高大结实的树枝上，前方还会挂起彩带或铃铛。

荡秋千比赛分为单人和双人两种。比赛优胜者的评比方

图9.16 荡秋千

法，有的是以树梢或树花为目标，看谁能咬到或踢到；有的是在高处挂一个铜铃，看谁能碰响。具体的比赛方法各地也不尽相同，但有个共同点，那就是都以高度作为决定胜负的标准。现在有些地方在秋千蹬板下系一条标有尺寸的绳子，以此来测量高度，以决定胜负。

四、跳跳板

跳跳板（图9.17）是新年初姑娘们玩的传统游戏之一。据说，跳跳板是在封建道德的束缚中，不能任意出门的妇女们为了一跃眺望院子外面而发明的。该游戏主要在农历正月十五日进行，相传如在正月跳板，当年脚掌不会打刺。这个游戏还可以使妇女们锻炼身体。姑娘们站在长木板两端轮流地跳跃，身上形形色色的韩服裙子飘来飘去，就像天上的仙女一样美丽。

图9.17 跳跳板

跳跳板历史悠久。俗话说："姑娘时不跳跳板，出嫁后就会难产"。因此，跳跳板运动很受重视与喜爱。其跳法多种多样，多姿多彩：直跳，即蹬离板后两腿伸直跳；屈腿跳，即人体腾空后弯屈大腿跳；剪子跳，即腾跃后将腿伸直前后分开跳；空翻跳，即腾跃后向前或向后空翻一周跳。跳跳板比赛有比抽线拉高和比表演技巧两种。

五、放风筝

冬季风大，放风筝（图9.18）是最受欢迎的活动之一。韩民族习惯在元旦放风筝，风筝形式多样，色彩缤纷。在韩国放风筝最好的时期是初春农历一月间，在这段时间还会经常进行放风筝比赛。放风筝者将系有风筝的线在空中互相交叉，利用沾上了玻璃粉的利线，去割断对方的线。在放风筝季节结束时，有一种传统的习惯就是在风筝上写上"送祸迎福"的字样，将风筝放到空中后将线割断，让风筝带着一家人的不幸随风飘走。

图9.18 放风筝

六、尤 茨

尤茨（图9.19）又称掷驷，是指丢掷4根木条后利用"棋子"来决定胜负的游戏，一般在正月初一到正月十五之间进行。将画有29个圆圈的尤茨棋盘展开，开始游戏。每个人都丢掷木条，根据得分的多少来决定先后次序。木条的称号都取自家畜名称，"道"是猪，"狗"是狗，"杰"是羊，"尤"是牛，"梦"是马。丢掷木条后，根据翻开的数量分别叫做道、狗、杰、尤，如果4根木条都扣在地上的是"马"，道走1步，狗走2步，杰走3步，尤走4步，马走5步。

图9.19 尤茨

七、围 棋

围棋于三国时代由中国传入韩国。韩民族十分重视围棋，目前有不少棋坛高手已达到了世界领先水平。到2006年4月29日止，中日韩三国公认的世界围棋个人冠军一共诞生57个，分别为：富士通杯18个；应氏杯5个；东洋证券杯7个；三星杯10个；LG杯10个；春兰杯5个；丰田杯2个。其中中国获得6项，日本获得11项，韩国获得40项冠军。

2007年到2009年，韩国人又获得了7项世界冠军，包括应氏杯职业围棋锦标赛、三星保险杯世界围棋大师赛、LG杯世界围棋棋王战、富士通世界围棋锦标赛等。当代韩国围棋的杰出代表人物有围棋皇帝曹薰铉（图9.20）、石佛李昌镐、李世石等。曹薰铉是韩国第一位九段棋手，曾经囊括了韩国各大棋赛桂冠，韩国人把他视为国家楷模、民族英雄和"围棋皇帝"。

图9.20 围棋皇帝曹薰铉

如果说中国是围棋的发祥地，日本是促进围棋发展的宗主国的话，那么在20世纪90年代，韩国则是称霸世界棋坛的主宰国。那么，韩国为什么在其现代围棋发端仅50多年（1945年始）之后就能够主宰世界棋坛呢？概括起来主要有以下几个方面的原因：第一，韩国围棋有广泛的社会基础；第二，韩国拥有天才棋手李昌镐；第三，制度化、正规化的围棋教育；第四，在现实主义的价值观基础上形成的独特的民族性格；第五，韩民族拥有为围棋文化的发展而献身的奉献精神和意志；第六，韩国企业界与新闻界的大力支持。韩国一些大型企业都举办自己的围棋赛，曾有东洋证券杯、三星火灾杯、LG 杯、真露杯、宝海杯、农心辛拉面杯和兴仓杯等。韩国各大报都有围棋专栏，介绍围棋，解说名局。韩国还专设围棋电视台，每日播出长达十几个小时的围棋节目。同时，韩国三大电视台都有自己的围棋赛或转播围棋赛。

八、韩国象棋

韩国象棋（图 9.21）又称朝鲜象棋、朝鲜将棋、高丽象棋，是由中国象棋所传，规则与中国象棋相同。韩国象棋的棋盘是 9×10 单位，长、宽跟中国象棋的棋盘相仿，但棋盘上没有楚河汉界。

韩国象棋是八角型，棋子大小不一，其中楚（과）和汉（궁）为最大，表示它的重要性；然后为车（차）、马（마）、炮（포）和象（상）为第二大；士（사）、兵/卒（병/졸）为最小。红棋以正楷书写，绿棋则以草书书写。绿棋先手，红棋后手。

图 9.21　韩国象棋

据谢侠逊《烂柯丛话·外编》（《新编象棋谱》卷四）称，高丽象棋的着法与中国象棋有以下四点区别：士的走法不同于中国象棋；未开局前，象、马二处地位，可互相对易；双方相、象可照用字角过河，充作进攻子力；一方的炮不能吃对方的炮，如隔子打子，当中隔一炮，亦不能发生打子及照将的效力。

九、射　箭

射箭（图 9.22）是用弓把箭射出并射中预定目标或击中靶环的技艺。射箭比赛的胜负是以运动员射中箭靶目标的环数计算的，命中靶的箭越靠近中心，所得环数越高。射箭运动员准备发射时，用执弓手握住弓，并伸直执弓臂，再用拉弦手向后拉弓弦，直到满弓点，注视瞄准，然后撒放。

射箭运动在韩国有悠久的历史。一个国家的一个体育项目的强弱取决于它在群众中的普及基础。在韩国随处都有射箭俱乐部，射箭是大众喜闻乐见的娱乐项目。

图 9.22　射箭

十、登 山

韩民族非常喜欢登山，不分男女老少，不分春夏秋冬，登山成了一项全民性和全年性的运动（图9.23）。韩国多山，山地面积约占国土面积的70%，大大小小的山岳风景秀丽、空气清新。在韩国，登山活动一年四季不断，节假日时登山的人就更多。每个周末，城外的大小山上都挤满了登山的人和徒步旅行的人。自从韩国人高相敦于1977年9月登上了珠穆朗玛峰后，在韩国，爬山和山间徒步旅行的人数不断增多。韩民族十分热爱大自然，因此韩民族对登山所表现出来的热情是很自然的。

图9.23　大众化的登山运动

第九章思考题

1. 介绍韩国传统体育项目。
2. 简述韩国足球强大的原因。
3. 简述韩国围棋强大的原因。
4. 分析1988年汉城奥运会对韩国的意义。
5. 介绍你所喜欢的韩国体育明星。

第九章参考文献

［1］朴哲松．韩国竞技体育政策的现状．体育文化导刊，2004（7）

［2］陈显健．韩国体育发展模式对长三角地区建设体育强省的启示——以浙江省的调研为个案．体育与科学，2007（3）

［3］郑基永，姜允哲．韩国体育概况．当代韩国，2002（2）

［4］方鸿．中国、韩国竞技体育特色和模式的比较．中国体育科技，1996（7）

［5］曲宗湖，王道玉．韩国学校体育见闻．中国学校体育，1996（5）

［6］闵健等．韩国高等院校体育专业的办学现状及启示．成都体育学院学报，2003（4）

第十章 韩国人的衣食住

第一节 韩 服

服装在人类社会发展的早期就已出现。古代人把身边能找到的各种材料做成粗陋的"衣服",用以护身。在原始社会阶段,人类开始有简单的纺织生产,采集野生的纺织纤维,搓绩编织以供服用。随着农牧业的发展,人工培育的纺织原料渐渐增多,制作服装的工具由简单到复杂,不断发展,服装用料品种也日益增加。韩服是从古代演变到现代的韩民族的传统服装,也是韩国优秀的传统文化之一。

一、韩服的历史

1. 古朝鲜的服饰

在古朝鲜时代韩国人已脱离草衣生活,开始试用葛和大麻编织的衣料。当时上身穿哲高里(上衣),下身穿巴吉(裤子)。扶余时期韩国人穿白色的都鲁玛吉和巴吉,鞋是用兽皮或草编制的。

2. 三国时期的服饰

韩服的历史可以追溯到新罗、高句丽、百济的三国时代,最初的韩服的痕迹可以在高句丽时代的王、贵族陵墓中的壁画(图10.1)里看到。其基本结构是襦、袴、裳、袍为中心,以冠帽、带、靴或履为辅。男女都穿这带线条的长上衣和裤子,中间结腰带,女性的礼服是彩色上衣和有皱纹的裙子。三国时期韩国人戴的冠帽有折风、巾帼、笠等,穿的是左衽的哲高里。

统一新罗时期男女都穿短上衣和长裤,现在增加了长裙,短上衣的长度已经能盖住臀部,中间用带子围住腰,裤子的宽度和长度都减小了,穿起来很方便也很实用。女性则到统一新罗时代开始穿里面的衬裙。这个时期受韩国唐代服装的影响,开始穿圆衫、唐衣等礼服。

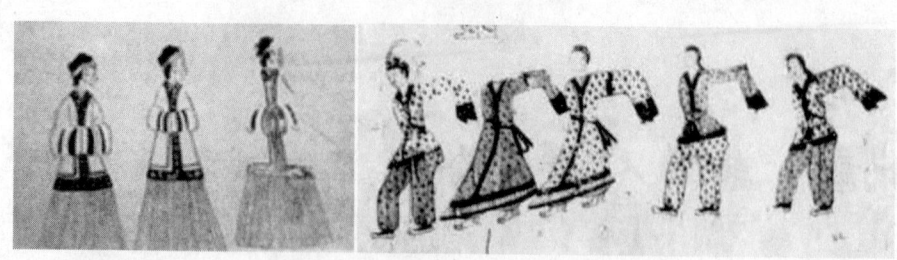

图 10.1　舞踊冢—主室东壁—歌舞图
资料来源：韩国传统衣裳和服饰网。

3. 高丽时期的服饰

高丽时期与周边国家，特别是与中国有密切的联系，从而服饰也受到的很大的影响，特别是贵族阶层和统治阶层的官服。高丽王朝的官服制度在前期模仿唐宋，中期模仿元朝，晚期又模仿明朝。特别在高丽时期受中国宫中服饰的影响，上衣的长度变短，腰带也没有了。但高丽初期百姓的服装沿用了新罗的样式。

4. 朝鲜时期的服饰

朝鲜时代随着儒教地位的巩固，衣着上也开始重视形式与礼节。朝鲜时代大礼服是祭礼服。在朝鲜王朝时代，女性在婚后都要戴上发盘。发盘也是女性地位的象征，所戴发盘越大，地位越高。

5. 开化期的服饰

开化期的服饰体现出韩国和西洋国家混合的形态。男性们开始穿西装，女性们开始穿套装。也有的女性服饰以宽松的桶式长裙和长上衣的现代韩服代替了套装。但在农村还是以传统的韩服为主。

经过"壬辰倭乱"和"丙子胡乱"后，韩国接受了实学思想，形成了独立的服饰文化，服饰逐渐简单化、实用化。同时贫民的服饰受严格的身份制度的影响，衣服的颜色、纹样、纺织品等受到很大的限制。但到后来受实学思想的影响，贵族和贫民之间的服饰逐渐走向平等化。在"壬辰倭乱"以后女性的服饰以短上衣和宽松的长裙为主，里面的内衣也变得丰富多样。

6. 光复后的现代服饰

1945 年光复节之后，为了反抗日本的服饰统治制度，很多人都穿韩服。1950 年朝鲜战争以后，受美国的影响，西装成了大众服装。

二、韩服的结构与种类

1. 男性韩服的结构

男性的韩服（图 10.2）有冠帽、哲高里、背子、马褂子、巴吉、都鲁玛吉、足衣和鞋子等。

- 冠帽——古代君主、官员戴的帽子，用纱制成，也叫"乌纱帽"。后用做官职的代称。
- 哲高里——男性所穿的上衣。
- 背子——穿在上衣外边的坎肩。
- 马褂子——一种防寒服，穿在哲高里外面，用一枚或两枚琥珀扣子合拢，正面以下开叉。最初是一种男性衣装，后来变成两性通用。
- 巴吉（裤子）——男性所穿的下衣。根据体形宽松制作，以适合坐式生活为特点。
- 都鲁玛吉（外套）——短衣和裤子外面所穿的衣服，可在外出时穿。
- 足衣——穿韩服时穿的袜子。

图 10.2　韩国男性服饰

2. 女性韩服的结构

韩服着装比现代服装复杂得多。以女式韩服（图10.3）穿法为例，裙子里边要穿上衬裤、衬裙等配套服装；衬裤要比衬裙短，衬裙也要比外裙短；裙子的开启部分要放到后边，侧襟放到左边，并从前面系上。女性韩服有哲高里、契玛、巴吉、背子、马褂子、都鲁玛吉、足衣和绣花鞋等。

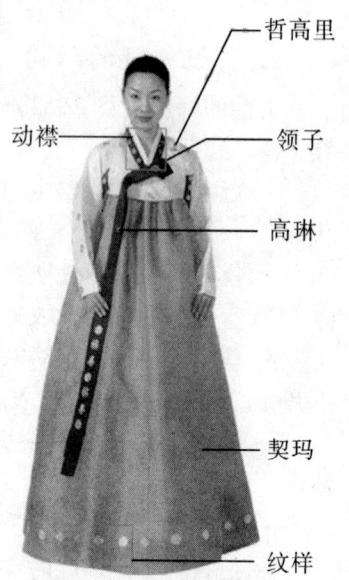

图10.3 韩国女性服饰

- 哲高里——短上衣，女式以装饰华丽、曲线短而美丽为特点。
- 领子——由动襟和领边组成。动襟是领子部位上白色的襟，笔直但围绕颈部，和整体曲线很协调。
- 高琳——为扣好短上衣，在两个前衣襟上各缝有的长带。高琳垂落在长裙前面，也有装饰的作用。
- 契玛（裙子）——女性的下衣。裙子做成褶皱型和背心相连而成，分为单裙，衬裙，套裙等。
- 纹样——和优雅的线条、色彩一起，更加突出韩服美的是花纹。裙子的边、袖、领、肩部等部位加上花纹，更加突出华丽的风格。纹样有植物、动物、自然等图案。
- 绣花鞋——丝绸上有刺绣的绣花鞋，对衬托韩服有重要作用，可修饰裙边线条。

另外，女性穿韩服时必须穿内衣。内衣有内上衣、内裤、单俗高、内裙等。

3. 附件

穿韩服时，需要带一些附件，即装饰品。在古代朝鲜，妇女是用簪子来别住发髻的。簪子用白银制造，上面用金、银、玉作点缀，或用7种珠宝作装饰。举行婚礼或参加其他仪式时插的龙钗、凤钗，就是因钗头上雕有龙或凤凰而得名。此外，还有用玉、金或银雕以各种花鸟做成的装饰用的发针。依照韩国的传统，不论男女都会佩带一把装饰刀，叫妆刀。在朝鲜王朝时代，它成为人们日常服饰的个人装饰品，十分普遍。它不仅用做装饰，还可用于自卫。妆刀按其制作材料和样式分很多种，如银妆刀、犀妆刀、大妆刀、沉香妆刀等。

腰佩中，除妆刀、扣饰外，还有腰带、荷包、玩物等。带金属装饰板的腰带用皮革或布做成，上面缀着用金、银、铜制成的装饰品。佩在腰间的荷包原来是为男性装烟或诗稿用的，后来女性也开始佩戴。女性喜欢佩戴的装饰品一般用金、银、玉制成，形状繁多。平时佩戴三组，参加仪式时佩戴四组或五组。玩物中，特殊的是装麝香等香料的玉香盒。玉香盒用白玉、翡翠、珊瑚、金、银等制造，形状有方形的和圆形的，上面还刻有蔓草纹或花鸟之类。一般装饰用的玩物有假面像、珊瑚枝、玉壶、三千珠、蝴蝶、虎爪等，这些都是据其制作材料的形状而命名的。

4. 韩服的种类

服装的分类本来就很难找到统一的标准，一般可根据身份、功能、性别、年龄、用途和材料分类。最普通的分类就是按性别分，可以分为3类：男装，女装，中性服装。现代观点中，用途上的区分最有代表性。根据生活风俗用途，韩服分为节日服、周岁服、婚礼服、花甲宴服等（图10.4）。在历史上，身份、阶级不同，韩服的服饰、纹样和色彩都大不一样。

图10.4 部分其他韩服

- 节日服——在韩国，春节早上必须给父母拜年，父母穿平常韩服，孩子们穿色童（七色彩缎）短衣和韩服拜年。
- 周岁服——在韩国，孩子一周岁的时候要举行祈求孩子无病长寿的仪式。这时，孩子要穿周岁服。男孩子穿浅色衣服，一般是蓝边粉红色短衣和浅紫色裤子，上面加蓝色背心、草绿色衣带；女孩子用深绿色或黄色做短衣，周岁或特殊的日子里穿色童短衣，最近也给周岁的女孩子穿唐衣。
- 婚礼服——传统婚礼上穿的服装。婚礼上，新郎的穿戴是裤子、短衣背心，再穿外套，戴纱帽冠带，穿木靴；新娘的穿戴是红裙黄短衣上穿圆衫，戴发簪，龙簪上垂着前缀和飘带。
- 花甲宴服——子女们在为花甲的父母举办的祝寿仪式上穿的礼服。花甲宴上，男性穿戴金冠草服，女性穿小礼服——唐衣。
- 巫服——做巫术时穿的服装。
- 寿衣——为去世人员准备穿戴的衣服。
- 妓服——艺妓等穿戴的衣服。
- 唐衣——李氏朝鲜时代女子穿的衣服，主要在平时或国家小型活动时穿用。最近，一般在婚宴上或参加活动等特别的日子穿用。唐衣和短上衣样式相近，只是前襟和后襟长到及膝的程度，前襟或衣带上绣有金箔纹饰，演绎出华丽的氛围。

另外，最近出现追求简单便利的生活韩服。生活韩服种类繁多，根据材料的多样性和设计的差异生产各种各样的样式。因其传统美和价格低廉，生活韩服也受到国外游客的欢迎。

三、韩服的特征

服装既作为人类文明与进步的象征，同时也是一个国家、民族文化艺术的组成部分。因此，一个民族的服装是随着民族文化的延续发展而不断发展的，它不仅具体地反映了人们的生活方式和生活水平，而且形象地体现了人们的思想意识和审美观念的变化和升华。由于服饰是人类文化的显性表征，在直观形象的服饰及其质料、形制、色彩、结构上包含着丰富的文化内容。

第一，韩服的美在于幽雅柔和的线条，体现在直线和曲线的结合上。衣带、袖头、前襟、裙尾部位都是曲线。强调女性颈部柔和线条的短衣，内外边V字型领或自然柔和的袖口曲线，突出温暖感。从短衣到裙子，垂直下垂的线条都体现端庄、贤淑。裙子从上到下渐渐扩散细纹，增加优雅之美。这也是韩服动静融合的线条美。

第二，有哲学思想的服装。韩服上面的条纹和一些装饰都是代表着健康和平安。前些年，亚太经济合作组织领导人峰会在韩国釜山举行，韩国特意为出席会议的领导人制作了韩服。据介绍，每件韩服的颜色和图案分别根据"阴阳五行说"选定，各自代表不同的意义。例如，黄、青、赤、黑、白五色分别代表着东、南、西、北、中5个方位，以及金、木、水、火、土五行。图案方面，制作者则选择了青松、竹子、云和牡丹为花样：青松和竹子代表坚定不移的意志和君子风范，云和牡丹则象征着远离世俗的超脱境界和华丽富贵。

第三，款式结构的展开和空间的占有。饰有两根长丝带的哲高里和宽松的高腰契玛相配，显得端庄、优雅，别有一番东方的韵致之美，反映了静、幽、明、淡和超然的韩民族的情趣。

第四，色彩的美。使用两种以上颜色，超越单纯色彩的范围，颜色的搭配上受阴阳五行思想影响，反映天地人和的思想。一般来讲，上衣用亮色、下衣用暗色最为古典。传统的色彩安排是红色裙子配淡淡的浅绿色、白色或蓝色短上衣，蓝色裙子则配红色或白色、黄色短上衣。此外，紫色裙子配浅紫色短上衣，深紫色裙子则配粉红色或玉色短上衣。孩子的韩服一般采用7种颜色的材料，目的是让孩子们憧憬艳丽的生活和防止鬼神的接近，无病长寿。

第五，宽厚的整体美。在日常生活中，标准体型的人毕竟不多，服装与体型的配套目的，就是通过视觉错觉或掩饰来达到完善的印象。通过肥大的巴吉和契玛来掩饰形体上的不足，使体形较矮的人看上去较高，较瘦的人看上去则较丰满，增添女性之美。韩服对服饰的尺寸没有严格的要求，稍大稍小、稍高稍矮、稍瘦稍胖都可以穿戴，是共同体的服装。

第六，白衣民族。韩国人历来喜欢穿白衣素服（图10.5），故有"白衣民族"之称。韩国人爱穿白衣的习俗具有相当悠久的历史。关于"服色尚素"的原因，一些学者认为主要是出于对太阳神的崇拜、洗衣方式和洁净自喜的民族审美心理。

图10.5　白衣民族

第二节　韩　食

世界上每个民族都有其独特的特点，并往往形成一种独特的饮食文化。

一、韩食的变迁

韩国因气候和风土适合发展农业，早在新石器时代之后就开始了杂粮的种植，进而普及了水稻的种植。此后，谷物成为韩国饮食文化的中心，并在三国时代后期形成了以饭菜分主食、副食的固有家常饭菜。从三国时期开始，形成了饮食生活中的阶层和制作食品中有了主从关系，即女性主要从事做料理的事，并开始产生发酵食品和储藏食品。

统一新罗时期是韩国传统食生活开始形成时期。这时随着生产力的提高，为丰富多彩的食生活提供了条件，并从这个时候开始盛行茶文化。

高丽时期是韩国固有的传统食生活确立时期。这个时候已经出现了炒和煎的烹饪法，米糕的种类也开始增多。高丽时期随着佛教的盛行和国教化，寺庙饮食开始发展起来了。这个时候还产生了酒家。

朝鲜王朝时期是韩食的完成期。随着儒教的盛行，各种饭床（饭桌）的格式有了新的发展，基本确定了现在的格式。16世纪开始，因辣椒传入韩国，原来韩国的吉母奇发生了革命性的变化，出现了和现在基本一样的吉母奇。朝鲜王朝后期，外来食品开始传入朝鲜，烹饪方法也开始多样化了。特别是开化期开始，西方的料理、餐具和饮食文化传入韩国。此外，这个时期基本确立了坐式文化。

二、韩食的分类

1. 主食

韩国人的传统食习俗是以植物性食料为主，并分为主食和副食。韩国人以米饭、粥、面条、冷面、馒头、饼汤等作为主食（图10.6）。

米饭：韩国是传统的农业国家，自古以来就以米饭作为主食。米饭一般有白米饭，有特色的米饭有石锅拌饭和五谷饭。

图10.6 韩食的主食

石锅拌饭（돌솥비빔밥）：是韩国独有的食谱，白米饭上盖上黄豆芽等蔬菜，还有肉类、鸡蛋、作料等，盛在滚烫的石碗内，加放适量的辣椒酱后，搅拌而食。由于多种材料相混合而产生独特风味。锅底的锅巴更是一绝。在陶锅内放入米饭及菜肴，再烤到锅底有一层锅巴，喷香诱人。

五谷饭：是用 5 种谷物——江米、红豆、小米、黑豆、江玉米等谷物混合做成的。韩国有传统，正月十五与不同姓氏的 3 家人一同分享吃饭，那么，便会一年好运。因此，由几家分着吃五谷饭，并且，一整天吃 9 次为好。少食多餐，意味着一年内丰衣足食，寄托着对健康与丰收的愿望。

冷面：是用荞麦面或小麦面加淀粉加水拌匀，压成圆面条，煮熟后浸以冷水，再去冷水，伴牛肉片、鸡蛋、辣椒、泡菜、梨或苹果片、酱醋、香油等作料，加入牛肉汤即成。现在也有用玉米面、高粱米面的冷面。此外还有热汤的温面和拌冷面。

打糕：是韩国著名的传统风味食品，因为它是将蒸熟的糯米放到槽子里用木槌捶打制成，故名"打糕"。打糕一般有两种：一种是用糯米制作的白打糕，一种是用黄米制作的黄打糕。临过年时，家家户户都要准备很多糯米打糕，分赠邻居和亲友。从这种习俗中产生了"吃打糕过年"的说法。

紫菜包饭：就是把米饭和一些菜料包在紫菜里面。据考证，韩国人从新罗时期就开始吃紫菜。

2. 副食

韩国以汤、蔬菜、酱鱼、干鱼、酱菜、炖食、吉母奇、生拌野菜等作为副食。

汤：通常用蔬菜、山菜、肉类、大酱、咸盐、味素等各种原料烹调而成。汤的种类根据蔬菜、肉类、贝类、海草、牛肉骨等而不同。韩国特色的汤有狗肉汤和参鸡汤。尤其是狗肉汤，清香微辣，鲜美可口，别有滋味，俗语称"狗肉滚三滚，神仙站不稳"。参鸡汤是在童子鸡膛内放入糯米、大枣、大蒜、人参后，长时间炖煮，由于营养丰富，是炎夏的补品。

烤肉：烤肉是把事先放好作料的肉在炭火上烤制而成。烤食品的代表是烤肉和排骨，也可以用这种方法烤鱼。在多种烤肉中最受人欢迎的是烤牛肉、烤牛排和五花肉。这些皆是伴以生菜、芝麻叶，醮辣椒酱或豆酱而食用。

吉母奇（韩国泡菜）（图 10.7）：在韩国人的日常生活中占有不可或缺的分量，甚至远远超越了一道佐餐菜肴的层面，升华成一种特有的传统和文化，成了韩国人别有情趣的生活象征。泡菜的主要材料是大白菜，做的时候把大白菜浸在许多种调料（辣椒粉、蒜、生姜、葱和萝卜

图 10.7　吉母奇

等)中,为了确保产品的保存和成熟,必须在低温下放置。可口的泡菜必须储存在一定的温度下,然后恰当地发酵,以便出味而且可以保存得很久。

据估计,今天的以整棵白菜和辣椒面为主原料的泡菜类是随着朝鲜时代中期以后白菜和辣椒传到韩国时开始普及的。除自然纯朴的清新味道,韩国的泡菜更是散发着浓郁的儒家传统的家庭伦理的文化味道。真正的韩国泡菜是用母爱腌制出的亲情,岁月愈久,味道愈浓,以至于韩国人把泡菜的好味道称为"阿妈妮的味"。也许正是出自对母亲的挚爱和感激之情,韩国人才把泡菜称为"孝子产品"。韩国泡菜种类共有200多种。

拌菜:是把蔬菜直接切好或用开水焯过后,加上作料拌成的。还有生拌鱼肉、鱼虾酱等菜肴。生拌鱼肉是把生肉、生鱼等切成片,加上作料和切成丝的萝卜、梨等,再浇上加醋的酱或辣酱拌成。

狗肉:是韩国菜中的一大美味。韩国人吃狗肉历史悠久,"清炖狗肉滋补汤"早已名扬天下,以狗肉为主料而制成的一系列狗肉美食也成为了韩国饮食文化的一部分,如狗肉煲、铁板狗肉、炸蒸狗肉、罐子狗肉,等等。

3. 后食

韩国人饭后有后食,主要有米糕、韩果、茶和花菜等(图10.8)。

 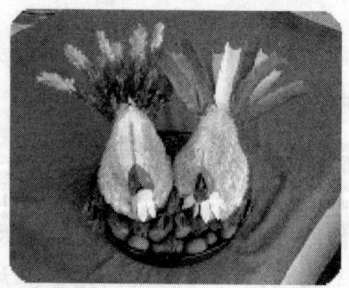

图10.8 韩国人常见的后食

4. 仪礼食品

人生仪礼指的是人一生中经历的大大小小的仪式或仪礼,包括诞生礼、成年礼、婚礼、葬礼等。每逢这样的仪式,人们都会准备特殊的仪礼饮食。东方文化非常重视被称为终身大事的"四礼"——冠礼、婚礼、丧礼和祭礼。其中丧礼和祭礼是由子孙操办的。各种仪式和仪礼可分吉凶,吉事有出生、周岁、冠礼、婚礼、花甲大寿和结婚60周年纪念仪式等,凶事则有丧礼和祭礼。所有仪式都遵照仪礼法规定的程序进行,仪礼饮食的种类和数量也必须按规定准备,这里面包含着祝愿、祝福、敬畏、尊敬的意思。

三七日：孩子出生的第 21 天（3 周后的第一天）称为三七日。古人认为，7 是很吉利的数字。到了三七日，家人和亲戚前来探望产妇并祝贺新生命的诞生，慰劳产妇为生孩子所做出的努力。产妇一般会吃放肉的海带汤。

百日：祝贺婴儿出生 100 天的纪念日。"100" 是象征大、完美和成熟的数字。因此，百日宴的意义在于祝贺孩子顺利通过这一过程，并预祝孩子将来健康成长。百日宴一般准备白米饭、放肉的海带汤、绿色蔬菜以及白色蒸糕（主要用粳米）、红豆粉糯米高粱团子、五色松糕等糕点。到了孩子百日这天，才把食物送去邻居家一起享用，人们相信百日糕应该分到百户人家，这样孩子才能无病长寿。

周岁：孩子出生满一周岁的那天举办的仪式（图 10.9），意在祈愿孩子幸福长寿。那一天，满周岁的孩子会穿上新衣服，大人还准备以年糕和水果为主的食物，并让孩子"抓周"。

图 10.9　周岁纪念仪式

婚礼：按照传统的婚礼程序，举行婚礼之前，新郎家把盛放有彩礼和聘书的箱子送到新娘家，这箱子叫做"含"。新娘家收到箱子后，把箱子放在蒸糕的笼子上，这时候的年糕就叫做封采糕。封采糕是糯米蒸糕，通常在上面撒红豆粉，还把 7 颗大枣排成扇形放在最上面的正中央。用糯米做封采糕的意义在于祝愿新婚夫妻像糯米一样永远黏在一起，和睦相处。年糕为两层，象征一对夫妻。此外，红豆粉象征消灾免祸，7 颗大枣象征 7 个儿子，祝愿多子多孙。

花甲大寿：过 60 岁的生日那一天过花甲大寿，由子孙来摆宴。举行六十花甲大寿时，通常准备丰盛的食物，把菜肴堆得很高，所以叫做"高排床"或者"望床"。上桌的食物主要有鲜水果、煎油鱼、肉脯或者鱼脯、年糕、传统点心和其他食品。

祭礼：子孙为祭祀祖宗而举行的仪式。每逢故人忌日，就举行祭祀，到大年初一和中秋节就举行"茶礼"，祭祖颂德。举行"茶礼"和祭祀的时候，不用什么特别的祭品。一般大年初一吃年糕汤，中秋节吃芋芳汤和松饼。不同的家庭和地方，食物摆放的次序也不同，一般按酒、果、脯的顺序摆放。年糕也是不能缺少的食物，通常准备绿豆粉年糕和红豆粉年糕。

三、饮食礼节

1. 饮食礼节

韩国人就餐前要整理好衣服，保持正确的坐姿；与长辈一起就餐时，要等长辈落座

后，晚辈才可入座，长辈开始用餐后，晚辈才能动筷子；先用汤匙喝汤，再吃其他饭菜；吃菜时，要用筷子夹，使用筷子时，把汤匙放在饭碗里或是汤碗里，不能直接放在餐桌上；遇到长辈爱吃的菜，晚辈要表现得谦让一些；尽量只吃摆在面前的菜，不要勉强去夹远处的菜；夹菜时，不要用筷子来回翻动或者夹起又放下，要一次夹起，像包饭、烤肉等不要分而食之，而要一口吃掉；汤匙和筷子上不要粘带饭菜；不要在自己的碟子里还装很多菜时继续夹菜；一口不宜吃得太多，以咀嚼时看不到嘴里的食物为宜；喝水和咀嚼时不要发出声音，也不要弄出碗碟碰撞的声音；不要把饭菜掉在餐桌上或是地上；要把吃剩下的骨头、鱼刺、菜汁等放在别人不注意的地方；进餐时，不要无所顾忌地谈论长辈问话以外的话题；不要对饭菜挑三拣四；用餐后不能打饱嗝，也不要在桌边剔牙；要掌握好进餐的速度，不能太快或是太慢；即使先于长辈结束用餐，也不能先起身离开；长辈结束用餐之前，不要把汤匙和筷子放在餐桌上，而要放在汤碗里，直到长辈用餐结束，再放到桌子上；出于礼貌，就餐完毕时要说"잘먹었습니다"以示感谢。

2. 韩食餐具

韩国人就餐用勺和筷子。每个人都有自己的饭碗和汤碗，其他所有的菜则摆在饭桌中间供大家享用。韩国人使用饭碗也很有讲究，分男用、女用和儿童用。

匙子：韩国人的匙子是指用来喝汤、吃饭用的工具。

筷子：韩国人平时使用的一律是不锈钢制的平尖头儿的筷子。

饭床（饭桌）：韩国人的餐桌，是矮脚的小桌，一般有方形和圆形两种。

匙筷托子：匙筷托子的材料有瓷器、木头、银等多种，但最好是用物美价廉、方便使用的简单式样。使用桌布时，或在大方桌上使用匙筷托子会显得更加高雅。

3. 韩食饭床（饭桌）的摆设

日常生活中的餐桌在韩国称为"饭床"。所谓"床"是现代式的厨房和餐桌出现之前，韩国的一般家庭使用的移动式餐桌。目前，依旧执著于传统的餐厅和一些家庭也仍在使用这种矮餐桌——"床"。传统韩国饮食的餐桌摆法一般是将准备好的菜一次全部上齐为原则，每种菜的位置也是固定的。根据摆桌的方法和种类可分为粥床、饭床、面床、酒宴床、交子床。

一般来说，主要用于摆饭和菜的桌子叫饭床，一人吃的饭桌叫独床，两人吃的饭桌叫兼床。独床饭桌有3碟、5碟、7碟、9碟、12碟等叫法，数字是指除了饭、汤、泡菜、作料以外的菜碟数。最简单的3碟饭桌除了摆饭、汤、泡菜、酱之外，也要均匀搭配蔬菜、肉类和鱼类。5碟饭桌上除了有饭、汤、泡菜、酱之外，还上5样菜、一种酱汤。9碟饭桌上除了有饭、汤、泡菜、酱之外，还上9样菜、一种酱汤再加一样炖食。

王的御膳桌是12碟饭桌，王坐在大圆桌前面，旁边拼放小圆桌和四方桌。3碟是一般平民的摆法，5碟是富裕的平民，7碟是新郎、新娘的餐桌，9碟是一般平民最高级的宴请，12碟是宫廷中献给国王的御膳。

布置饭床的一般规则是：饭碗放在就餐人的左侧，汤碗放在右侧；汤匙和筷子放在汤碗右侧，汤匙在左，筷子在汤匙右边；带汤的汁菜放在就餐人的面前，其他的菜可放到就餐人的面前；酱油、辣椒酱等常用调料要放在桌子中央或是放到就餐人面前；把主食和熟肉、虾酱、生鱼片、辣椒酱等相关调料放近一些。

四、饮食文化的特征

第一，分主食与副食。韩国人的传统饮食习俗是以植物性食料为主，并分为主食和副食。主食有饭、粥、面条、冷面、馒头、饼汤等，副食有汤、烤、简、炒、蔬菜、酱鱼、干鱼、酱菜、炖食、火锅、吉母奇、生拌野菜等。

第二，药食同源思想。在药食同源食观念下，韩国人将生姜、桂皮、艾蒿、五味子、枸杞子、沙参、桔梗、木瓜、石榴、柚子、人参等药材广泛用于饮食的烹调上。有参鸡汤、艾糕、沙参、凉拌菜等各种食物，也有生姜茶、人参茶、木瓜茶、柚子茶、枸杞子茶和决明子茶等多种饮料。调料和香料在韩国也称为药念，并认为葱、蒜、生姜、辣椒、香油、芝麻有药性。

第三，有季节饮食。韩国随季节的不同利用当时的食物做季节美食。该风俗是协调人与自然的智慧而形成的，在营养上也很科学。例如，正月十五吃核桃整年不会生疮，这必定以补充所缺脂肪酸，有效防止皮肤的烂、癣、湿疹的科学说法为依据。而立春吃春天的野菜，既有迎春的感觉，又能补充因过冬而缺的维生素。

第四，礼仪食品发达。岁时饮食可分为节日饮食和时令饮食。节日饮食是在传统节日时制作的食品，时令饮食是利用不同季节新鲜原料而制作的季节性饮食。自古以来，韩国人在不同季节享用各不相同的时令饮食。古时候人们就把既是单数又是日月同数的日子作为节日，如端一、端三、端午、七夕和重九。至今，人们仍保留着每逢正月初一、正月十五、寒食、端午、三伏、中秋、冬至欢庆节日的习俗。

在韩国，自古以来礼仪食品种类繁多，如生产、三七日、百日、周岁、婚礼、聘礼等的贺礼食品，巫俗食品、祭礼食品、寺庙礼仪食品等。其中，寺庙食品忌五辛（蒜、葱、小根蒜、韭菜等）和荤菜，用山菜、野菜、树根、野果、树皮、海草类、谷类制作，不加任何调料，形成自然产品本身固有而独特的文化，其烹饪方法在各寺庙之间口传至今。祭礼食品以糕饼为主。儒家的祭礼食品同巫俗食品形式基本一致，但祭礼食品已相当现世化，而巫俗食品还依然如故。如在巫俗食品中，把红枣泥或生肉片放在蒸米面糕上，这种做法表明阴阳相谐观念多么根深蒂固。

第五,发酵食品较多。韩国发酵食品比较多,如泡菜、豆酱等。

第六,有丰富哲学思想的饮食。阴阳五行的思想使韩国人把味道分为五味,甚至把为数众多的谷物纳入五谷。"中"、"和"的思想也成为烹饪的概念。因此说饮食生活体现了传统文化的特性。韩国菜的特点是"五味五色"(五味:甜、酸、苦、辣、咸;五色:红、绿、黄、白、黑)。烹饪时,为了让材料保持原有的味道,并使菜肴能更具风味,一般使用各种调味品,这就叫作料。作料在韩国用汉字记作"药念",蕴涵着"吃了放进各种作料的菜肴,就像吃了补药一样会有益健康"的意思。基本作料按味道可分为咸、甜、酸、辣和苦5种。对于不同的菜肴,应适当地混合使用各种不同的调味品。香料不仅本身具有香味,也有酸辣香甜的味道,能够减少或消除材料本身具有的腥臭味等,也能为食物增添风味。韩国饮食的基本颜色是基于"五行说"的红、绿、黄、白和黑五色(图10.10)。

图10.10　韩国食品的五色

由此可见,韩国饮食并不是只重视味道而不顾外观。韩国饮食以重视风味和健康的5种自然色调来搭配,并加以点缀。每一道菜都会给人以精美和尊贵的感觉,同时从中也可以体会到韩民族独特的韵味。

此外,韩国的食品以辣和少油清淡为一大特色。它的辣和中国四川的麻辣不同,属于只辣不麻的类型,且常多"冷辣"。即使是冬天,饭店里冷面的生意也相当好。韩国人的日常饮食很简单,一般就是米饭、泡菜再加一碗汤。韩国米饭白而且香软,很有黏性,吃的时候如果包上一张撒盐的紫菜,饭本身的黏性会把紫菜包紧,吃起来又香又糯,十分可口。

第三节　韩　屋

住宅是固定地占用一定土地和空间资料,具有综合消费功能,为个人和家庭居住,为劳动力和人口再生产提供物质空间的建筑物。住宅具有以下3种基本属性：住宅的物质技术属性，住宅的消费属性和住宅的社会属性。

韩国传统房屋叫韩屋，韩屋以自然和人类共存为原则来创造居住空间。用瓦盖成的住宅叫瓦屋，用稻草铺成的住宅叫草屋。瓦屋的墙壁以泥土和上面的圆形瓦片组成，草屋的墙壁则利用黄寿丹或灌木丛建成。

一、韩屋的结构

韩屋大致由房间、厨房、走廊、烟筒等构成。朝鲜时代上流住宅是由里屋、舍廊、附属屋、走廊、其他附属屋等构成主要生活空间，还有放置祖先灵位的祠堂空间，这两个空间构成韩屋的基本结构。

一般传统的韩屋（图10.11）结构是：

· 厨房。

· 房间，分里屋和客房。韩屋的这种结构正体现了古代男女有别的特征。其中，里屋作为女人活动和居住的场所，一般设在最隐秘的地方。客房则多是男人使用的地方，设有书房。

· 走廊。

· 窗格子。

· 温突，是指在厨房灶坑烧火取暖的热传导方式，中国的北方称之为"炕"或"火炕"。

· 烟筒。

图10.11　传统韩屋

二、韩屋的特征

1. 重视建筑物与自然环境的和谐与协调

韩国人相信生活应与自然相和谐，所以很自然地接受了自然主义哲学，并且把他们自己对于这些哲学的解释应用于建筑的规划和建房地点的选择。韩国古代建筑师不同寻常之处便是他们绝不作违背壮丽的自然环境的尝试，也绝不与自然景色比较高低。他们或是追求建筑物同自然环境相和谐，或是努力顺从自然环境。韩屋的大部分建筑材料也来自大自然，主要利用石头、木材、泥土。门和窗户纸也采用由木材制造的韩纸，充分地展现出自然美。韩国传统房屋的屋顶由瓦或稻草制成。富有的家庭使用瓦，而一般的平民住的农家屋顶由编好的稻草铺成。两者都充分地表现了韩国人与自然相处的生活态度和智慧。韩国人习惯在房门上贴上窗户纸，可以很自然地换气，还有适当的阳光可以进入房间里。

2. 韩屋结构上的特征

韩屋与其他民族建筑不同的特征体现在韩屋的屋檐曲线上，角向天翘既是韩屋的特征，又是韩屋韵味所在，用不同的线条反映了韩民族的温情。韩屋的另一特征就是火炕房。韩国人的生活习俗与坐文化相连，因此家里都设有火炕。在房间外的灶口里点上火加热，整个房间就变暖了。冬暖夏凉是火炕最大的特征。灶口设置在一般的厨房里，一般在旁边建造最大的房间。

3. 韩国传统住宅的结构反映了传统社会的生活方式

屋里除了个人的休息空间外，为了增多使用功能，还留有谷物储藏、家畜饲养以及婚礼、丧礼、宴席时使用的空间。

4. 韩屋受宗教思想的影响比较大。

对韩国建筑有影响的宗教有佛教、道教、儒教等。造房舍，一定要背山面南，最理想的是背后的山有左右"两翼"怀抱房舍，而且，根据阴阳考虑，房前要有水流经过。实用性和艺术性兼备的上流住宅，深受儒教思想的影响，根据性别、年龄和身份不同，具体安排也不同。舍廊是男子成人就寝或用餐的地方，里屋是女子成人和小孩子们居住的地方，下人们住的地方叫行廊，供奉祖先的是祠堂，还有宽敞的大厅。其中里屋设在最里面，可以限制女人们出门。孩子们小的时候都住在里屋，但长到7岁，男孩子则搬到舍廊，而女孩子继续留在里屋。

第十章思考题

1. 论述韩国传统服装——韩服的特征。
2. 试对中韩服饰文化进行比较。
3. 论述韩国传统食文化的特征。
4. 试对中韩饮食文化进行比较。
5. 介绍韩屋的结构和特征。

第十章参考文献

[1] 郑判龙主编．韩国简明百科全书．牡丹江：黑龙江朝鲜民族出版社，1999

[2] 赵连友．中国饮食文化．北京：中国铁道出版社，1997
[3] 赵荣光．饮食文化概论．北京：中国轻工业出版社，2000
[4] 李维冰．国外饮食文化．沈阳：辽宁教育出版社，2005
[5] 姚伟钧．中国饮食文化探源．南宁：广西人民出版社，1989
[6] 徐海荣主编．中国饮食史．北京：华夏出版社，1999
[7] 刘项育．韩国茶礼及其现代价值．饮食文化研究，2006（2）
[8] 尹笑英著．韩国文化史．서울：语文学社，2004

第十一章　韩国的宗教与民俗

第一节　宗　教

一、宗教现状

1. 宗教人口

韩国是多种宗教并存的国家，目前主要有八大宗教，即佛教、基督教、天主教、圆佛教、儒教、天道教、甑山教和大倧教。据韩国统计厅提供的"2005年度韩国宗教人口统计"数据显示，在全韩国4700多万人口中，有宗教信仰的达到近2500万人（占总人口的53.1%，超过了无宗教信仰的人数2180万）。其中佛教教徒1072.6万人，基督教新教教徒861.6万人，天主教教徒514.6万人，圆佛教教徒13万人，儒教教徒10.5万人，天道教教徒4.5万人，甑山教教徒3.4万人，大倧教教徒3700人，其他16万人，宗教不详20多万人（表11.1）。

而且，韩国有宗教信仰的人口仍在呈增长的趋势。1995年韩国人口总数为4455.4万人，其中有宗教信仰的为2259.8万人；无宗教信仰的为2195.3万人。从1995年到2005年，韩国人口总数增长约250万人，有宗教信仰的人口比例也有了一定的增长，而无宗教信仰的人口却不增反减。

表11.1　韩国宗教人口统计（1995年、2005年）　　单位：千人、%

宗教人口	1995年		2005年		增　减	
	人口	比率	人口	比率	人口	增减率
总人口	44554	100.0	47041	100.0	2488	5.6
宗教人口	22598	50.7	24971	53.1	2373	10.5
佛教	10321	23.2	10726	22.8%	405	3.9

续表 11.1

宗教人口	1995 年		2005 年		增 减	
	人口	比率	人口	比率	人口	增减率
基督教（新教）	8760	19.7	8616	18.3	-144	-1.6
基督教（天主教）	2951	6.6	5146	10.9	2196	74.4
圆佛教	87	0.2	130	0.3	43	49.6
儒教	211	0.5	105	0.2	-106	-50.4
其他	263	0.6	242	0.5	-21	-7.7
无宗教（包括宗教不详数）	21953	49.3	22070	46.9	117	0.5

资料来源：韩国统计厅。

2. 宗教政策

韩国《宪法》规定："一切国民有信仰宗教的自由。不承认国教，宗教要与政治分离。"由于宗教自由受《宪法》的保障，世界许多主要宗教在韩国都很活跃。韩国文化包含了各种宗教思想，这也反映在大众的思想方法和行为规范上。在韩国历史的早期，宗教和政治交织在一起，后来随着社会的进步逐渐被分离开来。韩国的宗教与宗教之间、宗教与非宗教之间长期保持包容、宽容、和平共存的关系。特别是在现代韩国，"任何形式的宗教都是具有同等权利和义务的平等的团体"，"不能由一种宗教来主导韩国文化"，谁也不居于主宰地位，谁都无法左右所有人的价值观。韩国目前注册的宗教团体有 300 余个。

二、各宗教概况

1. 佛教

佛教起源于印度，有小乘、大乘、密教之分，传入韩国的主要是大乘佛教。大乘佛教宣传大慈大悲，普渡众生，把成佛渡世、建立佛国净土作为最高目标。

佛教始于三国中的高句丽，于 372 年由中国名叫顺道的和尚传入韩国。374 年僧阿道来韩国，创建肖门寺和伊佛寺。384 年，摩罗难陀和尚由中国东晋将佛教传入百济。5 世纪中叶，高句丽和尚阿道将佛教传入新罗。由于佛教适合充当以佛为单一的崇拜对象和以国王为单一权力象征的统治结构的精神支柱，佛教受到了三国统治者的支持。

新罗于 668 年统一了朝鲜半岛，此时尽管仍遵循儒教的方针治理国家，但已将佛教奉为国教。由于王室好佛，这一时期佛教艺术和寺庙建筑十分繁荣，在新罗首都庆州建造了佛国寺,以及其他佛教建筑物。

继之而起的高丽王朝的统治者更加热衷于扶持佛教。高丽时期,由于贵族给予了充分的支持,佛教艺术和佛教建筑继续繁荣。这一时期出现了《高丽大藏经》(图11.1)。

1392年,朝鲜王国开国君主李成桂起义自立为王,他努力清除佛教对政府的影响,并采用儒教作为治理国家和维护伦理道德的指导原则。在朝鲜王朝历时500年的统治时期,任何复兴佛教的努力都遭到儒家学者和官员的强烈反对。

日本于1910年强占朝鲜并使之成为殖民地之后,曾实行试图用日本佛教来同化韩国各佛教派别的佛教同化政策,但是以失败告终,反而导致韩国人对本国的佛教重新产生了兴趣。

图11.1 《高丽大藏经》

韩国光复后,韩国的佛教经历了一种力求使其自身适应现代社会变革的复兴过程。有一些僧众来到城市中传播佛教,但绝大多数僧众仍在深山之中严守戒律,坐禅修炼。目前,韩国有一大批僧众在国内外的大学中从事佛教学术研究。韩国佛教的坐禅入定的修炼方法逐渐兴起,很多外国人在全罗南道的松广寺和首尔以及其他城市的寺院中跟随韩国僧人学习坐禅入定。

作为韩国信仰最大宗的佛教,分支宗派甚多,最大的两个宗派分别是曹溪宗和太古宗。此外,还有一些新兴教团,如圆佛教、真觉宗、元晓宗、佛入宗、法华宗以及华严宗、净土宗、真言宗、天台宗大觉佛教、龙华宗、弥勒宗、龙华同乘会、总和会、一乘宗等小教团。

韩国佛教信徒很多,几乎占了全国人口的1/4。韩国目前保存有佛寺7000余座,和尚、尼姑也有几万人。比较有名的寺院有:东南地区庆州有著名的佛国寺;釜山地区有梵鱼寺;西南地区光州有元晓寺;在韩国中部地区的法住寺内有着韩国最大的青铜弥勒佛像;西部地区的云住寺有巨大的卧佛,还有隐蔽在曹溪山丛林中的松广寺;东部神兴寺的雕塑佛像雄伟壮观。此外,韩国著名的寺庙还有通度寺、海印寺等。

图11.2 佛国寺

2. 基督教新教

韩国基督教有天主教与新教之分,就其传入时间来说,天主教先于新教。基督教新教传入韩国的时间是 1876 年。当时李应赞、李成夏、徐相仑等人受苏格兰传教士的影响，洗礼入教。1882 年，徐相仑、白鸿俊等人首次翻译出版了《圣经》。1884 年，美国医生、长老会传教士霍勒斯·N. 艾伦来到韩国。次年，统一教派的传教士霍勒斯·G. 安德伍德和传教士亨利·G. 阿彭泽勒从美国来到韩国。后来还有其他新教教派的传教士来到韩国。他们以治病和办学校等手段传播教义，为韩国社会的进步做出了贡献。韩国的新教徒如徐载弼、李向在和尹致昊都是献身于政治事业、争取独立运动的领袖。

新教创办的私立学校，如现在的延世大学和梨花女子大学，对增强公众的民族主义意识都起了重要作用。1903 年汉城基督教青年会成立，同时成立的还有其他类似的基督教组织。这些组织积极开展社会政治活动，鼓励建立爱国青年组织。这些青年组织不仅从事政治教育活动，而且还唤醒公众反对迷信和陋习、促进男女平等、消灭纳妾制度和简化庆典礼仪等。

新教在韩国的活力日益加强，1905 年韩国出现了大规模的读经会。4 年后，兴起了一场"百万人心向基督"的运动，鼓励人们皈依新教。新教之所以受到人们的欢迎，不仅仅是因为它的教义和信条有吸引力和煽动性，而且它能迎合当时韩国的政治、社会、教育、文化等诸多方面的改革呼声。

光复以后，新教获得了新的发展机会，各教派恢复原来的机构，外国传教士也纷至沓来。朝鲜战争时期，许多教会遭到破坏。战争结束后，长老教和监理教内部出现矛盾，各自分裂为两派。1960 年以后，新教得到飞速发展，企业界、知识界有很多人皈依新教。特别是 20 世纪 80 年代以后，新教发展的规模、速度空前。其主要原因是人们想通过它寻回失去的人生自我价值，克服由于社会的急剧变化而产生的心理失调。这种人性的本能需求刺激相当一部分人在宗教共同体中体验人生。

3. 基督教天主教

基督教的传道活动于 17 世纪就已开始。当时每年派往中国的朝鲜使节从北京带回了天主教传教士利玛窦著作的中文本。这些书籍除了宗教教义外，还包含许多西方的学问，如阳历历法等，引起了朝鲜王朝实学派学者的重视。到了 18 世纪，有些实学派学者和他们的家属开始信仰天主教。但是直到 1784 年传教士才进入韩国。朝鲜王朝使节随员李承薰在北京拜见了彼得·格拉蒙特神父，并接受洗礼入教。他回国后在亲戚、朋友中传教，成立了教会。当时耶稣会教士彼得·格拉蒙特神父跨过边境，开始对信徒施行洗礼，并任命神职人员。尽管当时外国宗教在韩国土地上传播仍然属于非法，偶尔还会遭到迫害，但耶稣教的人数不断增加。到了 1863 年，韩国有 12 名教士管理着约 23000 人的宗教社团。1863 年，具有排外心理的摄政王大院君掌握政权后，基督教教徒开始受到严重迫害。1925 年，在罗马圣彼得教堂为 79 名朝鲜王朝时期殉道的韩国人举行了宣福礼。

到了开化期,韩国教区的发展比较迅速,外国传教士在开放港口取得居住权,兴建圣堂、修女院和神学院,促使天主教信徒急剧增加。基督教在韩国历史上曾经对韩民族争取民族独立有过重要的贡献。在日本吞并朝鲜时期,基督教会是唯一能够使用民族语言和文字的场所。因此,韩国人民也充分利用了教会这块阵地积极开展捍卫民族自由、争取民族独立的活动,以及反抗日本侵略者的复国斗争。

光复后,宗教信仰自由得到韩国《宪法》的保护。朝鲜战争(1950—1953年)期间及以后,天主教救济机构和传教士的数量均有增加。韩国天主教会迅速发展,并于1962年建立了等级制度。1984年,天主教会庆祝它在韩国建立200周年之际,教皇约翰·保罗二世访问了首尔,并追认93名韩国和10名法国殉道的传教士为圣徒。这是在梵蒂冈以外的地区首次举行的追认圣徒的仪式。这次仪式举行后,韩国的天主教圣徒的数量占世界第四位。

在韩国,基督教的宣传无孔不入,到处可见。基督教会有自己的广播电台、报纸、杂志。在街头,在地下铁的车厢内,经常可以看到有人声嘶力竭地宣传基督教教义,散发宣传品,劝说人们信教,加入教会组织。在国际空港和码头,教会也不放过向外国人传教的机会。

韩国是亚洲最大的基督教国家,有基督徒1300万人。在首尔市的汝矣岛上有一座全世界最大的教会——纯福音教会。据说该教会的信徒多达80万之众。那高大雄伟的建筑物可以同时容纳万余人参加礼拜活动。其中有专门为外国人准备的坐席,那里装有同声传译系统,可以同时放送中、英、日等外国语言。每当礼拜天,该教会从早到晚连续举行7次礼拜,来此参加礼拜的信徒成千上万,络绎不绝,把道路挤得水泄不通。

4. 圆佛教

圆佛教是佛教的教派之一,1916年由朴重彬创建。圆佛教的最高宗旨是"法身佛一圆相"原理。朴重彬根据此原理提出"四恩四要"的信仰标准和"三学八条"的修养标准,把宗教信仰与道德修养紧密结合起来。韩国现有圆佛教教庙344座,传教士3921人,信徒近10万人。

5. 儒教

儒教是公元前6世纪孔子创立的伦理和宗教信仰。儒教的基本伦理思想为仁、义、礼、智,是用于齐家治国的一种伦理体系。对儒教是不是宗教,不同的人有不同的理解。韩国人认为,儒教是以孔子和孟子的学说为圣条,并规定了祭天、祭孔、祭祖等宗教仪式。儒教如同早期的佛教一样,是一种无神的宗教。随着时间的流逝,后来的儒教信徒将孔子及其主要的门人奉为圣人。

儒教和最早的汉文书写文件一并传入韩国。高句丽、百济和新罗三国都留下了相关的记载，表明儒教的影响早已存在。高句丽于公元 372 年设立太学，并在地方上设立了传授儒学的私立书院。此种学校在百济建立更早。新罗统一朝鲜半岛后，派遣学者到唐代中国观察办学情况，并带回大量有关文献。公元 10 世纪高丽时代，佛教被奉为国教，儒教则是国家结构和哲学的支柱。10 世纪末，韩国采用了中国的科举考试制度，鼓励人们学习儒家经典，同时也将儒家的价值观深深地植根于韩国人心中。

儒教在韩国传播的历史悠久，影响很大，但直到 14 世纪才成为国学和国教。建立于 1392 年的朝鲜王朝采用儒教学说为官方意识形态，并在教育、礼仪、行政管理方面推行一套儒学系统。19 世纪末，西方列强和日本侵略韩国时，儒学人士曾招集"义军"抗击侵略者。为了使儒教适应时代的变化，韩国人做出过努力对它进行改革。改革家们接受了西方文明，并努力建立现代化的独立政府。在日本对韩国实行殖民主义统治时期，韩国的改革派人士参加了很多独立运动，反对日本帝国主义。

韩国光复后，韩国儒生召开全国儒道会，并恢复成均馆的名誉，成均馆成了儒教的教育中心，也是一座孔庙。今天全国仍盛行祭祀祖先，孝顺依然是韩国社会中受到高度尊敬的品德。儒教强调"仁"的根本重要性，曾是古代韩国社会的共有思想。儒教与韩国人的价值观念相结合，对韩国人产生了巨大的影响。儒教是韩国的伦理体系，也是韩国人的生活方式，及国家法律不可缺少的因素。曾是朝鲜时代主要思想的儒教后来逐渐发展成为具有实践意义的实学。儒教在韩国人的意识中根深蒂固，这一点可以从众多的仪礼中得到证实。

韩国不存在有组织的儒教教会，但是有不少儒教社团，如成均馆和地方 232 所乡校，有 11950 名教职人员和 78.6 万名信徒，将儒教作为道德伦理和生活哲学尊宗的人就更多了。每年春秋两季，在首尔成均馆的文庙举行纪念孔子及其主要弟子的祭典活动。

6. 天道教

天道教始于 18 世纪 60 年代产生的一场反对韩国国内严重腐败和外国侵略的社会和神学运动。当时它与"西学"对照，被称为"东学"。天道教 1906 年由孙炳熙创立。该教崇拜天，但否认神的存在；主张"人乃天"、"吾乃天"，强调"事人如天"，提出"辅国安民，布德天下，广济众生，建设地上天国"的口号。天道教的原理是：人与天道教的神乃是相同的，但人却不是天道教的神。人将天道教的神牢记在心，使之成为他的尊严的源泉，通过修炼，则可使自己与神合而为一。韩国现有天道教教庙 249 座，传教士 3264 人，信徒 5300 多人。

7. 大倧教

1910 年，罗哲以檀君建国的神话为基础创立大倧教，只供奉檀君牌位，不举行祭典仪式。该教认为，桓因是主宰万物的造化神，桓雄是开天教化神，桓俭是治理天地的治化神,这三位神是一体的。公元前 2459 年阴历 10 月 3 日,桓雄降临于松花江流域,以神话感化民众,这是神教的起源,是日定为开天节。公元前 2243 年阴历 3 月 15 日,桓俭治理天地,因此把是日定为御天节。韩国现有大倧教教庙 344 座,传教士 3921 人,信徒 9.6 万人。

8. 元倧教

元倧教于 1917 年左右由金仲键创立。该教认为关于太极和阴阳五行的学说,是一切宗教的"元",故取名为元倧教;把宇宙的本元视为"太极",宇宙的万物都由太极造化而成,人也由此获得"天地良心"。如果人们误入歧途,违背阴阳五行之道,世界则陷入混乱。

三、民间信仰

巫俗是一种韩国原始宗教,虽无组织系统,但通过传说和民俗深入到了韩国人的生活之中。新石器时代的韩国先民信奉泛灵论,认为万物皆有灵魂。他们认为人类也有灵魂,并且永不消亡。安放人的尸体时,头要朝向太阳升起的东方。他们相信,诸如太阳这样善良的神灵会给人带来吉祥,邪恶的神灵则会带来厄运。

巫俗后来虽逐渐让位于儒教和佛教,但其影响依然存在。巫师是沟通阴阳两界的媒介,被认为能祛灾、治病,并能保证人们顺利从今世进入天堂,能解决活人和死人之间可能存在的冲突和紧张关系。

韩国的巫俗崇拜存在于自然界各种物体之中的数以千计的神怪,这些物体包括岩石、树木、山川,以及天体。在古代韩国,巫俗是一种令人敬畏而又迷信的宗教。但是,对现代的人而言,它却是他们文化中多姿多彩的艺术组成部分。巫俗仪式富于驱妖降魔的内容,表现出音乐、舞蹈等戏剧成分。

道教、儒教和佛教等复杂深奥的宗教的传入,并没有导致人们放弃对巫俗的信仰和实践活动。这些宗教吸收了巫俗信仰的一些成分,并与之和平共处。巫俗现在仍是韩国人的基础宗教,也是他们文化的一个非常重要的方面。

四、宗教信仰的特点

1. 多种宗教并存

韩国人在宗教信仰问题上也秉持宽和包容的态度,既执著于自己的信仰,也尊重他人的选择,皈依不同宗教的人们之间互相包容,和睦相处。所以,韩国社会上宗教虽多种多样,有佛教、儒教、基督教新教和天主教、圆佛教、天道教、大倧教、甑山教等,但从不曾听说发生过什么宗教冲突。从这个意义上讲，韩国民众的宗教信仰又不是疯狂或迷乱的。在韩国，宗教具有极其雄厚的社会群众基础。

2. 宗教发展不平衡

韩国的宗教结构变化也曲折地反映出韩国社会西化程度的逐渐加深，折射出韩国民众文化心理、价值观念的自我调整。自1995年到2005年，韩国有宗教信仰的人数增加了250万人左右，可是比较本土化的佛教只增加了40余万人；儒教则不增反减，由21万多人剧减一半，只剩下10万人左右。相反，西方文明的宗教载体天主教，则迅速增长，由295万余人猛增到514万多人。

值得关注的是，韩国信奉基督教（包括新教和天主教）的人数近10年有了较快的增长，已超过信奉佛教的人数，而且有进一步拉开双方距离的趋势。从统计数据中可以看出，这主要是天主教部分的增长。信奉新教的人数在这10年中，不仅没有增长，反而略有减少，由1995年的876万人，减至2005年的861.6万人；其绝对总数虽然仍大于天主教信众人数，但两者之间的差距，却由1995年的近3倍，急速缩小为2005年的不到2倍。可见，韩国民众对西方文明的沟通与融合，也是有其主体性的理性选择的。

3. 国外宣教

韩国的基督教来自外国，而现在却反过来到外国传教，选送一批精通教理的专门人才到世界其他地方去发展势力。他们基于宗教意义上的良知，注重和平运动，关心慈善事业，同海外有关团体保持密切的联系，这是韩国基督教团体的一个基本特征。韩国教会积极在海外进行传教活动，是世界上第二大传教士派出国（仅次于美国）。韩国有10646名新教传教士分布在156个国家；天主教传教士人数也很众多，但具体数字未加公布。

4. 信徒多元化

韩国民众的宗教信仰呈现多元化的特点，同韩国的自然风土和历史环境、社会生产方式及政治制度等有密切关系，另外还受到中国、印度等国的民族宗教文化和复杂的国际环境的影响。

第二节 民　　俗

民俗，即民间风俗，指一个国家或民族中广大民众所创造、享用和传承的生活文化。它起源于人类社会群体生活的需要,在特定的民族、时代和地域中不断形成、扩大和演变,为民众的日常生活服务。民俗涉及的内容很多,主要包括生产劳动民俗、日常生活民俗、社会组织民俗、岁时节日民俗、人生仪礼、游艺民俗、民间观念和民间文学等。

一、人生仪礼

人生仪礼又称个人生活仪礼,国际上称"通过仪礼"。每个人在一生中必须经历几个生活阶段,人的社会属性是通过这些重要阶段而不断确立的。进入各个阶段时,总有一些特定的仪礼作为标志,以便获得社会的承认和评价。人生仪礼是指在一生中几个重要环节上所经过的具有一定仪式的行为过程,主要包括诞生礼、成年礼、婚礼和葬礼。此外,表明进入重要年龄阶段的祝寿仪式和一年一次的生日庆贺举动,亦可视为人生仪礼的内容。人生仪礼的决定因素不只是个人年龄和生理的变化,而且是在生命过程的不同阶段上,生育、家庭、宗教等社会制度对他的地位规定和角色认可,也是一定文化规范对他进行人格塑造的要求。因此,人生仪礼是将个体生命加以社会化的程序和阶段性标志。例如一个小孩满月的时候,生育孩子的家庭要遍请宾客,不只是庆贺孩子的诞生,更是小孩子与家里的宾朋相见,让他被亲戚接纳而融入社会的契机。

1. 求子习俗

求子习俗,顾名思义就是婚后不孕的夫妇为了达到怀孕的目的而进行向神祈祷、实行巫术等仪式的民俗。向神灵祈子是最普遍的一种求子方式,民间虚造有主管生育的神灵、偶像,如碧霞元君、送子观音、金花夫人、子孙娘娘、张仙等,并为之立庙建祠。韩国的求子习俗中有喝月亮的习俗。

2. 诞生礼

诞生礼是韩国传统的诞生礼俗之一。婴儿降生,是人生的开始,也是人生的大事、喜事,家人欢欣,亲朋相贺。韩国人传统的诞生礼主要由三种礼仪组成:婴儿诞生,有诞生礼;出生百天,行百日礼;一周岁时,行周岁礼。这样,对一个新生命的迎接过程才算完成了。韩国人的诞生礼中有"忌绳"(禁绳)(图11.3)的事项。

图11.3 诞生礼"忌绳"

百日是为了纪念孩子出生100天举行的简单

宴席。孩子出生 100 天，意味着孩子克服了最艰难的时期，产妇也恢复健康。因此，韩国人在孩子百日吃白色大米蛋糕和高粱面团，并把它分给邻居们，以此来祈愿孩子健康成长。收到白色大米蛋糕和高粱面团的人，要给孩子送线和钱，线意味着长寿，钱意味着发财。

周岁礼是孩子一周岁时举行的祈求孩子无病长寿的仪式，俗称"抓周"（图 11.4）。在一周岁的宴席上，把白色大米蛋糕、面条、大米、红枣、书、笔、钱等放在餐桌上，然后，让孩子选择其中一样东西。家里人则根据孩子选择的东西来推测孩子的未来。例如，孩子选了钱，就预示他将来会发大财，等等。这时，孩子要穿周岁服。男孩子穿浅色衣服，一般是蓝边粉红色短衣、浅紫色裤子，上面穿蓝色背心，配绿色衣带。女孩子则要用深绿色或黄色做短衣，周岁或特殊的日子里穿色童短衣，最近也给周岁的女孩子穿唐衣。

图 11.4　周岁礼

3. 成年礼

成年礼是为承认年轻人具有进入社会的能力和资格而举行的人生仪礼（图 11.5）。现在，韩国将每年 5 月第三个星期一定为成年仪式之日，向满 20 周岁的年轻人表示祝贺。冠礼与笄礼是传统儒教的成年仪式。冠礼是以 15～20 岁的男人为对象举行的成年仪式。这时，要梳发髻，并在发髻上罩上网巾，然后加冠。受冠礼的人，就可得到成年男人的待遇。笄礼是女孩子的成人仪式。女孩子到了 15 岁，或即将要结婚时，为她盘发插笄，宣布她已成年。

图 11.5　成年礼

4. 婚礼

婚姻是维系人类自身繁衍和社会延续的最基本制度。婚姻作为民俗现象，其内容主要包括婚姻的形态和婚姻仪礼两个方面。婚礼对韩国人来说是人生中的一大重要仪式。韩国现在的婚礼方式同以往有所不同，身着白色婚纱的新娘和身着燕尾服的新郎在婚礼厅或教堂按西方仪式举办典礼后，再转移到名为"币帛室"的房间，换上华丽的传统婚礼服饰进行传统的结婚典礼（图 11.6）。币帛，可理解为韩国的一种传统，指婚礼时新郎新娘向男方家长及亲戚长辈行礼的风俗，是新娘首次正式拜见男方亲属的仪式。以前韩国年轻人的婚姻完全是由父母包办。传统的婚礼习俗主要由议婚、纳采、宫合、婚礼仪式和入洞房等过程组成。议婚，又称"议亲"，是商议男女婚姻之事的最初阶段，旧时包括"求婚"、"过帖"、"相亲"等程序，到准备定婚为止。在这一过程中，往往是由男女双方父母根据对方的门第、家境及品貌等条件决定婚事成否，男女当事人是没有多大发言权的。

图 11.6　韩国传统婚礼

"无媒不成婚"，议婚初始，一般是由男方家长委托媒人或托靠亲友、邻里前往女方家中求婚，又叫"提亲"。这就是"纳采"。"宫合"是算新娘和新郎的结婚命运的行为。若两个人的算命结果好，就选定结婚吉日。婚礼两三天之前，新郎家给新娘家送礼物。其礼物一般是金戒指或新娘的衣料等。婚礼通常在新娘家的庭院进行。在庭院的中间设置桌子，在桌子上摆放如下物品：被包在青红包袱里的两支树枝或者鸳鸯、青红线、松树条、竹子条、两碗大米、栗子、红枣、应季水果、蜡烛，等等。

5. 寿礼

花甲是老人诞生 60 周年的纪念日。在这一天，子女们为父母举行"花甲宴"以示祝贺（图 11.7）。花甲这一天，老夫老妻从里到外穿着子女特意为他们制作的新衣服，进入已摆满水果、鱼肉、糖果、糕点、打糕、松饼斌、酒菜之类的寿宴席的中央，男坐左边，女坐右边。子女们穿着节日礼服，按顺序敬酒。首先是大儿子和大儿媳到席前向父亲跪拜，站起敬一杯酒，等父亲喝完这一杯，再跪拜。二儿子和二儿媳也按上述方法，先敬酒，后行礼。子女们宴请前来祝寿的亲戚朋友。宴后，大家一起唱歌跳舞，老少欢欣。此外，还有进甲与古稀。"进甲"是 61 周岁，祝寿仪式隆重而独具风格。到了 70 周岁，子女为了庆祝父母长寿举行盛大的宴会，这叫做"七旬"或"古稀"。

图 11.7　寿礼

6. 丧礼

死亡是人生旅程的最后一站，但是在以往几千年的历史中，绝大部分人都不认为死是生命的终结，而把它看成人生旅途的一种转换，即从"阳世"转到"阴世"。家里人去世，按照家庭经济情况、亡人的社会地位、家庭成分的不同，举行3、5、7、9天不等的葬礼（图11.8）。丧礼比任何仪式都要严格。在亲人去世之后的一段时间里，必须在生活的许多方面进行节制，以表示对亲人的哀悼和思念。这就是居丧。居丧之礼节，对于孝子要求更严。因此，父母死后，孝子应服丧3年，以表示回报。3年之间还会有很多小的礼仪，礼仪繁多，要求严格。在现代，由于生活节奏加快，工作繁忙，居丧仪式比过去简单多了。

图11.8 丧礼

7. 祭礼

在韩国人的传统信仰里，人死后是有灵魂存在的。因此，除先祖的忌辰外，每逢春节、中秋等传统节庆日，子孙后代都会通过祭拜来召唤先祖的灵魂（图11.9所示为中秋祭品）。韩国人相信凭借这种特殊的仪式能和逝去的亲人再次相聚，并借此祈愿得到先祖在天之灵的庇佑。祭祀有两种形式。一种是在节日早晨举行的"茶礼"，另外一种是在亡人去世日前夕举行的"祭祀"。一般来说，祭祀指后者。祭祀要按照儒教的指导举行。祭祀的规则、顺序非常严格而且错综复杂。不同的地方、不同的家庭，其方式也有所不同。但是，韩国人比较严格遵守以前的方式。到了祭祀当天，子孙儿女、亲戚们都聚在一起，纪念祖先的恩惠及功德。借此机会，平时比较疏远的亲戚、兄弟可以相聚一堂，互相交流。

图11.9 中秋祭品

二、岁时节日

岁时节日，主要是指与天时、物候的周期性转换相适应，在人们的社会生活中约定俗成的，具有某种风俗活动内容的特定时日。节日的形成与发展，经历了十分漫长的历史。在这期间形成的节日民俗不仅记载着我们祖先对自然运动规律的认识与把握，也显现出各个不同历史时期的社会、经济、科技发展的水平。同时，韩国的岁时节日也反映了韩国民众那种张弛有度、应时而作的自然生活节律。

在韩国，按照季节的变化，举行不同的时令风俗活动。这给单调无味的日常生活注入了新的活力。它给人们提供了一种休息时间，以便为了明天的劳动创造出新的动力源。每到节日，人们会暂时停止工作，准备节日饮食，穿上新衣服，或者举行家庭祭祀，参加村里举行的娱乐活动。这些活动不仅使人们的生活更有活力，而且让人重新发现自己属于一个集团的成员，进而增强社会成员之间的认同感，巩固人们之间的感情。

1. 元日（春节）

元日是一年的第一天的意思。元日当天，早晨要早早起床，换穿新衣服，韩国人为迎接新年举行的第一个活动就是茶礼——祭拜祖宗。茶礼结束后大家按顺序就座，并按顺序叩头拜年。家中如有祠堂应先到祠堂叩头后举行岁拜。早餐后还要到亲戚或邻居家里拜年。不管长辈亲戚住得有多远，都应前往岁拜，不会岁拜则被认为是没有教养的人。受拜的一方一般准备好水果、糕点、糖等食品请拜年叩头的人吃或给压岁钱，并祝福他们在新的一年里万事如意、恭喜发财。韩国人认为，尊敬长辈是人伦、秩序的表现。新年向长辈岁拜表现了韩国人的秩序观和礼仪观，即体现了韩国人尊重长辈的优良民族传统。

2. 上元

农历正月十五用汉字叫做"上元"。上元与中元（农历七月十五日，百中）和下元（农历十月十五日）相对应，这一天是韩国新年风俗中最重要的一天，与春节不相上下。在将月亮的运行周期作为标准阴历的传统社会，一年中升起第一个满月的正月十五就显得格外重要。正月十五的节日食品有药饭、五谷饭、青菜和聪耳酒等。作为祈求丰收和福气的节日，还要在这一天举行立禾杆、偷福土、捞龙蛋、踏桥、大树成亲、吃百家饭、背九捆柴等活动。这一天进行的收成占卜活动有烧月亮房、碗碟占、影子占、月亮占、家庭占、给素饭、鸡鸣占等，祭礼和游戏有踩地神、别神祭、旗拜年、放鼠火、狮子戏、郡守戏、原野戏、五广大假面戏等。这些活动充分反映出韩国人对月亮的重视与崇敬。

3. 端午节

端午节是插秧结束后祈求丰年的日子。东亚各国过端午的习俗略有不同。中国有吃粽子的习俗，但日本和韩国就没有。日本人过端午是男人游泳，女人洗头。韩国则是男人摔跤，女人用菖浦叶洗头，荡秋千，还吃用艾叶做的像车轮一样的车轮饼——艾糕。因此，韩国又将端午节称为车轮节。

韩国人从不否认农耕社会时期为祈求丰收和安康的端午节发端于中国。在李朝时期，端午节算是一个大节，至今，在偏重农业的韩国一些道郡仍将端午节看成重要的节日，特别是"江陵端午祭"尤为有名，已成为民众共同参与的传统大型民俗祭祀活动。"祭"既有祭祀之意，也有庆典之意。其实，端午节在中国原本也是祭祀活动。"江陵端午祭"除了举行荡秋千、摔跤、长跪、跆拳道、高校足球等比赛，表演假面舞剧、农乐舞之外，还有独特的祭祀活动，包括祭山神、祭酒神、演巫术、伐神木，等等。祭祀活动有一套完备的程序，迎神和送神都由专门的祭官主持。韩国人认为江陵的这种有特色的端午祭祀和庆典活动，不是泛指的"端午节"。1967年，"江陵端午祭"被韩国政府批准为国家级第十三号"重要无形文化遗产"予以保护，它每年吸引国内外大量游客参与和观光，同时也使人从中了解韩国的民俗风情。2005年11月25日，由韩国申报的"江陵端午祭"被联合国教科文组织正式确定为"人类口头和非物质遗产代表作"。

4. 秋夕（中秋节）

韩国秋天进行的祖先崇拜活动包括祭天神、中秋节的祭祀和扫墓。祭天神是为祖先神供上当年首次收获的水果或谷物。先把这些干净的东西摆在家庭祀堂，然后家人可以吃。这一活动有追源报本的意思，告诉祖先今年的丰收。韩国人认为这是作为后代的基本准则。扫墓意味着迎接中秋佳节，告诉祖先今年的丰收并感谢他们的恩惠。

5. 除夕

为了"送旧迎新"，韩国人在岁末要先打扫卫生。除了房间以外，还要打扫庭院、花园、仓库和牢笼等。清扫旧东西，迎来神圣的新年。这样才能得到新年的新福。在大年三十晚上，韩国人要熬夜，叫做"守岁"。韩国人相信，如果在大年三十睡觉，眉毛就会变成白色。于是若小孩子睡了觉，大人就用白粉涂抹孩子的眉毛，让他大吃一惊。大年三十傍晚，人们燃烧生竹。燃烧的生竹发出刺耳的声音，这叫爆竹、竹枪、竹火。这样，家里的恶鬼听到爆竹的声音就会逃跑，人们便可安居乐业。另外，有些地方在大年三十要烧毁所有的药品。他们认为所有的疾病都会跟随着药品燃烧的香味散出去。然后，干干净净地打扫卫生，以清新的心态迎接新年。

三、民间游戏

游艺民俗是一种以消遣休闲、调剂身心为主要目的,又有一定模式的民俗活动。它是人类在具备起码的物质生存条件基础上,为满足精神需求而进行的文化创造。民间游戏是民间娱乐的重要组成部分,是指流传于民间,以嬉戏、消遣为主的娱乐活动,俗称"玩耍"。韩国的民间游戏,除了跳跳板、尤茨、放风筝、秋千、摔跤(详见第九章"民族传统体育")外,还有踩地神、石战和车战等。

1. 踩地神

踩地神是农历正月初通过用脚踩地神来驱赶妖魔鬼怪,以求村庄的平安和丰收以及家庭幸福的信仰性的村庄活动,有些地区还叫做踏地、埋鬼、乞粒、乞穷等。

2. 石战

石战始于三国时期。选择江边或开阔地,以村为单位分两队进行。双方保持一定距离,游戏开始,各队向对方扔石头,在规定时间内打伤对方人数多的就取胜。这是一种男人玩的游戏,用来培养尚武精神。

3. 车战

用许多根木杆做成架子,在木杆交叉处放一坐垫,垫上坐一名大力士指挥战斗。游戏中双方队员冲入对方阵地,将对方的指挥者拉下架子便得胜。

四、韩国民俗文化的特征

韩国民俗文化有自己的特色。主要有:

第一,具有几千年农耕民族文化的烙印,特别是韩国岁时节日民俗有鲜明的农业文化特色。

第二,深受韩国巫俗文化的影响。当代韩国人虽说不信仰巫俗,但人们的日常生活中离不开巫俗信仰的影响。

第三,具有传统儒教的社会规范。以先秦孔孟为代表的儒家思想,在两千多年的哲学文化和合生成中,从中国传播到韩国,形成了独特的区域文化,儒学成了朝鲜半岛文化传统的主流。儒学文化浸透了韩国社会物质生活、精神生活深层的各个角落。

第四,韩国民俗具有韩民族精神文化的深层内涵。

第十一章思考题

1. 简述韩国宗教概况。
2. 介绍韩国人的人生礼仪。
3. 介绍韩国传统民间游戏。
4. 论述儒教在韩国的影响。
5. 论述韩国民俗的文化特征。

第十一章参考文献

[1] 金得榥著. 韩国宗教史. 柳雪峰, 译. 北京: 社会科学文献出版社, 1992
[2] 郑判龙主编. 韩国简明百科全书. 牡丹江: 黑龙江朝鲜民族出版社, 1999
[3] 詹小洪著. 告诉你真实的韩国. 济南: 山东人民出版社, 2005
[4] 张世和著. 韩国研究报告. 牡丹江: 黑龙江朝鲜民族出版社, 2000
[5] 一然著. 三国遗事. 长春: 吉林文史出版社, 2003
[6] 杨永骝编著. 南朝鲜. 北京: 世界知识出版社, 1985
[7] 曹中屏, 张琏瑰, 等编著. 当代韩国史. 天津: 南开大学出版社, 2005
[8] 黄朴民. 心灵鸡汤: 宗教在韩国. 博览群书, 2007 (10)
[9] 崔志鹰. 儒教文化与韩国现代社会. 同济大学学报（社会科学版）, 2003 (4)
[10] 崔俊植. 从韩国宗教的现实及其透视镜观察到的韩国文化. 当代韩国, 2006 (3)

第十二章 韩国的文学艺术

第一节 文学艺术概述

综观韩国文学，我们不难发现其东方固有的伦理观所支配的传统的社会形态和审美价值趋向，在文学中主要表现为缺乏动态性和前瞻性、趋于怀古主义或过去中心主义的思维方式。但从宏观角度看，也就是从原始社会到今天的发展角度看，在紧要关头，韩国文学艺术还是保持了独特的、富有传统意义的文学创作意识。

一、韩国人的意识结构特点——"恨"的文化心理情绪

韩国文化中最令人费解的是韩国人所说的"恨"的文化心理情绪。每当我们谈及韩国历史和韩国文化的时候，抛开韩国人的"恨"就无从谈及任何其他东西。通常的"恨"，指的就是与"怨恨、痛恨、怨言、悔恨"等心理情绪相联的一种心理倾向。对韩国人来讲，"恨"是最韩国本土化的文化心理情绪之一。特别值得一提的是，所谓的"恨"不是直接表露出来的心理情绪，而是用间接的方式表现韩国人内心深藏的"恨"的情绪，它与单纯的"怨恨"情绪有本质上的区别。在其他民族意识中，"怨恨"情绪直接与"报仇"紧密相连，仇恨报完了问题就解决了；韩国人由于历史上长期处于劣势，被周边国家长期侵占等社会历史原因，长期不能痛痛快快地"解恨"，久而久之就形成了韩国人独有的"恨"的文化意识结构。

韩国文化中，"恨"分为两种类型。一种是政治和社会上的弱者的"恨"。自古以来，老百姓的恨只能通过自然灾害对执政者发出警告的方式来"解恨"，加上不断的外国侵略、内乱和深刻的两班、贱民阶级阶层意识是形成"恨"的主要原因之一。另一种是根深蒂固的男尊女卑思想统治下的广大妇女的"恨"。在韩国的文学作品中，从妇女身上不难看出以忍耐男人暴行和婆婆的折磨以及抗争贫穷为美德的历史痕迹。例如，韩国的代表民谣《阿里郎》正是韩国妇女独有的对"恨"的表白。歌谣中的女主人公用婉转的语言描述了对远离而去的爱人的爱恨。歌词中有一句是这样写的："离我而去的你，

走不到十里路就会得脚痛病的。"在外国人看来，何必对曾经相爱的人那么苛刻，甚至诅咒呢？但对韩国人来说，这正是韩国人表白"恨"的独特的方式。女主人公如此说并不是真正希望自己心爱的人闹出脚痛病，而只是通过间接的、不怀恶意的诅咒来释放出自己内心深处的爱恨，通过这种方式来达到"释放情感"、"解恨"的目的。

在韩国老百姓通常所使用的谚语和神话故事以及传统唱调中处处散发出韩国人的"恨"的文化意识痕迹。可以说，韩国人的"恨"意识已不是无奈的忍受和被压抑的抑郁、为了报仇的暴力行为，而是已升华到通过音乐和娱乐以及文学作品来表现"解恨"意志的一种方式。这是一种通过伴有积极、肯定的嬉笑、讽刺、谐谑的艺术形式来释放"深而稠的大恨"的方式。

韩国文学作品中，无论是诗歌、散文还是小说，一般都离不开"离别"和"爱恨"的情绪。比如金素月的《杜鹃花》（1922年）中，采用拟人形式表现出亡国的悲伤和哀怨。诗文中作者所采用的意境是将杜鹃花撒满离去的爱人所要经过的路上，来表现离别的哀伤，并将此哀伤升华为"哀而不悲"的思想境界。《杜鹃花》的全文如下：

> 如果你已如此讨厌我，
> 想离我而去，
> 我会静静地让你离去，默默无言。
>
> 在宁边的药山，
> 我会采一束束杜鹃花，
> 铺在你走的路上。
>
> 好让你离开的脚步，
> 轻轻地踩到你脚下的鲜花。
>
> 如果你已如此厌烦我，
> 想要离我而去，
> 我宁死绝不流一滴泪。

诗的开头表达了对离去的爱人无奈而无限的留恋之情；第二联通过对特定地点的显现来突出乡土之爱和抒发主人公内心执著的爱意；第三联则表达了对离去的爱人的永恒的爱和祝福；结尾部分可以想象出主人公经历着难忍的悲伤和哀怨，强忍痛苦，不让心上人看到自己痛苦流泪的场面。诗人充分展示了韩国人心理情趣最感人的部分。

总之，韩国人的意识结构中，"恨"有时候是一种社会批判的形式，有时候是一种以谐谑的嬉笑形式来间接表现思想感情的委婉的方式。韩国人用这种方式解除凝固在内心深处的心理上的"瘀血"，这正是继承和发展韩国特有文化的推动力。

二、文学艺术时代的划分和特点

韩国尽管很早就有了固有语言，但真正拥有标记语言的文字的历史不长。到朝鲜时代初期创制"训民正音"之前，韩国一直借用中国的汉字来标记其语言，从而出现了三国时期的"乡札"或"吏读"等独特的形式，同时出现了与中国传统的汉文体接近的文学创作活动，如"汉诗"等文学形式。

韩国的现当代文学是指20世纪初开始的新文学运动到1945年"八一五"解放，再到今天的各个历史时期的文学。韩国近代历史通常以1894年的甲午改革时期为开端。这一时期实施了从政治制度到生活方式各个方面展开了一系列追随西方先进文化的近代化运动，被称为"开化期"，新文学运动则是开化期的产物之一。可以说这一时期文学的发展特点是基于民族意识和近代自我意识，振奋起来高扬民族精神为主流文学的探索过程，它主要反映在抵制日帝、争取民族独立的艺术创作过程中。

尽管被日本帝国主义剥夺了国家主权，但韩国的新文学运动还是引进了浪漫主义、自然主义、象征主义等19世纪近代文学思潮。这一时期出版的文学杂志《泰西文艺新报》刊登了金亿、黄锡禹等人的自由诗，文艺同仁杂志《创造》登出日本浪漫派诗人的翻译作品，另外，《白鸟》（1922年）杂志刊登了李相和、朴英熙、罗稻香等人的作品，他们主要擅长以虚无浪漫主义情调为主线的诗歌作品，另外，还刊登了金素月富有民谣情调的作品和倾向于求道诗文精神的韩龙云的作品。其中，反对李光洙的启蒙主义，提倡近代纯粹文学精神的玄振健、廉相燮、罗稻香等人可以称得上是严肃的现实主义文学的代表人物。20世纪20年代出现的富有个性的文学流派有新倾向派文学和无产阶级文学。新倾向派文学以社会主义思想为背景，主要在小说领域着重反映最低层社会人物的贫穷生活面貌以及对地主等上流阶层的反抗意识，其代表人物有崔曙海。1925年成立了朝鲜无产阶级艺术家同盟（KAPF），主要宣扬马克思主义和阶级革命等政治思想，其代表作家有林和、李箕永等。

20世纪30年代，韩国诗歌散文领域以抒情主义倾向占主导，一方面出现了反映民族主义哀伤和无奈的作品，另一方面又出现了现代主义流派。现代主义诗人模仿西方的想象派风格，其主要代表作家有郑芝溶、李箱等人。同期还出现了诗人徐廷柱和作家金东里、郑飞石、崔仁旭等人，着重通过挖掘具有韩国本土风格的文学素材来提高艺术创作水平。

1945年"八一五"解放后，韩国文学彻底清除了持续36年的禁止使用韩国语的日帝殖民统治，才得以迈出了具有民族文学意识的崭新步伐，文学的划时代也正是这个时候。之后经过50年代初的朝鲜战争，文坛上一时出现了面对废墟的虚无和绝望情绪的作品。其代表作品有徐基源的《暗射地图》和韩末淑的《神化的断崖》。这种反映战争伤痕的文学创作倾向一直延续到 70 年代。特别值得一提的是 1970 年出版的朴景利的《土地》——韩国文坛中具有划时代意义的巨作之一。小说描写了韩国南部庆尚道一个大地主崔氏家族的兴衰史。小说分四部：第一、二部主要描写 1900 年到 1910 年韩国社会的变化，表现了封建社会身份制度的崩溃和韩国社会从农业经济到货币经济的演变；第三、四部主要描写二三十年代"三一"运动失败前后和 20 年代开始的日本帝国主义残酷的总督政治及主权丧失的殖民地生活情况，反映了由于国家主权被日帝抢走，致使老百姓生活颠沛流离、无法安稳的生活状况。

朴景利于 20 世纪 50 年代初初登文坛，很快以短篇小说引起了人们的注意，如《无信仰的一代》（1956 年）用犀利的文笔分析了战后社会对同胞讲信义的根子所在，并获得了当年《现代文学》奖的优秀奖。《土地》的第一卷在 1970 年发表后她便名闻全国，其后随着每一卷的出版和根据这部小说改编的电视连续剧（图 12.1）的上映，她更加名声大振。

图 12.1　朴景利的小说《土地》与电视剧《土地》剧照

到 80 年代，韩国小说以长篇系列小说的创作为主流，其代表作品有黄皙映的《张吉山》、赵廷来的《太白山脉》、李文烈的《英雄时代》。这一时期反映反美情绪的作品也开始占一定比例，特别是 1980 年 5 月光州民主化运动中美国允许军队使用暴力的行为更触发了反美情绪的高涨，其代表作有诗集《美洲粪海》和长篇小说《武器的背影》。

从 90 年代开始韩国文学进入商业小说盛行的时期。另外，这一时期值得注意的现象之一是涌现出很多女性作家。如果说 80 年代的韩国文学是政治文学、男性文学的话，那么 90 年代的韩国文学可以说是女性文学。如龚智雍的《安静的日子》描写了一个资本家出身的女子与农民出身的丈夫的悲欢离合。

进入21世纪，韩国文坛的主要趋向是反映超现实主义倾向的作品占有一席之地，同时，以家庭危机为题材的作品占很大比重。例如，朴民奎的《小城堡》、金爱兰的《奔跑吧，爸爸》、金中赫的《企鹅新闻》等作品主要以破碎的、不完整的家庭为背景，描写了一些妈妈晕倒、爸爸离家出走、孩子被遗弃的不安定的家庭生活面貌，并流露出主人公内心的无奈和想逃避现实社会的情绪。

第二节 诗歌、散文

在谈及韩国诗歌和散文时我们不得不提到韩国的古代汉诗。众所周知，韩国在没有自己文字的时候就沿用中国的汉字为主要的文字，所谓的汉诗，就是指遵守汉语韵律的所有规则、用汉文写作的诗。汉诗早在高丽时代开始已比较成熟。到了朝鲜王朝时期，将"时调"（韩国固有的定型诗之一）和"歌辞"作为最能表达人的情感世界的通俗文学形式加以发展繁荣，同时将其作为表现人格修养程度的主要标准来看待。这一追求恰好与韩国人所崇尚的佛教推崇的"超我"与儒教推崇的"圣贤之士"的所谓的"高品位"思想相吻合。

汉诗的代表者是新罗的崔致远（857—?）。崔致远在874年18岁时通过了唐朝的国家考试，在中国很快就声名鹊起，成为著名的诗人。尽管他在中国取得了很大的成就，但内心的忧愁仍见诸其代表作《秋夜雨中》：

> 秋风惟苦吟，世路少知音；
> 窗外三更雨，灯前万里心。

到高丽王朝中期的李奎报（1168—1241）开始写汉诗的时候，韩国汉诗的格式体系已经完全定型。李奎报的诗带有浓厚的个人色彩，多半是对自己生活遭遇的戏剧性写照。他先描述外部世界的景物，如一座寺庙、一个驿站、一家客店，然后便进入内心的境界。他的诗很短，而且如歌一般，并富有启示性。这些诗描写他自己在刹那间受到的启迪。诗是他对情景的反应，是他个人的体验。如下面这首诗：

> 寂寞禅房古树边，孤灯炉香燃佛前；
> 问僧如何度长日，客来闲聊客去眠。

树、灯、香炉——讲述者寥寥几笔便生动地勾画出幽静的寺院，然后几乎不落痕迹地进入了内心深刻的禅的境界。僧人代表富有修养的人力求达到的理想中的超脱。然而，诗的中心是僧人的启示如何打动了讲述者，因此诗的中心在讲述者身上，占主要地位的是他的体验，并非僧人的体验。汉诗所引起的感触与时调大不一样。这种感情上的差异可能产生于这个事实：汉诗是用汉字，即文学和官场的语言写的；时调则是用韩字，即本土普通人的语言写的。总之，时调比汉诗更接近生活、更个人化。诗人要在3行、45个音节这么小的范围内介绍并刻画出一个形象，借以说出他本人的体验。在诗人同他的主题之间不容有任何间隔。

郑澈是"时调"诗人的第一个杰出代表。他担任过许多高官显职，如暗行御使、道知事、国王的亲随记室、第二宰相、将军等，在政治生涯中曾经几次失势，有时是自动引退，有时是被贬和流放。他才华横溢，但是性格倔强，因此在一生的事业中不断与人发生争执招致议论。郑澈是最擅长歌辞形式的高手，他的《关东别曲》（1580年）——其中描写了金刚山的八处名胜——最能代表这种传统之长。直到19世纪，汉文仍然是韩国政治和文学上使用的语文。

在1910年被日本兼并之后，韩国越来越多的年轻知识分子开始去日本接受大学教育，在那里接触了日本文学界当时的潮流。在韩国国内，这个时期的特点是民族主义情绪迅速兴起，终于出现了1919年的"三一"独立运动。在民族主义情绪上升的同时，文学界排斥汉文和中国传统，提倡韩文和西方传统。年轻作家以西方的波德莱尔、魏尔兰、叶芝和西蒙斯为典型，开始创造一种新文学。西蒙斯的《文学的象征主义运动》在20世纪初期就已经译成日文，在日本成了评论方面的一种权威著作。年轻的韩国诗人们仅懂一点英文，对法文懂得更少。他们翻译的文章看来绝大部分是从日文译本译过来的，有时对照一下英文。他们的理论绝大部分来自日文译本，而后者又是从英文译过来的。在如此混杂的情形下产生的诗充满了拉斐尔前派色彩，以厌世、颓废和悲观的世纪末情调为其特点。在这方面起主要影响的也许是西蒙斯。

金素月（1902—1934）在这批年轻诗人中间第一个摆脱了模仿，在消化了各种影响的基础上创造了某种新的风格。金素月远不止是一位写出了一些很美的抒情诗的作家。他的论说文《诗魂》（1925）是现代韩国诗坛第一个神秘主义宣言。他最重要的成就也许是他在韩国语言的使用上所达到的灵活和多变程度。他把白话中的辛辣和犀利融合成为一种与比较拘谨的中国传统形成鲜明对比的现代风格。

郑芝溶（1902—?）和金起林（1908—?）开创了现代诗的第二阶段。他们两人都潜心于意象派，为人们展示了一个崭新的现代主义的文学世界。《海》是郑芝溶作品中最著名的一首诗，他巧妙地运用了意象主义表现手法，写到："鲸鱼掠过，翻起波涛如篷；白浪拍打，石摇摇欲坠；云雀翔空；点点银光跌落；守候已半日是为了得到鲜肉；散发海草味的岩缝里一枚杜鹃色的贝壳晒着太阳，玻璃般晶莹的天空中一只海燕展翅划过。"郑芝溶和金起林代表着韩国最初的现代主义诗的尝试。

20 世纪 30 年代中期，朝鲜无产阶级艺术家同盟被迫解散，从此开始了日本严厉镇压时期。这一时期的代表诗人有 20 年代的杰出人物——僧人、诗人和爱国者韩龙云（1879—1944），以及作品中表现出反抗的呼声的李活（陆史）（1904—1944）和尹东柱（1917—1945）。另外，出版《青鹿集》的朴斗镇（1916—）、林木月（1919—1978）和赵芝薰（1920—1968）的作品主要以描写自然的诗为擅长，意在超脱于日本压迫的残酷现实之外。这 3 个人物都被公认为抒情语言的大师。赵芝薰的《僧舞》里所使用的典雅的语言、和谐的韵律至今仍无人能超过。

　　朝鲜战争使战前时期的风格显得过时，与当时的问题格格不入。战后时期的特点是：诗的形式处于试验阶段，诗的内容富于对当前状况的批判性。在 20 世纪 60 年代开始，工业化进程培育了一种深刻的疏远、孤独和非人化情绪，这种情绪越来越多地反映在诗上。一种新的激进的政治-社会意识被唤醒了。在根据一定观点写作的诗人中间，一些比较激进的人物——如著名诗人金芝河和 80 年代继承他的志向的金南柱——因为坚持自己的不同意见而付出了长期被囚于监狱的代价。80 年代初，光州民主化运动时的暴力事件导致了年轻知识分子的愤怒，但大多主要借老一辈诗人的声音来对付悲剧的重演。诗坛老一辈的四大台柱——赵炳华、徐廷柱、朴斗镇和金寿洙等人于 1990 年春出版了新诗集。

　　徐廷柱作品的吸引力首先在于语言的运用。他的语言十分富于他的家乡全罗道的特色；其次，他的作品喜欢表达感官的享受，这在他比较早期的作品里尤为明显，当时曾有人将其与波德莱尔和叶芝相比；最后，他回复到从新罗时期所崇尚的佛教精神中寻找价值观，他的抒情诗虽很短，但具有强烈的禅式哲理性和启发性。《无题》是徐廷柱的主要代表作之一，其中的诗句"天空，如此寂静、幽兰；独自寻思，它的花瓣为何怒放"，至今依然广为流传。

　　到 20 世纪 80 年代以后，都钟焕的诗作《我所爱的蜀葵花》——献给他去世不久的妻子的爱情诗集，销售量超过 100 万册。诗集能够成为畅销书，这一少有的现象使出版业看到了一个商业化成功可能性的案例。它带动了韩国诗坛良好的写诗环境的建设。大部分诗里都反映了诗人和读者怀着乐观向上的情绪和积极展望未来的心态。

第三节　民族音乐

　　我们在韩国传统音乐中不难发现不少的中国元素，特别是称为唐乐的音乐就是最典型的韩国化的中国音乐。唐乐这个韩文名称的字面含义就是中国唐朝的音乐。同样，历史上所指的高丽乐是指韩国高丽王朝的音乐。历史上高丽乐区别于唐乐，逐渐地形成了其富有民族情趣和民族特色的韩国传统音乐形式。

韩国传统音乐通常分为正乐和俗乐，前者是统治阶级的音乐，后者是平民的音乐。正乐是指在儒家哲学意义上对韩国的统治阶级"合适"的、优美的音乐格式，也指宫廷以外社会地位高的人的合奏音乐。这里又有雅乐、唐乐和乡乐等之分。正乐和雅乐在广义上可以通用，指统治阶级的音乐，包括唐乐、乡乐和儒教礼乐；从狭义上说，雅乐指寺庙仪式音乐，这种音乐目前只留下一个例子，这就是文庙乐——是在文庙（祭祀孔子及其弟子的神殿）演奏的音乐。唐乐是指中国唐宋两朝的世俗音乐，这种音乐在引进韩国以后变成了宫廷音乐。乡乐只是指韩国本土音乐，一个重要的例子是《寿齐天》（这是一部器乐作品，有人说它至少有1300多年的历史，这比格列高利圣咏的时间还要早）。宫廷音乐是正乐的一部分，包括仪式音乐、宴会音乐和军乐3种。仪式音乐包括儒乐和王室神殿音乐，宴会音乐是当时气派大的宴会上的音乐。《寿齐天》就是最有名的宴会音乐作品之一。

上层阶级的音乐包括风流（一种合奏音乐，属于最复杂的韩国抒情歌曲一类）、歌曲以及时调（韩国本土流行的歌曲）。现代人用"风流"一词，是指一个人身心悠闲，摆脱日常琐事，欣赏诗歌、音乐，与女士交往等悠然自得的心境。然而在韩国古典音乐里，风流是指一种供贵族享受的合奏音乐，可分为线风流（弦乐器）、竹风流（管乐器），以及这两类的结合物。歌曲是指16节拍或10节拍的音乐，它基于"羽调"或"界面调"调式，有时两者兼用，用来伴奏的乐器有玄鹤琴、伽耶琴、洋琴、奚琴、笛子和杖鼓等。

普通百姓的音乐称为"俗乐"，包括萨满教音乐、佛教音乐、民歌、"农乐"、散调（一种器乐独奏）和板声（一种剧歌）。在萨满教音乐中，巫婆（女萨满教士）起重要的作用。巫婆扮演的角色是充当现实和超然之间的媒介，唱歌、跳舞、奏乐是主要手段。佛教音乐有一种叫做梵呗，是一种对佛的赞歌，今天只有少数教士会演唱这种赞歌。为了提倡佛教音乐，韩国政府把梵呗定为国家文化瑰宝，并且鼓励更多的人献身于这种艺术。

韩国过去是农业国家，农民的生活对韩国的音乐产生重要影响。"农乐"主要是指在农村里集体劳动和节日庆典的时候为了助兴而出现的音乐形式。"农乐"中最有特点的是"十二彩"，即12种不同节奏的乐曲，由叫做小金的小锣起乐。"俗乐"中散调具有特色，别具一格。散调是多种乐器同台但各自即席独奏的一种音乐形式，所使用的乐器有伽耶琴、玄鹤琴、大令、奚琴、短箫和笛子。板声是韩国重要的音乐瑰宝之一，可视为"韩民族的剧歌"，是韩国特有的本土化的演唱形式。板声利用旁白对歌曲或戏剧的内容加以说明，用肢体动作加强戏剧情节。

韩国的音乐离不开韩国的传统乐器。目前国立国乐院保存有60种不同的乐器。其中15种已经不再使用；其余45种虽然仍在使用，但使用的频率也不是很高。比较典型的乐器有伽耶琴、牙筝、杖鼓、短箫等。

伽耶琴（图12.2）和中国琴、日本琴同属一类，是韩国独有的琴种。伽耶琴有12根丝弦，由12个活动琴马支撑。演奏者用右手的拇指、食指和中指拨动琴弦，左手的食指和中指按弦，音质清细。演奏既可独奏，也可以用于歌唱伴奏。演奏者边弹边唱，歌声与琴声交融，优美动听。有一种又小又狭的伽耶琴叫做散调伽耶琴，是仿照原来的伽耶琴（叫做法琴）制造的，用于迅速弹拨演奏民乐和散调音乐。

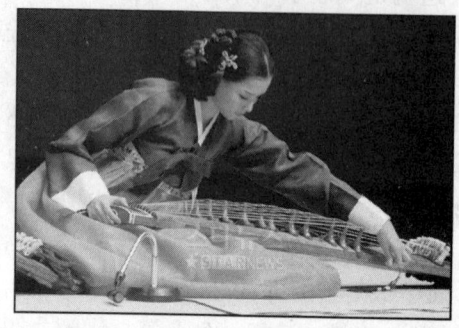

图12.2　伽耶琴

图12.3　牙筝

牙筝（图12.3）是一种用琴弓的七弦琴。琴弓用连翘木制成，弓弦上面涂松香，拉弓的时候发出的琴声洪亮而圆润。这种乐器主要用于宫廷管弦乐队，以加强低音乐器的气势。

短箫是一种有凹口的竹制直握小箫，有5个指孔，其中一个指孔在后面。其音色极其纯细，因此这种乐器成了人们非常喜爱的独奏乐器。

杖鼓是韩国几乎所有形式的音乐中最常用的伴奏乐器。左边的鼓面（厚皮）用手掌敲，发出柔和、低沉的声音；右边的鼓面（薄皮）则用竹棒敲，发出响而脆的声音。为了提高或降低右手边的声音，就必须绷紧或放松鼓面。

除此之外，座鼓是农乐舞中常见的一种打击乐器。座鼓是一种悬挂在框架上的中型圆筒鼓，它的声音加强了滴漏鼓的声音。这种乐器主要用于宫廷音乐中，为管乐队或者整个管弦乐队伴奏。

第四节　民族舞蹈

在日帝殖民统治期间，韩国的传统民族舞蹈在日本帝国主义"抹煞民族意识"的政策下无法得到表现和继承。到了20世纪60—70年代，迅速的工业化和城市化又使大批传统舞蹈淡出人们的视线。直到20世纪80年代，人们开始认识到复兴被遗忘的传统舞蹈的必要性。在56个原有的宫廷舞蹈中，今天为人们所熟知的只有很少的几个。其中，包括新罗的处容舞（一种面具舞）、高丽的鹤舞以及朝鲜的夜莺舞。由于这些舞蹈都是不朽的作品，已被韩国政府指定为"无形文化遗产"，专业表演艺术家也被授予"活的人类珍品"的称号——这一称号是给予那些精通传统艺术和工艺的大师的最高荣誉。

韩国的传统舞蹈主要包括萨满教、佛教和儒教的仪式，以及宫廷娱乐、乡村或民间舞蹈、假面舞剧等六种形式。韩国舞蹈的特有动作主要是模仿鹤的动作特点，一般用脚跟行走和踮起脚尖或脚跟转动等动作，身体下蹲以后轻柔地抬起，从臀部向上微微抖动，肩部颤动，动作干净利落，并善于临场发挥。韩国舞蹈中最富有特色的动作是身体的一部分悬空，身体在一条脚上保持平衡，另一条腿伸直，同时肩膀上下颤动。这显示出一种强烈的心醉神迷的意识。所有的舞蹈都充分显示心神合一的艺术境界，不仅从萨满教仪式到民间舞蹈如此，进而在隆重的宫廷舞蹈里都有颤动肩膀的动作。像一般亚洲舞蹈一样，韩国舞蹈的表现形式不同于西方舞蹈。西方舞蹈表现舞蹈家的个性、性征和躯体；韩国舞蹈家不带个人感情色彩，抑制性征。西方舞蹈家喜欢利用光、声协调统一和力度变化来使全场观众的目光集中到自己身上；韩国舞蹈家对身体的特技动作的外部表现不感兴趣，只喜欢表现高度抽象的喜悦。韩国舞蹈家的身体隐藏在带有长袖的宽大的丝绸衣服里，成了生活在一个纯净、抽象的世界上的某种花或鸟的形象，反映了几千年来周围文化的影响。舞蹈就其起源来说，具有神圣、神奇和仪式的性质。韩国的仪式形式有三种，这就是萨满教仪式、佛教仪式和儒教仪式，其中萨满教仪式是最发达的，并且渗入其他所有仪式形式中。

在儒教中，舞蹈是最少的，仪式就是一切。在5月的第一个星期日，在宗庙（王室家族祠堂）为纪念朝鲜王朝的20位国王和王后而举行隆重仪式。在仪式中，将演出被韩国政府命名为第一号"国家无形文化财产"的歌舞。宫廷要人在20个单独的神位前面主持宗教仪式，场面非常壮观。表演中使用形状相同而厚度不同的玉石磬、钟和其他古老的乐器，演奏世宗创作的特殊音乐，声音圆润而洪亮。佾舞（行列舞）比较精致一些，每8个学生站成一排，共站8排，穿着有紫色衬里的大红袍，戴着侍臣帽。除了多次向神位、西方和东方鞠躬以外，他们还把手臂或前臂围成圆圈，一条腿屈膝，另一条腿从地上抬起3次，这是1114年从中国宋朝引进的礼仪。儒教对舞蹈的影响主要是起压制作用，但是态度比较宽容的佛教的影响是积极的，一些优美的宫廷舞蹈和许多萨满教仪式，特别是纪念死者的仪式足以说明这一点。

韩国的宫廷舞蹈有古老的传统。在高丽时代中期（11世纪），宫廷女演员创造了精致的富于诗意的场面。这种宫廷舞以吟唱诗句作为前奏曲和后奏曲，道具精致，服饰华丽，音乐独特。例如，在32个少女参加的船舞中，有6个人划船，2个儿童坐在船上；在抛锚以后，船就转圈子，4个舞蹈演员拉绳子。又如，多达200个演员按照高度程式化的样式分成小组，参加壮观的王室文娱活动。有些舞蹈可以追溯到新罗王国宪康王时期（876—886年），如处容舞（东海龙舞）显示了同中国唐朝在音乐和舞蹈方面进行的文化交流。唐朝宫廷非常珍视韩国艺术，在古典保留节目中就有3个高句丽舞蹈，其中两种由于得到诗人颂扬而名垂千古。李白在一首题为《高句丽》的诗中写道："金花折风帽，白马小迟回。翩翩舞广袖，似鸟东海来。"这种舞蹈在中国演出的时候，李白的诗唱随着舞姿在空中荡漾。

处容舞是韩国的一种独特的古典舞蹈，原来是一种独舞，后来成为双人舞，到朝鲜时代初期成了四人舞。处容舞常于新年之际在宫廷表演，为的是祛除一切邪恶。独舞表演动作连续，多人时每个人都戴棕色假面具，分别穿蓝、白、红、黑、黄色服装，代表五个方向（即北、南、东、西、中五个方位）。接着每个人同站在中心的人一起跳双人舞，大家一同转动。处容舞所用音乐是一种萨满教音乐。面具可能同中国的西藏有联系，使用白色长袖的做法可能来自中国。

韩国宫廷舞蹈的名称展示了花鸟的形象，如《美人摘牡丹》、《有凤来仪》、《夜莺舞》和《鹤舞》。今天的剑舞是一种只有女性表演的武器舞蹈，这种舞蹈并不卖弄剑术，只是表演风趣逗乐的击剑动作。这些优雅的形象在《抛球舞》中同样反映出复杂而细致的情趣，这种情趣中还带有宁静的幽默。在《抛球舞》中，两队妇女竞相把木球抛进用花装饰的球门里，抛进的人得到一朵牡丹花，抛不进的人被一个"涂抹女郎"在一边脸上涂上一条黑线。抛球和奖罚都是用流畅的、有节奏的动作表现的，开场曲和终场曲也都是这些人唱的。古典的《夜莺舞》需要熟练的技巧，因为这种舞蹈是在非常小的空间以非常缓慢的速度表演的。人们感兴趣的是那种连续用力挥动的长袖像彩虹一样有序地飘拂在狭小的空间里。1418年登基的世宗大王既爱好文学、天文学，也同样爱好音乐和舞蹈。他把音乐和舞蹈分成三部分，并改变宫廷乐师和舞蹈演员的服装。他的孙子成宗命人撰写关于韩国音乐和舞蹈的集大成的书籍《乐学轨范》。这部书描述了舞蹈动作、服装、道具、程式和乐器，使这些古老的艺术作品有可能再现。韩国很幸运，能有这些昔日流传下来的瑰宝，并且在国立国乐院有那些能够把这些瑰宝重新展现出来的艺术家。早期记载表明，宫廷青年花郎（新罗时期青年精英组织）的出现要早于宫廷舞女。曾几何时，花郎只为国王及其大臣跳舞，而舞女只为王后跳舞。

在宫廷舞蹈《鹤舞》中，舞台后部展现两朵莲花花蕾，两个演员扮成两只大鹤，随着情节的展开，这两只大鹤用它们的长喙啄莲花的花蕾，接着花瓣展开，儿童舞蹈演员出现。还有一种《鹤舞》，剧情相似，但用的是牡丹花。牡丹花和莲花都是佛教的象征。

国立国乐院的宫廷舞蹈保留节目的表演者们常戴着小金花冠，穿着闪光华丽的服装，以优美的舞姿展现着那个时代的舞蹈。表演者领口开得很高，宽大的裙子系在平平的胸部，手臂藏在象征彩虹的长袖里，表演时穿长袜的腿和鞋头上翘的韩国式轻便舞鞋很少外露。这是抑制个性、淡化性色彩的表现。与其说是像人，不如说是像花。技巧娴熟、体态匀称、舞姿安详优美、胸部和肩部有节奏地抖动、双臂敞开，这一切都是模仿鹤的展翅飞翔。

富于宽容精神的佛教于公元372年通过中国传到韩国。新罗和尚真鉴国师曾经在中国学习梵呗，公元830年回到韩国，带回了梵呗和与这种音乐有关的四种舞蹈。这些舞蹈在寺庙为结婚的和尚举行的仪式时表演。头三种称为"作法"（意为制定法律），是为了"祈求佛祖允许逝者的灵魂进入极乐世界"。蝴蝶舞宁静、优美，是由尼姑表演的。婆罗舞（钹舞）是由两个或四个和尚表演的，需要演员力气大，灵活，因为必须使又大又重的铜钹在头上和背后有节奏地摆动。第四种佛教舞蹈也叫"法鼓舞"，一开始是一种扣人心弦的独舞。演员用两根棍棒，但是鼓比佛教的大鼓小得多。舞蹈开始时，棍棒富于戏剧性地在鼓的边缘滚动，并祈求神灵保佑，然后逐渐发展到高潮，热情奔放地擂鼓。后来"法鼓舞"有5人舞、9人舞和12人舞的形式。这种舞蹈已经广为流传，同寺庙和宗教没有什么关系。许多小鼓各自放在一个架子上，击鼓者的节奏异常熟练，加上特技动作，因而产生一种轰动效应。可以说佛教为专业艺术舞台贡献了新的舞蹈形式。现在这种舞蹈是由美丽动人的女郎表演的，是一种世俗的、装饰性的舞蹈，通常还都是压轴戏。关于"僧舞"有一种戏剧性的传说。10世纪时，有一个以诗、音乐、舞蹈、美色闻名的艺妓决心勾引一个守身如玉的和尚。于是她到寺庙，穿上僧尼穿的长袍，戴上帽子，表演法鼓舞，鼓乐扣人心弦，最后她把衣服完全脱掉。可怜的和尚经受不住诱惑，终于屈服了。娴熟的舞姿把色和情的力量与象征着佛教教规的鼓之间的冲突关系表现得淋漓尽致。

在很多农乐舞中常常看到有人戴僧帽式的帽子，这同萨满教有关。在乡村，成群的舞者挨家挨户地表演一种萨满教巫舞（驱邪舞），热情奔放的旋律和震耳欲聋的喧嚣声足以赶走邪恶的鬼神，迎来善良的神灵。早期的农乐舞是与仪式—舞蹈—戏剧形式不可分割的联系实体，它把人和比自己更大的力量联系起来。面具是神圣的、必不可少的，而且用于多种目的——魔术的、应用的、艺术的需要。传统舞蹈家和戏剧专家杜铉博士曾经指出，3世纪时有的部落曾为老虎（虎是山神）举行一种宗教仪式，虎舞一直表演到朝鲜王国末期。在至今存在的10种不同的假面舞中，有一种是狮子舞，是由两个演员合穿一件戏服表演的。作为佛的化身的狮子原来是如此咄咄逼人，威风凛凛，大有把坏人一口吞掉之势；但是腐化堕落的和尚用舞蹈招待它，使它感到满意。

韩国的假面具富有多层价值，它又是最后形成日本能乐假面具的一个环节。其中两种假面具同较早的伎乐（假面喜剧哑剧）的假面具有关：一种是河回剧的带有活动下巴的男子假面具；一种是"新娘"假面具，是一种模式色彩很浓的女子假面具，发辫盘在一边。伎乐假面具是用泡桐木制成的，盖住整个头部。现在的假面具是用木头或者葫芦制成，有时候用纸或兽皮，只盖脸的正面，演员先用一块黑布遮盖头的背部、面颊和颈部。

像古代的处容舞一样，服装的颜色代表五个方向：蓝代表东，红代表南，白代表西，黑代表北，黄代表中。因此象征夏季战胜冬季的是：戴黑色假面具的老和尚被年轻的红脸纨袴子弟打败，或者黑脸的年老的第一个妻子被白脸的年轻的妾打败。带有喜剧色彩的是：年轻的女子在脸颊上戴毕加索式的歪鼻子傻笑，年老的贵族贴上白色小眉毛和胡须，面目可憎的老太婆戴红白两色圆花纹的黑脸，"疡肿和尚"脸上的肿块和凸起线条，等等。这种形象用于描绘背叛神圣誓言的叛教者、引诱妇女的狡猾的坏蛋等。

观看假面舞剧的最好地方是乡村。在那里，演员先列队走过村庄的街道，到每一户前停留片刻，祝福。接着他们把假面具戴上，列队沿着稻田田埂走到背靠大山的开阔地前。这种原始的戏剧队伍就像欧洲神话故事中的人物。来自京畿道杨州郡维杨里的假面舞剧团保持着浓厚的传统色彩，这个剧团已被列入韩国文化财产。他们在佛祖诞辰、中秋节和其他节日表演。演员多半是男子，多年来一直坚持，风格威风，又从容自在。出色的表演技巧取决于演员的即兴表演能力。他们相互戏谑，使观众回答问题、大声发表意见、有节奏地鼓掌，有时候还一起唱一些带有讽刺意味的叠歌。演出结束的时候，剧场一片欢腾，大多数观众都离座涌入有空的地方，伴着尖厉的小号声以粗犷有力的动作跳起舞来。

第十二章思考题

1. 韩国现代文学的时代划分依据是什么？它与中国现代文学相比有什么特点？
2. 简要概述朴景利的小说《土地》的故事梗概和作品的文学意义。
3. 韩国传统音乐的分类特点是什么？你如何看待韩国传统音乐？
4. 韩国传统舞蹈的特征是什么？

第十二章参考文献

[1] 尹柄鲁. 韩国近现代文学史. 首尔：明文堂出版社，1992
[2] 权永敏. 韩国现代小说的理解. 首尔：太学社，2006
[3] 金春仙. 当代韩国反美文学及其社会文化成因探析. 中央民族大学学报，2005(6)